中国式创新理论与实践研究丛书

华中科技大学学术著作精品系列丛书

数字赋能

中国式创新的新引擎

王宗军◎著

華中科技大學出版社
http://press.hust.edu.cn
中国·武汉

作者简介

王宗军 华中科技大学管理学院原院长、二级教授、博士生导师，华中卓越学者。全国工商管理专业学位研究生教育指导委员会委员，教育部科技委管理学部委员，中国技术经济学会副理事长，中国管理现代化研究会常务理事兼技术与创新管理专业委员会副主任委员、管理案例研究专业委员会副主任委员。同济大学兼职教授。2017 年被评为中国哲学社会科学企业经济学科最有影响力学者、2018 年获得中国技术经济学会成立 40 年突出贡献奖。担任《技术经济》副主编，《AJIP》《管理世界》《南开管理评论》《管理评论》《研究与发展管理》等编委。围绕评论理论与方法、创新与战略管理、金融风险管理等研究方向，作为首席科学家主持国家社会科学基金重大项目 1 项，作为首席科学家主持完成科技部重大专项 1 项。主持完成国家自然科学基金面上项目、“863”计划、省部级课题 20 余项，企业委托课题 40 余项。在国内外重要学术期刊上发表论文 200 余篇，出版专著 6 部、教材 1 部。

前言

面对数字经济时代的快速发展、广泛辐射和深刻影响，中国式创新面临前所未有的机遇与挑战。如何把握数字经济与中国式创新之间的关系，推动数字经济与中国式创新的双向驱动发展，成为推进中国式现代化道路上亟须解决的重要议题。

本书是本人完成的"中国式创新理论与实践研究丛书"的第三本著作。在此之前，该系列丛书已经出版了两本著作，分别是《中国式创新导论》和《第三次合力效应》。本书着眼于"数字赋能中国式创新"议题，从多维度进行了探索性研究，深化了对数字经济与中国式创新两者关系的理解和把握，同时为更好发挥数字经济对中国式创新的赋能作用提供了理论依据与实践指导，旨在回应数字经济时代对中国式创新数量与质量的关切，以期推进中国式创新高质量发展，具有鲜明的理论意义与实践价值。

第一部分主要分析了数字经济的内涵与发展，涵盖第一章与第二章的内容。首先探讨了数字经济的内涵、特征和衡量指标，阐述了中国发展数字经济的意义与优势。在此基础上分析了中国数字经济的发展历程、面临的机遇和挑战，提出了中国数字经济未来发展的方向，为后续章节奠定了基础。

第二部分研究了数字经济时代中国式创新的驱动要素，包括第三章的内容。总结提炼了中国式创新的七个主要驱动要素，即制造能力、本土市场、科研水平、创新人才、政府支持、创新生态和民族精神。数字经济赋予了中国式创新七要素新的内涵，传统创新要素正经历深刻的变革。制造能力方面，智能制造深入推进，绿色生产方式加快形成；本土市场方面，市场活力不断激发，新业态新模式加速涌现；科研水平方面，科研效率持续提升，科研范式数字化转型深入推进；创新人才方面，数据驱动创新思维转变，数字人才培育力度显著提升；政府支持方面，数字治理体系不断完善，政策精准度持续提升；创新生态方面，创新资源共享机制加快形成，创新集群生态系统不断优化；民族精神方面，新时代数字文化产业加快建设，新时代数字文明建设持续推进。总的来说，数字经济为中国式创新七要素带来了新的机遇和挑战，应把发展数字经济作为中国式创新七要素高质量发展的"新引擎"，引领中国式创新向善向上发展。

第三部分探究了数字赋能中国式创新的理论基础与逻辑路径，包含第四章、第五章以及第六章的内容。第一，系统梳理了国内外的相关文献，从赋能前因、赋能机制与赋能产出三个方面构建了数字经济赋能中国式创新的理论框架，探索了数字经济赋能中国式创新的内在规律，提出了"数字经济将激活中国式创新的新引擎"的重要论断。第二，提出数字经济对中国式创新的赋能主要包括三个维度，分别是资源赋能、结构赋能与心理赋能。资源赋能认为获得必要的资源会导致赋能；结构赋能认为提供便利的环境会导致赋能；心理赋能认为改善社会心理和内在激励会导致赋能。这三个维度的赋能为中国式创新提供强大的推动力，支持中国式创新实践的不断深化。第三，提出数字经济赋能中国式创新的路径主要包括三个方面，即对创新要素重塑、创新模式重塑与创新价值重塑。创新要素重塑指新型创新要素的涌现、传统创新要素的变革发展以及创新要素的流动配置变革；创新模式重塑涵盖敏捷式创新模式重塑、协同式创新模式重塑、衍生式创新模式重塑与开放式创新模式重塑四个方面；创新价值重塑主要是指创新效率、创新治理与创新绩效的优化与提升。通过对创新要素、创新模式与价值创造的重塑，中国式创新呈现出崭新的面貌，在数字经济时代不断焕发出新的生机。

第四部分总结了数字经济时代中国式创新的典型案例，涉及第七章的内容。本书遴选、整理和归纳了31个有特色、有成效、可复制、可推广的数字经济典型实践案例，每个案例均围绕案例背景、主要内容、实施成效和经验总结四个方面进行介绍，囊括企业创新、产业创新、技术创新和政府创新四个维度，旨在通过总结精炼典型案例的实践经验和创新成果，为中国数字经济的产业升级、技术创新和政务建设等方面提供有价值的借鉴和参考。

本书由本人提出写作大纲，经研究团队讨论后确定了章节结构。刘心怡参与了第一章的撰写；张洗月参与了第二章的撰写；郭斐斐参与了第三章的撰写；罗文艺参与了第四章的撰写；张弦参与了第五章与第六章的撰写；张悦朋参与了第七章的撰写。鉴于本书涉及的内容包罗万象，且充满了不确定性，本书的不足之处，恳请广大读者批评指正。

2024 年 1 月于华中科技大学

目录

第一章　数字经济的内涵与特征　/ 1

第一节　全球数字经济时代来临　/ 1

一、国际数字经济的发展　/ 1

二、国内数字经济的推进　/ 2

第二节　数字经济概述　/ 7

一、数字经济的内涵　/ 7

二、数字经济的三大定律　/ 18

三、数字经济的衡量指标　/ 20

第三节　数字经济的基本特征　/ 21

一、高度数据化　/ 22

二、网络化　/ 22

三、平台化　/ 22

四、智能化　/ 23

五、商业化　/ 23

六、共享化 / 23
七、普惠化 / 24
第四节 我国发展数字经济的意义与优势 / 25
一、我国发展数字经济的意义 / 25
二、我国发展数字经济的优势 / 28
本章小结 / 31

第二章 数字经济发展态势及机遇 / 33

第一节 数字经济发展历程 / 33
一、全球数字经济发展历程 / 33
二、中国数字经济发展历程 / 37
第二节 我国数字经济发展面临的机遇及挑战 / 47
一、我国数字经济发展过程中的机遇 / 47
二、我国数字经济发展面临的挑战 / 51
第三节 我国数字经济未来发展方向 / 57
一、强化核心技术攻坚实力 / 57
二、赋能行业高质发展 / 58
三、助力企业数字转型 / 60
四、加快治理体系建设 / 62
五、发展数据要素市场 / 62
六、构建数字经济市场体系 / 63
本章小结 / 64

第三章 数字经济时代的中国式创新七要素 / 65

第一节 中国式创新的内涵、发展与要素 / 65
一、中国式创新的内涵 / 65
二、中国式创新的发展 / 67
三、中国式创新的要素 / 69
第二节 中国式创新七要素的新表现 / 71
一、制造能力的智能发展 / 71
二、本土市场的发展壮大 / 78
三、科研水平的持续提升 / 83
四、创新人才的培养、汇聚 / 89

五、中国政府的全面支持 / 95
六、创新生态的日益优化 / 100
七、民族精神的传承弘扬 / 105
本章小结 / 111

第四章 数字赋能中国式创新的理论基础 / 112

第一节 相关研究进展 / 113
一、数字赋能的研究进展 / 113
二、中国式创新的研究进展 / 115
三、数字经济与中国式创新关系的研究进展 / 118
第二节 数字赋能中国式创新的理论分析 / 120
一、数字经济核心理论 / 120
二、赋能理论 / 123
三、数字赋能中国式创新的核心理论 / 125
本章小结 / 141

第五章 数字赋能中国式创新的逻辑分析 / 142

第一节 数字经济助推中国式创新高质量发展 / 142
一、中国数字经济的发展 / 142
二、“中国式创新”的提出与发展 / 144
三、数字经济激活中国式创新新引擎 / 145
第二节 数字赋能中国式创新的三个维度 / 148
一、资源赋能 / 148
二、结构赋能 / 155
三、心理赋能 / 159
本章小结 / 162

第六章 数字经济赋能中国式创新的路径分析 / 163

第一节 创新要素重塑 / 163
一、新型创新要素的涌现 / 163
二、传统创新要素的变革 / 165
三、创新要素的流动配置 / 171

第二节　创新模式重塑　/ 172
一、敏捷式创新模式　/ 172
二、协同式创新模式　/ 173
三、衍生式创新模式　/ 174
四、开放式创新模式　/ 175
第三节　创新价值重塑　/ 177
一、创新效率的提升　/ 177
二、创新质量的改进　/ 178
三、创新绩效的增强　/ 178
本章小结　/ 179

第七章　数字经济时代中国式创新的典型案例　/ 180

第一节　数字经济时代企业创新的典型案例　/ 180
一、破解企业创新链瓶颈　/ 181
二、提升企业制造链质量　/ 187
三、拓展企业服务链空间　/ 192
第二节　数字经济时代产业创新的典型案例　/ 198
一、农业数字技术赋能成效显著　/ 198
二、工业数字转型升级持续深入　/ 202
三、服务业数字化发展动力强劲　/ 209
第三节　数字经济时代技术创新的典型案例　/ 218
一、物联网　/ 218
二、云计算　/ 220
三、人工智能　/ 222
四、5G　/ 224
第四节　数字经济时代政府创新的典型案例　/ 226
一、数字政府建设趋于高效协同　/ 227
二、新型智慧城市建设深入推进　/ 232
三、智慧政务推动服务水平提升　/ 240
本章小结　/ 246

参考文献　/ 247

第一章 数字经济的内涵与特征

第一节　全球数字经济时代来临

一、国际数字经济的发展

当前，全球正处于前所未有的巨变之中。大数据、云计算、人工智能等新一代信息技术迅猛崛起并融入各行各业，引领着一场数字化风暴。从居民消费，到企业生产，再到行业变革，这场数字化的浪潮在改变民众生产、生活方式的同时，也深刻影响了全球经济结构与世界竞争格局。特别是数字经济发展速度之快、辐射范围之广、影响力度之深，均说明准确把握全球数字经济发展的趋势，对于揭示世界经济的发展规律、应对百年未有之大变局具有极其重要的意义。

全球数字技术发端于 1946 年，世界上第一台通用电子计算机(ENIAC)在美国宾夕法尼亚大学诞生，开启了人类信息技术发展新时代。20 世纪末，全球数字经济发展处于萌芽期时，美国商务部发布了《浮现中的数字经济》(*The Emerging Digital Economy*)报告，该报告指出数字革命已成为各国战略讨论的焦点，并描绘了未来数字经济发展的结构蓝图。进入 21 世纪以来，随着大数据等新兴信息技术的快速发展，数字技术已经成为推动经济高质量发展的新动能，各国政府相继出台各项数字经济发展战略规划，希望基于数字化技术完成新一轮的产业变革，从而在全球价值链中占据制高点。联合国贸易和发展会议（UNCTAD）发布的《2017 年世界投资报告——投资和数字经济》认为，数字经济将成为推动全球投资发展的重要引擎，它能够提高各产业的竞争力，为企业创造新的商机，并进一步开拓国际市场，融入全球电子价值链，为实现可持续发展提供新的途径。麦肯锡全球研究院（MGI）2017 年发布的《中国的数字经济：全球领先力量》认为，中国数字投资与创业生态系统的活跃程度位于全球前列，中国数字市场拥有超乎许多业内人士预期的巨大增长潜力。在世界范围内，数字经济已然成为经济发展的新引擎。

2023 年 7 月，中国信息通信研究院（以下简称中国信通院）在全球数字经济大会上发布了《全球数字经济白皮书（2023）》，该白皮书深入解读了全球数字经济的最新发展趋势，并指出各主要国家的数字经济发展持续保持着高速增长势头。总体而言，2022 年，中国、美国、德国、日本和韩国这五国的数字经济总规模已突破 31 万亿美元，占五国 GDP 比重近六成（58%），较 2016 年（47%）同比增长 11 个百分点，这表明在全球经济不景气的背景下，五国数字经济均保持较高增长并呈现出强劲增长势头。其中，产业数字化为促进这五国数字经济的发展贡献了 86.4%的份额，与 2016 年相比增长了 2.1%。此外，各国在数字经济领域均取得了显著成果。根据各国的统计数据，从 2016 年到 2022 年，美国和中国的数字经济体量不断扩大，分别上涨了 6.5 万亿美元和 4.1 万亿美元；中国数字经济的年均复合增长率高达 14.2%，是中国、美国、德国、日本和韩国这五国同期平均的 1.6 倍；在这五个国家中，德国在产业数字化方面一直保持领先地位，2022 年产业数字化的占比已超过 90%。这一系列数据充分证明，全球各国正在积极加快数字经济关键领域的发展步伐，紧抓数字产业化与产业数字化的发展机遇。这些努力促进了全球数字经济的发展，推动各国在数字领域取得更大的成就。

数字经济时代的到来，加速改变了生产要素参与价值创造的方式，以数字经济赋能传统经济，已成为中国产业结构转型升级的关键着力点，驱动产业结构由中低端向中高端迈进。中国政府紧跟全球数字化发展趋势作出重大战略部署，提出“数字中国”战略，并出台多项政策全力支持数字经济发展，推动数字经济成为中国经济高质量发展的关键动力，进而助力中国式创新发展，加快中国式现代化进程。

二、国内数字经济的推进

随着数字经济逐渐成为世界各国推动经济和社会转型的关键着力点，我国也在大力推进数字经济高质量发展进程。以习近平同志为核心的党中央提出了一系列崭新的理念、思想和战略，这为我国数字经济的蓬勃发展锚定了前行方向，提供了根本遵循，主要表现如表1-1所示。

2015年8月31日国务院印发了《促进大数据发展行动纲要》（以下简称《纲要》）。《纲要》强调，中国在互联网、移动互联网用户规模上居世界首位，其数据资源和应用市场优势显著，一些关键技术研发已取得突破性进展。《纲要》指出应坚持创新驱动发展的理念，加快大数据的全面部署与深度应用，以确保稳增长、促改革、调结构、惠民生以及推进国家治理能力现代化。2016年，中国作为二十国集团（G20）主席国，在杭州峰会上首次将“数字经济”列为G20创新增长蓝图中的一项重要议题，并通过了《G20数字经济发展与合作倡议》，获得了广泛的响应和支持。2016年10月19日，中央政治局召开了第三十六次集体学习会议，深入探讨实施网络强国战略。习近平总书记在会上对“世界经济加速向以网络信息技术产业为重要内容的经济活动转变”这一趋势进行了细致分析，并提出了“加快传统产业数字化、智能化，做大做强数字经济”的新要求。2017年，国务院总理李克强在政府工作报告中重申了这一观点，强调务必加快数字经济的推进，确保企业广泛获益、民众普遍受惠。这是数字经济首次出现在国务院的政府工作报告中。

表1-1 我国数字经济相关战略规划文件

时间	机构/会议	文件名称	主要内容
2015年8月	国务院	《促进大数据发展行动纲要》	坚持创新驱动发展，加快大数据部署，深化大数据应用
2015年10月	党的十八届五中全会	《中共中央关于制定国民经济和社会发展第十三个五年规划的建议》	实施网络强国战略和国家大数据战略
2016年5月	党中央、国务院	《国家创新驱动发展战略纲要》	将数字经济作为发展主攻方向之一
2016年9月	G20杭州峰会	《G20数字经济发展与合作倡议》	首次将“数字经济”列为G20创新增长蓝图中的一项重要议题
2017年10月	党的十九大	十九大报告	推动互联网、大数据、人工智能和实体经济深度融合，建设数字中国、智慧社会

续表

时　　间	机构/会议	文件名称	主要内容
2018年8月	中办、国办	《数字经济发展战略纲要》	这是首个国家层面的数字经济整体战略，明确了我国数字经济发展基础设施、服务等方面的系统战略部署
2019年10月	国家发展改革委、中央网信办	《国家数字经济创新发展试验区实施方案》	国家数字经济创新发展试验区工作开展法规
2020年4月	国家发展改革委、中央网信办	《关于推进"上云用数赋智"行动培育新经济发展实施方案》	以"上云用数赋智"深入推进企业数字化转型，大力培育数字经济新业态
2021年3月	十三届全国人大四次会议	《中华人民共和国国民经济和社会发展第十四个五年规划和2035年远景目标纲要》	将"打造数字经济新优势"作为一章专门列出，明确提出加快数字化发展，建设数字中国
2022年1月	国务院	《"十四五"数字经济发展规划》	从国家层面部署推动数字经济发展，明确了"十四五"期间我国数字经济的发展目标，以优化升级数字基础设施作为发展基础，将挖掘数据资源价值作为核心要素，以产业数字化转型、数字产业化发展和公共服务数字化发展作为重要行动手段，以健全数字经济治理体系、数字经济安全体系、数字经济国际合作作为发展保障，形成了我国发展数字经济的目标任务和行动指南

续表

时　间	机构/会议	文件名称	主要内容
2022年10月	党的二十大	二十大报告	习近平总书记深刻指出，要加快建设网络强国、数字中国。要适应我国发展新的历史方位，全面贯彻新发展理念，以信息化培育新动能，用新动能推动新发展，以新发展创造新辉煌
2023年2月	中共中央、国务院	《数字中国建设整体布局规划》	建设数字中国是数字时代推进中国式现代化的重要引擎，是构筑国家竞争新优势的有力支撑。数字中国建设按照“2522”的整体框架进行布局，即夯实数字基础设施和数据资源体系“两大基础”，推进数字技术与经济、政治、文化、社会、生态文明建设“五位一体”深度融合，强化数字技术创新体系和数字安全屏障“两大能力”，优化数字化发展国内国际“两个环境”

资料来源：根据公开资料整理所得

国内众多企业也积极把握数字化浪潮的发展趋势，开展企业数字化转型相关部署。阿里巴巴集团副总裁兼阿里研究院院长高红冰于2017年1月7日发布了《数字经济2.0报告——告别公司，拥抱平台》，该报告指出数字经济已经进入以互联网平台为载体、以数据为驱动的2.0时代，预示着平台经济将成为未来重要的经济发展模式。腾讯公司董事会主席马化腾也于同年3月表示，数字经济与“互联网＋”一脉相承，“互联网＋”侧重连接，而数字经济则强调连接后的产出与效益。他指出，中国应顺应数字化趋势，充分利用其庞大的互联网用户数量和市场规模优势，助推数字经济发展壮大，落实网络强国战略。全国人大代表、苏宁控股集团董事长张近东强调，随着中国经济高质量发展，以数据技术为核心构建的智能化体系将成为支持智能制造发展的关键。他提议建立由政府主导、市场化运作的大数据全生命周期管理机制，同时要鼓励基于数据开发的大众创业，引导开放数据应用服务于社会民生，推动我国数字经济健康发展。

基于上述梳理，以习近平同志为核心的党中央深刻理解并准确把握了数字经济与实体经济之间的辩证关系。在这一引领下，我国不断推进数字经济建设，新型产业、业态与模式应时而生，形成了数字经济的蓬勃发展态势，引领了经济社会全方位的数字变革。统计数据显示，我国数字经济规模从 2017 年的 27.2 万亿美元攀升至 2022 年的 50.2 万亿美元（图 1-1），同期，其增速显著高于 GDP 增速（图 1-2），这些数据清晰展示了中国数字经济发展的强劲势头和在国家经济中日益重要的地位与作用。数字经济的影响不仅体现在规模增长上，更在于其对经济格局的深刻重塑。我国数字消费市场规模居全球之首，展现出强劲的消费动能。截至 2022 年底，我国的网民规模已达到 10.67 亿，互联网普及率达 75.6%，用网人口数量稳居世界第一。这一超大市场规模，不仅推动了国内产业转型升级，催生了新业态、新模式，也展现出数字经济的巨大潜能和光明前景。

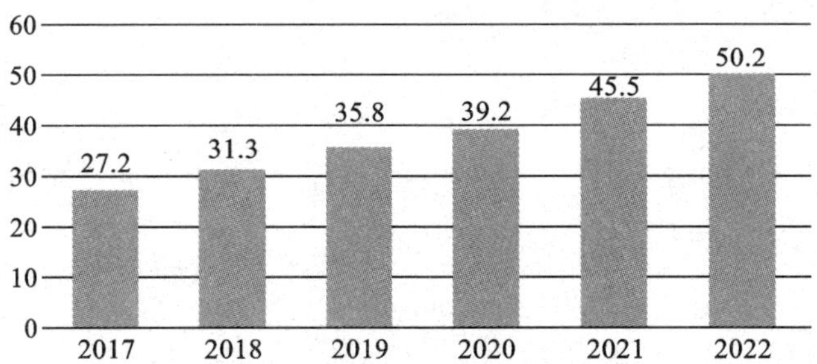

图 1-1　我国数字经济规模图（万亿美元）

资料来源：根据中国信通院《中国数字经济发展研究报告（2023）》整理所得

图 1-2　我国数字经济与 GDP 名义增速对比图

资料来源：根据中国信通院《中国数字经济发展研究报告（2023）》整理所得

综上所述，在国家战略引领下，我国数字经济正蓬勃发展，其以迅速扩大的规模、快速创新的能力以及持续推进的引领作用，为经济注入新的活力，推动我国国际地位的提升。那么，什么是数字经济？其内涵与特征是什么？它对中国未来发展具有怎样的战略意义？本章将主要回答上述问题。

第二节　数字经济概述

一、数字经济的内涵

（一）数字经济的概念

数字经济的概念最早由世界知名新经济学家 Don Tapscott(1996)提出，他在其著作《数字经济：网络智能时代的前景与风险》(*The Digital Economy: Promise and Peril In The Age of Networked Intelligence*)中写道，数字经济具有数字性、知识性、虚拟性、即时性、脱媒性等共计 12 个新特性。在数字经济中，一切信息流都以数字方式来传递和处理，从而显著超越传统经济的传输速度，赋予数字经济高效率和低成本的特征。这一观点为后续数字经济的研究奠定了基础，但该学者并未给出数字经济的明确定义。美国学者 Nicholas Negroponte(1996)在他的著作《数字化生存》(*Being Digital*)中，提出了"数字化生存作为一种基于信息技术的全新生存模式"的概念。在数字化环境中，随着生产要素的数字化融合与生产关系的数字化重构，经济活动逐渐呈现出全面数字化的特征，从而催生出一种崭新的社会生活方式。两位学者均深入研究了互联网的出现对经济社会的冲击与影响，并且二者在数字经济领域的研究也展现了显著的前瞻性与深刻的洞察力。

此后国内外学者开展了与数字经济相关的深入研究，界定了数字经济的内涵。根据 Rob Kling(1999)的观点，数字经济是一种涵盖数字技术应用的经济领域，包括利用数字化手段进行生产、市场销售和提供商品与服务的各个环节。而 Miller 与 Wilsdon(2001)则将数字经济视为一次颠覆性的互联网革命，这场革命代表着一种通过创新和技术进步带来变革的新力量，不仅重塑了经济增长的轨迹，也深刻影响了社会生活的方方面面。Knickrehm(2016)从产出视角将数字经济与 GDP(国内生产总值)联系起来，提出数字经济即员工利用生产、销售等相关数字技术创造的 GDP 产值。Bukht 和 Heeks(2017)基于数字部门和数字平台创造价值的视角，认为数字经济的核心是提供数字技术和数字服务。Kotarba(2017)认为数字经济具体包括基础设施、电子商务和电子交易，是广泛使用信息与通信技术(ICT)的经济系统。严若森(2018)提出数字经济的本质在于信息化，即以信息与通信技术为基础，构建数字化交易与合作模式。易高峰(2018)在《数字经济与创新管理实务》一书中提出，数字经济的内涵主要包括以下三点：数字经济是一种经济社会形态；数字经济是一种基础设施；数字经济是一种技术经济范式。许宪春(2020)通过对数字经济基本组成、传播媒介、关键要素以及驱动力等层面的全面分析，为数字经济提供了一个清晰的定义框架。他认为数字经济是建立在数字基础设施之上，以数字化平台为主要媒介、数据作为关键要素的经济活动，其中数字技术是主要推动力。魏江(2021)基于资源、技术和产权三重视角，指出数字技术的快速发展促进了知识和信息的数字化，使数据成为数字经济的关键生产要素；同时，数字技术的快速发展也让生产主体、生产组织、生产过程和生产关系发生了重大变革。周晟佳(2021)则认为数字经济是信息经济的更高级阶段，数字产业更能体现当前数字经济发展的特征。陈晓红(2022)将数字经济界定为一种独特的经济形态，以数字化信息(内含数据元素)作为核心资源，以数字技术创新为引擎，依托互联网平台这一主要承载媒介，并以新颖的商业模式和业态为主要体现方式。黄奇帆(2022)在《数字经济：内涵与路径》一书中指出，数字经济是继农业经济、工业经济、服务经济之后的新兴经济模式，并强调了数据要素对于数字经济的重要性。

国内外机构组织也给出了数字经济的相关定义。澳大利亚宽带、通信和数字经济部在2013年发布的一份报告中，将移动互联网纳入数字经济范畴，认为数字经济是依托信息和通信技术(如互联网、移动网络和传感器网络等)形成的全球性经济和社会活动网络。简而言之，数字经济是由互联网、移动网络等数字技术赋能的经济和社会活动。美国商务部经济分析局(BEA)于2018年发布研究报告《数字经济定义和测度》(*Defining and Measuring the Digital Economy*)，进一步阐述了数字经济的主要范畴，重点聚焦于互联网及其相关的信息通信技术。报告指出，美国数字经济的统计方法主要涵盖了数字基础设施、电子商务以及数字媒体三个方面，其共同构成了数字经济的核心要素，并为理解和测度数字经济的发展提供了重要的参考和指导。这份研究报告为深入探索数字经济的内涵和特征提供了宝贵的学术依据。据国际货币基金组织(IMF)的观点，数字经济在狭义上是指在线平台及其相关活动，而在广义上则涵盖了数字化时代的各种经济活动，如数字化交易、电子商务、数字支付以及数据驱动的创新和智能技术应用等。数字经济的关键要素包括在线平台、平台化服务以及ICT商品与服务三大内容。中国信息化百人会发布的《中国数字经济发展报告(2017年)》认为，数字经济是指以数字化信息为核心，依托信息网络与其他行业进行紧密融合，从而产生基础型、融合型、效率型、新生型、福利型等五种类型的经济。2019年，中国信通院发布的《全球数字经济新图景(2019年)》报告深入界定了数字经济，并揭示了其重要特征和内涵。报告将数字经济定义为一种崭新的经济模式，其以数字化知识与信息为主要生产要素，以数字技术创新为核心动力，并以现代信息网络为主要载体。在这种模式下，数字技术融入实体经济，从而促进经济发展和政府治理方式的全面重构。该定义突出了数字经济在引领产业演进、推动社会变革、促进智能科技与经济深度融合方面的关键作用。此外，中国信通院在《中国数字经济发展白皮书（2021 年）》中进一步提出了“四化”框架（数字产业化、产业数字化、数字化治理、数据价值化），展示了数字经济的发展路径和策略。2021 年，国家统计局发布了《数字经济及其核心产业统计分类（2021）》，将数字经济定义为以数据资源作为关键生产要素、以现代信息网络作为重要载体、以信息通信技术的有效使用作为效率提升和经济结构优化的重要推动力的一系列经济活动。

2022 年陆家嘴零壹智库发布的《中国数字发展指数报告（2021）》指出，进入 21 世纪，随着互联网技术的不断发展，新一代的数字技术如人工智能（AI）、区块链（blockchain）、云计算（cloud computing）、大数据（big data）、物联网（internet of thing，IoT）[以下简称 ABCDI]等相继进入了商用阶段。随后第一、二、三产业迅速将互联网和 ABCDI 等数字技术广泛应用于企业的生产运营之中。随着互联网技术及 ABCDI 等数字技术与经济发展深度融合，学术界和业界已经逐步将其融合的产物统称为“数字经济”。2016 年，杭州 G20 峰会上提出《G20 数字经济发展与合作倡议》，该倡议将数字经济明确界定为以数字化的知识和信息为基础，利用现代信息网络作为传播媒介，并依赖于信息通信技术的有效运用以提高生产效率及优化经济结构的一种经济活动。2022 年，国务院发布的《“十四五”数字经济发展规划》进一步完善了数字经济的内涵：数字经济是以数据资源为核心要素，以现代信息网络为主要载体，以信息通信技术融合应用、全要素数字化转型为重要推动力，促进公平与效率更加统一的新经济形态。其中，“信息通信技术融合应用”是指互联网技术与新一代数字技术如 ABCDI 等融合应用，这种深度融合赋予了数字经济强大的创新动力。综上所述，各界对于数字经济内涵的理解一脉相承，并达成共识：即互联网和 ABCDI 等新一代数字技术与经济深度融合的产物就是数字经济。

理解数字经济，首先要理解“数字”二字。汤潇（2019）在《数字经济：影响未来的新技术、新模式、新产业》一书中指出，“数字”既可以指数字技术，还可以指数据。一方面，数字经济的发展离不开数字技术的推动。与传统技术相比，数字技术有许多独特之处，比如具有很强的规模经济和网络经济效应，一旦超过某个临界点，其发展速度将显著加快。这包括还在持续发展的大数据、云计算、人工智能、区块链等新一代信息技术。这些技术不仅会大幅提升生产力，拓宽经济发展的空间，也将孕育新的经济形式，带来新的增量财富。另一方面，以数据为核心的工业数字化转型已是世界公认的趋势，世界各国纷纷利用数字技术来实现“换道超车”。数据作为数字时代的关键生产要素，区别于劳动力等传统生产要素，具有显著的公共物品属性，并展现出强大的规模效应、范围效应以及较高的可再生性和可替代性。此外，要全面地理解数字经济，离不开"平台"二字。数字技术和数据构成了数字经济的生产力层面，平台则构成了数字经济的生产关系层面。在数字经济时代，平台已成为一种日益重要的经济组织形式。首先，平台具有企业和市场的双重特征。一方面，平台内部有员工、资产、层级结构，通过命令配置资源，同时外部需要参与市场竞争，这些特征与传统企业类似。但另一方面，平台并不像传统企业一样直接生产或销售商品，它们要做的更多的是匹配供需。其次，平台具有连接和孵化的双重职能。科技平台是中小企业"上云、用数、赋智"的关键。在数字技术的支持下，产业数字化平台将由单一企业的自我构建转向整个产业的协同构建，并成为促进企业数字化合作的重要手段。

数字经济的本质主要体现在以下几个方面。其一为计算，数字经济通过计算的方法来衡量个人贡献的价值，并通过公平的利润分配机制，让每位参与者都能分享到创造的利润。其二是互联，通过人网互联、物网互联、物物互联实现对价值的互联。根据梅特卡夫法则（Metcalfe's law），网络价值随着网络节点数的增加而增大。随着互联网技术的发展，信息空间、物理空间和生物空间的连接越来越紧密，其产生的整体价值也越来越大。其三是共享，强调利益共享而不是资本垄断。在传统互联网时代，资本垄断经常导致利润分配不均。然而，在数字化时代，通过互联网、大数据、区块链等技术对价值进行重构，让价值能够得到更加合理、公平、高效的分配。新的生产关系和生产力正在加速脱离资本和商业的束缚，生产者和消费者共同分享产品利润，没有中间商赚取差价，实现了利益共享的目标。其四是融合，通过线上线下、软件硬件、虚拟现实等多种方式实现价值的融合，价值融合的过程同时也是价值放大的过程。在过去二十多年里，线上经济蓬勃发展，加速了商品的消费和流通，但同时也带来了假货多、用户体验差、货品质量差等诸多问题。为了解决这些问题，各互联网巨头近年来纷纷开始布局线下经济，线下实体店迎来一个全新的发展时期。全新发展时期的实体店融入了更多的科技元素和互联网元素，实现了线上和线下的融合化经营。此外，杨新臣（2021）在《数字经济：重塑经济动力》一书中指出，数字产业化和产业数字化是数字经济的关键，为数字经济蓬勃发展指明方向。数字产业化是发展中国特色数字经济的基石，它涵盖了数据采集、传输、存储、处理、应用和呈现的各个环节。这一过程形成了覆盖技术、产品和服务等方面的相关产业，为数字经济的高质量发展开拓了新空间，为数字时代的进步奠定了坚实基础。产业数字化是数字经济中的关键融合环节，主要指信息通信技术与传统产业的深入融合，它促使产量增长、效率提升，并孕育了一大批新产业、新业态和新模式。例如，制造业融合新业态以智能网联汽车、智能无人机、智能机器人等为代表，服务业融合新业态则包括移动支付、电子商务、共享经济、平台经济、流量经济等内容。产业数字化在实现跨界创新的同时，推动着产业格局的演进和升级，为数字经济的持续发展提供了有力支撑。

综上，本书所指数字经济的概念为国家统计局发布的《数字经济及其核心产业统计分类(2021)》中给出的官方定义，即数字经济是指以数据资源作为关键生产要素、以现代信息网络作为重要载体、以信息通信技术的有效使用作为效率提升和经济结构优化的重要推动力的一系列经济活动。

（二）数字经济的构成要素

根据国家统计局给出的数字经济定义，可以将数字经济分为生产要素、生产力、生产关系、生产工具、劳动力五大部分，其中数据为数字经济的核心生产要素，“数据＋算法＋算力”形成了智能化生产力，数字技术为数字经济的生产工具，数字化的平台、企业与消费者为数字经济的生产关系，数字化赋智的劳动者为劳动力。具体如图 1-3 所示。

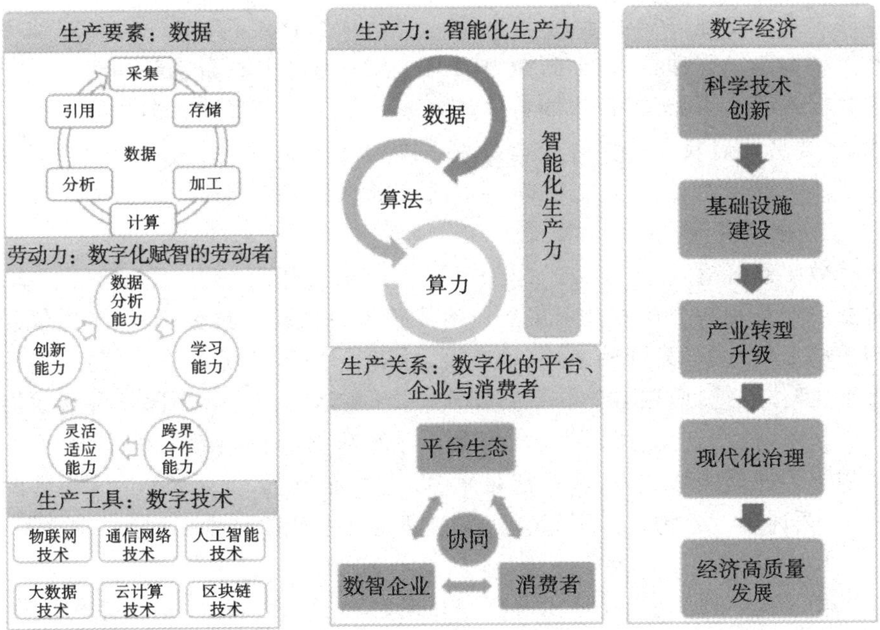

图 1-3　数字经济的构成

1. 生产要素：数据

在数字时代，数据是关键生产要素。在人类社会的历史进程中，每次经济形态的变化都伴随着生产要素的变化。在农业经济时代，人们的经济行为主要是以耕作为基础，因此土地与劳动力是最重要的两个生产要素；在工业经济中，资本与技术作为一种新的生产要素，对社会生产力的发展起到了巨大的推动作用。但是，在数字经济的背景下，数据的采集、存储、加工、计算、分析和应用在生产运营的各个环节中都有涉及，并且正在变成促进经济发展的重要生产资料。

此外，数据作为一种经济活动的生产要素，还应具备以下三个基本特征：一是数据具有高固定成本和低边际成本的特点；二是现有数据的规模大，可复制性强，从一定意义上讲，现有数据资源“取之不尽，用之不竭”；三是数据具有通用性、非排他性、非竞争性等公共物品特征。

2. 劳动力：数字化赋智的劳动者

在数字经济时代，劳动者的范畴扩展到了数字产业的从业者及数字化赋智的工业、农业和服务业劳动者。不同于农业经济的农民、工业经济的工人，数字化赋智的劳动者需要不断提升数据分析能力，并具备学习能力、创新能力、跨界合作能力和灵活适应能力，以应对数字经济下快速变化的市场和技术需求。其中，数据分析能力是指劳动者需要具备数据分析和解读能力，能够从大量数据中提取有价值的信息和见解；学习能力是指劳动者需要具备较强的学习能力，不断学习和适应数字经济的发展，掌握数字经济相关的知识和技术；创新能力强调在数字经济中不断创新和改进生产服务模式的能力；跨界合作能力体现为数字经济的多领域和多学科交叉特性，需要劳动者具备跨界合作能力，共同解决复杂问题；灵活适应能力即劳动者能够快速调整工作方式和角色，适应新的工作要求和技术变革。

3. 生产工具：数字技术

数字经济时代，数字技术作为主要生产工具和驱动力，引领着经济结构的演变与创新。这些技术主要包括传感器、物联网、测量仪器、分析仪器等数据采集技术，光纤网络、移动通信、通信基站、天线等数据通信技术，计算机、操作系统、应用软件等数据计算技术，存储设备和数据库软件等数据存储技术，数据挖掘、机器学习、深度学习等数据分析技术。此外，也可具体划分为通信网络技术、区块链技术、人工智能技术、大数据技术、物联网技术、云计算技术等。以下笔者将简单介绍几个相关技术概念。

1）物联网

物联网（IoT）是信息技术和通信技术融合的产物，其核心是实现“万物互联”。Li 等学者（2015）将物联网定义为通过互联网连接各种设备、传感器和物体的网络系统，促进智能化和自动化的交互及数据共享。它使现实世界中的物理设备、传感器、机器等具备智能，能够感知环境、收集数据、进行通信和相互协作，实现智能化控制和决策。物联网加速了信息技术与传统产业的深度融合，推动了生产生活方式的变革。

物联网具有互联互通、智能化、大数据应用、实时性和即时性以及全球性等诸多特点。物联网连接了海量智能设备和传感器，有利于数据传输和通信，实现如家用电器、汽车、工业设备以及健康监测器等设备间的互联互通；物联网的智能化体现在赋予物体以智能，使其能够感知周围环境、收集数据、进行分析和决策，从而实现自动化和智能化；大数据应用体现在海量数据经过处理和分析后，可以帮助企业和个人作出更明智的决策，提升效率和生产力；物联网的数据传输和处理速度非常快，保障信息传递和响应的实时性和即时性；物联网不受地域限制，人们可以远程控制和管理设备，实现全球化的远程协作和服务。

2）大数据

大数据通常被定义为规模极大的数据集合，这些数据因其巨大的体量、快捷的处理速度、多样化的类型以及分析价值，难以使用传统的数据处理应用软件进行捕获、管理、处理和分析。在《大数据时代》(*Big Data：A Revolution that Will Transform how We Live，Work，and Think*)一书中，Viktor Mayer-Schönberger 和 Kenneth Cukier（2013）认为，大数据的处理分析基于全部数据，而非基于使用随机分析法（抽样调查）等简便方法获得的部分数据。根据维基百科上的定义，大数据是指那些规模庞大到无法在合理时间内使用传统数据处理工具进行有效获取、管理和处理的信息集合。大数据技术的主要作用在于对价值丰富的大量数据进行特殊处理，而不仅仅是控制海量数据。换言之，若将大数据比喻成一个产业，其盈利方式就是如何提升数据的“加工能力”，并将这些数据进行“加工”以实现“增值”。

大数据的特点可以用“4V”来概括。一是 volume（大量），大数据的数据量是惊人的，随技术发展而呈爆发式增长，达到 TB 甚至 PB 级别。二是 variety（多样），大数据的多样化数据来源导致其形式各异，主要分为结构化数据、非结构化数据和半结构化数据。结构化数据以明确的表格和数据库形式存在，非结构化数据包括文本、图像、音频等无固定格式，而半结构化数据介于两者之间，具有一定的结构但不同于传统关系型数据。三是 value（价值），商业价值高但数据价值密度低。现实中大量的数据是无效或者低价值的，但在数字经济领域中，大数据的重要价值在于从多样而不相关的数据中挖掘出预测未来趋势和模式有价值的信息。四是 velocity（高速），大数据的传输和处理速度明显快于传统媒介，强调实时分析，数据的输入、处理和丢弃几乎即时生效，基本上无延迟。数据的增长速度和处理效率成为大数据高速应用的关键。综上所述，大数据的核心特点可概括为 volume（大量）、velocity（高速）、variety（多样）和 value（价值）。

3）云计算

作为一种创新的信息技术范式，云计算旨在通过计算、存储、网络等资源的虚拟化、汇聚和按需分配，为用户提供便捷的计算服务。其核心在于将资源抽象化为云中的实体，使用户能够通过网络连接远程访问和使用这些资源。云计算的概念源于对资源共享和利用效率的探索，其实质在于以服务为导向，将计算视为一种基础设施服务。云计算根据资源共享范围可划分为公有云、私有云和混合云。公有云由第三方服务提供商来构建和管理，对外提供资源共享，其典型特点是高度可扩展和按使用付费。私有云则由单一实体或组织独占、使用，主要应用于对安全性和隐私性要求较高的场景。混合云结合了公有云和私有云的优点，实现资源灵活配置。此外，云计算的多重特点使其备受青睐。首先，弹性扩展能力使用户能够根据需求快速调整资源规模，从而提高了资源的利用效率。其次，资源共享降低了基础设施建设和维护成本，尤其对中小企业具有显著的经济效益。最后，云计算的高可用性和灾备能力，保障了应用的可持续性。未来，云计算将在新技术和应用领域持续发挥核心作用，推动社会的数字化发展。

4）人工智能

人工智能（artificial intelligence，AI）是计算机科学领域的一个重要分支，它致力于模拟和实现人类智能的各种特征与能力。其目标在于开发能够执行类似于人类思维、学习、推理、问题解决和决策等高级认知过程的计算机系统。通过模拟人类思维和智能行为，人工智能旨在为技术赋予更为智能化的特征，增强其在各领域的应用潜力。它能够模拟人类的意识和信息处理过程，甚至在某些方面超越人类的智慧。

汤潇（2019）在其著作《数字经济：影响未来的新技术、新模式、新产业》中指出，人工智能分为类人行为、类人思维和泛智能。其中，类人行为模拟人类的实际行动结果，类人思维模拟大脑的思考过程，而泛智能超越了对人类特性的模仿，不受限于人类的思维和行为方式。此外，人工智能的实现模式包括单机智能、平行运算/多核智能，以及高度分散/群体智能，表现形式包括云智能、端设备智能以及云与端的融合。AI与人类之间的互动可划分为机器主导、人类主导和人机融合三种不同模式。目前人工智能技术正处于由专用AI向通用AI演变的转型期，这一进程与数据、算法、算力及应用场景之间相互促进、协同进化密切相关。在这一演变中，人类不仅是解决方案的设计者和推动者，也是数据提供者和反馈生成者，同时享受智能服务带来的便利。人工智能的发展已超越了单纯模仿人类行为的阶段，正在向泛智能领域迈进，这使得它能够展现出前所未有的创造性与高效率来应对难题。

4. 生产力：“数据＋算法＋算力”形成的智能化生产力

数字技术与实体经济的深度融合正在塑造着全新的经济格局，形成了前所未有的数字生产力和生产模式。随着数字经济时代的崛起，“数据＋

算法＋算力”正成为引领产业发展和创新的关键要素，其与传统生产活动的深度融合，已经成为数字经济的核心驱动力。在这一潮流中，智能化生产力的崛起引领着生产制造、服务业甚至决策过程的根本性变革。具体而言，构成智能化生产力的“数据＋算法＋算力”所蕴含的逻辑，承载着先进的科技和创新思维。算法作为智能化的基石，通过深度分析和学习大数据，能够从庞大的隐形数据中提炼出有价值的信息。这些信息在算力的支持下，迅速被加工、分析，转化为更高层次的知识。这种知识不仅停留在静态的层面，更是为决策提供了实时且可靠的依据。在这一自动流转的过程中，数据逐步消解了复杂系统所伴随的不确定性，为产业发展和运营管理提供了更加坚实的支撑。

随着数字经济的快速发展，智能化生产力所带来的变革正日益显现。生产过程的自动化和智能化不仅提升了效率，还催生了全新的商业模式和机会。例如，在制造业中，基于“数据＋算法＋算力”的智能化生产力使生产调度更加灵活，大幅降低资源浪费，实现可持续发展目标。在服务业领域，依托智能化生产力的成果，个性化的推荐系统和精准营销使企业能够更加精准地满足消费者需求。总之，“数据＋算法＋算力”构成的智能化生产力已经深刻改变了经济生态和社会模式。这种生产力的崛起不仅仅是技术的胜利，更是人类智慧和创新的结晶。通过持续的创新和合作，有望进一步释放智能化生产力的潜力，为更加繁荣和可持续发展的未来奠定坚实的基础。

5. 生产关系：数字化的平台、企业与消费者

数字经济通过信息网络和数字化技术，重塑了企业与劳动者、组织关系和生产关系，使经济社会的生产、交换、分配、消费等活动突破了物理界限。同时，通过推动创新链、产业链、供应链的信息化、网络化和智能化转型，数字经济重构了传统生产流程。在核心要素“数据＋算法＋算力”联合作用下，重新连接、配置和优化了各种生产要素，形成了以数据为驱动的智能化生产、网络化协同、规模化定制和服务化延伸的新型生产模式。此外，它还构建了网络连接、双边市场、平台生态、数智化企业等新型生产关系和组织形态，催生了以信息经济、网络经济、平台经济、智能经济等新型经济活动，实现了生产资料、生产工具的共享和协同。

（三）数字经济的“四化”框架

数字经济的框架不断更新，经历了由“两化”过渡到“三化”“四化”的过程。中国信通院发布的《中国数字经济发展白皮书（2017 年）》从生产力角度提出了数字经济的“两化”框架，分别是数字产业化和产业数字化。在数字时代背景下，我国的数字经济发展迅速，其规模已超过了传统的信息通

信行业部门范畴。数字技术已成为一种普遍应用到各行各业的基础性技术，它为经济发展开辟了更为广阔的空间。针对我国组织与社会形态发生的明显变化，中国信通院发布《中国数字经济发展与就业白皮书（2019年）》，基于生产力和生产关系视角，构建了数字产业化、产业数字化、数字化治理的数字经济“三化”框架。随后，中国信通院在《中国数字经济发展研究报告（2023年）》中将原有的“三化”框架进一步扩展为“四化”框架，即在数字产业化、产业数字化、数字化治理的基础上引入数据价值化维度。如图1-4所示。

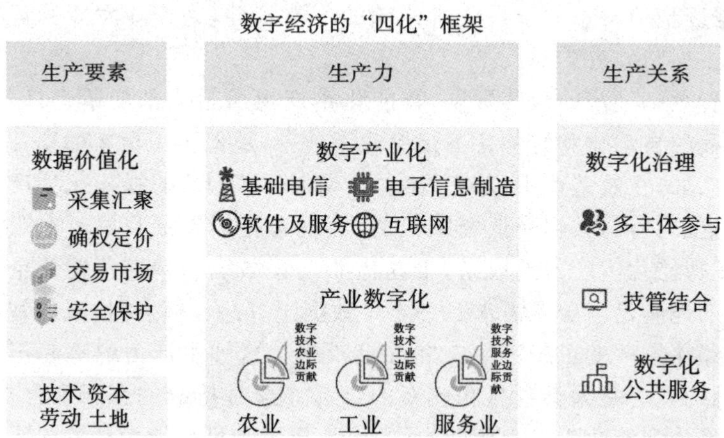

图1-4 数字经济的“四化框架”

资料来源：根据中国信通院《中国数字经济发展研究报告（2023年）》整理所得

在“四化”框架中，数字产业化涵盖了电信业、互联网行业等领域，由此构成了数字经济的基础，推动了产业结构的转型升级。产业数字化强调传统产业利用数字技术提高生产效率和产品附加值，形成工业互联网、智能制造、车联网、平台经济等新兴产业，从而在提高整体经济效益和创新能力方面具有重要作用。数字化治理强调多元治理以及技术与治理的深度融合，它涵盖了多层次、多主体参与的治理模式，以及数字技术与治理手段有机结合的特点，为社会治理开辟了新途径。此外，数字化治理还延伸至数字化公共服务领域，通过数字技术的应用提升公共服务的质量和效率，进一步强化社会治理的能力。数据价值化作为“四化”框架的核心组成部分，涉及数据的采集、标准化、确权、标注、定价、交易、流通和保护等多个环节。这些环节构成了数据在数字经济中的核心价值链，通过有效管理和运用数据，推动经济的创新增长。

1. 数字产业化

数字产业化即信息通信产业化，其核心在于以市场化方式运用现代信息技术，促使数字化产业的形成与发展壮大，其中数字化产业主要包括数据的收集、处理与加工，数据交易，以及基于数据提供的结算、交付、融资等服务。数字产业化范畴广泛，覆盖领域丰富，包括5G、AI应用等多种技术、产品和服务。2022年国务院政府工作报告明确指出，推进数字产业化转型至关重要。这包括扩大5G网络的建设规模和加强千兆光纤网络的部署，拓展相关技术应用范围，同时有效利用“互联网＋”战略以促进这一转型。我国将进一步发展云计算、AI、VR/AR、数字社会建设等七大数字经济重点产业，强化以5G技术为核心的多元化应用场景建设，并推动与之相关的产业生态系统的构建和发展，进一步加强数字化创新和产业协同发展。

2. 产业数字化

产业数字化作为数字经济发展的主导力量，指的是运用数字和信息技术对传统产业进行升级改造。这一过程包括推动产业供给侧和需求侧的信息数字化和网络化，实现产业链上下游的全面数字化转型和升级重塑。我国正推进“上云用数赋智”行动，鼓励企业和组织将信息技术基础设施迁移到云平台，利用大数据加强决策智能化，赋予企业更强的数据治理和利用能力。政府支持的工业互联网平台和数字化转型促进中心将为企业提供技术和策略指导，帮助企业在数字化浪潮中抓住新的增长机会。此外，推进产业园区的数字化升级，将有助于形成新的经济增长点，为社会创造更多的就业机会，同时推动传统产业升级和新兴产业发展，增强我国在全球经济中的竞争力。在数字经济框架下，产业数字化不仅在规模和占比上占据重要地位，而且其未来影响力也不容小觑，被视为推动经济增长的新动力。

3. 数字化治理

数字经济的发展离不开政府数字化治理水平的提升。数字化治理涉及运用先进的数字技术来重构和完善行政管理体系，旨在构建透明、互联、高效的制度体系。这不仅包括传统行政流程的电子化，还涉及服务监管体系的创新，如实施电子政务、在线服务门户和实时数据监控等，以提高政府服务的质量和可达性。这种转变意味着政府决策更加数据驱动化，公共服务更加个性化，监管措施更加精准化，最终达到为民众提供更优质的政府互动和服务体验的目的。通过整合和分析大数据，政府能够更有效地预见和响应公共需求，提高资源配置的效率，同时促进政策的透明度和问责制。目前我国正加速推动政府治理模式的转型，从传统的线下到线上、从低效到高效、从被动触发到主动干预、从粗放作业到精细管理，以数字政府建设推进国家治理能力与治理体系现代化。由此可见，数字政务的不断创新与推进，将在提升政府行政管理水平、优化治理模式方面发挥日益重要的作用。

4. 数据价值化

发展数字经济，数据资源价值化是基础。数据价值化，就是数据真正获得经济社会价值的过程。习近平总书记多次强调，应构建以数据为核心要素的数字经济体系。中共中央、国务院于 2020 年 4 月 9 日发布《关于构建更加完善的要素市场化配置体制机制的意见》，明确提出要“加速培育数据要素市场”。数据不仅是可以被储存和反复利用的资源，它还展现出迅猛增长和大规模集聚趋势的特征，这让数据变成了推动实体经济向数字化、互联网化和智能化转型的关键性战略资产。挖掘数据的内在价值，推动各类数据在各个场景下发挥作用，才能体现数据作为关键要素在数字经济中的重要意义。数据价值化的范围广泛，如数据采集、数据标准化、数据确权、数据标注、数据定价、数据交易、数据流通以及数据保护等，这些方面都是实现数据价值最大化的关键环节。数据资源的价值发挥，对数据的流通、确权、交易等各个环节的规则和场所均有较高的要求，需要国家、社会和企业等明确规范、建立数据交易所，并监督数据的合法使用。同时，数据的合理使用频率和使用程度也至关重要，数据的使用频率越高、程度越深，对推动资本、劳动力、土地和技术等传统生产要素的转型和升级越能起到巨大作用。

二、数字经济的三大定律

数字经济的发展需要遵循如下三大定律，正是这三大定律让数字经济发展如虎添翼，成为国家经济增长新动能。

（一）摩尔定律（Moore’s law）

摩尔定律是由英特尔创始人之一戈登·摩尔（Gordon Moore）提出的。摩尔定律并不是正式定义的科学定律，而是摩尔对他所观察到的趋势的归纳总结。摩尔的研究揭示，当价格保持不变时，集成电路（integrated circuit，IC）在同一块晶圆面积上所能容纳的元器件，在每 18 至 24 个月的间隔内，将呈指数增长，其性能亦将同步提升。若将相同规格的集成电路制造于相等面积的晶圆上，在每 18 至 24 个月的周期内，其数量亦可成倍增加，于是生产成本也必然会相应减少达 50%。因此，摩尔定律的实质为，计算机硅芯片的处理能力在每 18 个月内将增加一倍，其价格则以减半的速度下降。此定律不仅展示了网络科技革新的迅猛快捷，还体现了潜在的成本降低效应，而低成本恰为科技普及的重要前提之一。摩尔定律在提出后的几十年间不断得到验证，在此期间数字技术领域的专家们认为，摩尔定律或许仍能在半导体芯片领域的发展中得到运用，然而随着晶体管电路逐渐接近其性能极限，可能导致这一法则被取代。从目前情况来看，技术不断创新可以使该定律总体上得到维持，持续驱动数字经济创新增长。

（二）梅特卡夫定律（Metcalfe's law）

罗伯特·梅特卡夫提出的梅特卡夫定律是描述和解释网络效应的重要理论。该定律的核心观点是，网络价值与其连接的节点数成正比，即网络的价值随着参与者数量的增加而呈指数增长。因此，网络用户数量与联网计算机的增多，将使整体网络价值和内部各计算机的价值不断提升。根据2023年国家互联网信息办公室发布的《数字中国发展报告（2022年）》，截至2022年底，我国的网民数量高达十亿（10.67亿人），相较于2021年同期增长了3549万人，使得互联网普及率飙升至75.6%。巨大的网民规模是支撑数字经济发展的节点基础。一项新技术的价值在于被广泛使用，庞大的网络节点是实现信息快速传递和价值增值的关键，因而目前众多互联网企业开始重点关注其日均用户活跃量。微信和支付宝之所以能成为各自领域内的巨头，都是因为有稳固而庞大的用户群体。正是这样的用户规模，促使我国信息化、规模化得到进一步发展。Carl Shapiro（1999）和Zhang（2015）等人指出，梅特卡夫定律所蕴含的理论思想即为网络外部性效应（network externality）。随着使用者数量的增加，先前用户获得的效益并非遵循“人多份额少”的经济规律，相反，效益会逐渐扩大。总体而言，摩尔定律的影响与产业融合的趋势共同促成了普遍的信息化格局；而梅特卡夫定律则通过网络外部性的乘数效应，将这种信息化的企业现象紧密连接起来，推动了数字经济的发展。

（三）达维多定律（Davidow's law）

达维多定律由达维多（Davido）于1992年提出，该定律实质上展现了网络经济中“强者愈强，弱者愈弱”的“马太效应”。该定律的核心观点是，首批进入市场的产品能够自动获取50%的市场份额。这意味着，新兴产品对于企业在市场中保持领先地位至关重要，而后续进入市场的第二家或第三家企业推出的产品，其获得的利益通常远不及首家企业。因此，企业欲谋求利润最大化，必须持续创新，努力领先推出新产品，并敢于淘汰旧有滞后产品。例如，美国的英特尔公司在1995年主动缩短当时最为成功的486处理器技术生命周期，转而大力发展奔腾586芯片，成功避开IBM公司PowerPC RISC系列产品的竞争威胁。因此，达维多定律在商业实践中扮演着企业发展的推动者角色，促使企业在不断“扬弃”中前进，让技术革新更上一层楼。

在数字经济的发展进程中，创新是其核心所在。只有通过持续的创新，才能使其拥有更多的节点，进一步加快信息传播速度。在此基础上，数字经济才可以构建出一个更加全面、高效的信息网络，从而实现规模化发展。在数字经济时代，三大定律支配着数字经济发展，我国应继续遵循三大定律，加快推进数字经济产业不断发展。

三、数字经济的衡量指标

埃森哲(Accenture)设计出"数字化密度指数"，用于衡量各国经济发展过程中数字技术的渗透程度。根据该指数的测算，中国在全球 17 个主要经济体中排名第十。然而，考虑到中国庞大的人口基数，以及与经济发展相关的乘数效应，中国在未来新增产值的潜力方面预计将位居世界首位。当前我国仍处于依托乘数效应与数字技术发展壮大的"网络大国"阶段，尚未进入以数字技术为经济发展中坚力量、占据产业链顶端的"网络强国"阶段。这二者之间的差别在于，"网络强国"的崛起将会吸引大量资本、人才与技术的涌入。埃森哲数字化密度指数表明，当前我国向"网络强国"迈进还需付出更多努力。

数字化密度指数通过在 4 个维度下的 50 个指标来具体分析一个国家的数字经济发展状况。这些指标包括但不限于在线交易规模、云计算和其他技术在简化流程中的应用程度等。埃森哲的高管 Bruno Berthon 认为，随着数字技术在企业中应用的深入，数字密度将成为国际企业布局的一个关键标准。企业在招聘、业务流程、产品服务创新等各方面与数字技术的结合，将成为构建数字竞争力的重要路径。埃森哲数字化密度指数也强调了政企合作在国家层面推进的必要性。朱建良等人(2017)认为，除各国间差异化的行动方案外，市场培育、企业运营、资源配置和支持环境这四要素也是推进数字化转型的关键。

(一) 数字化市场培育

数字化市场培育是指企业充分运用人工智能、大数据分析和云计算等数字技术，结合产品和服务的创造及交付，扩大客户群体，并与其他企业建立合作伙伴关系的战略性过程。政府在这个过程中所扮演的角色至关重要，随着数字技术的快速发展，传统行业界限逐渐模糊，为更好地保障消费者的权益，政府需要与企业共同探索新的商业实践，有效地监管和引导快速变化的新兴市场。就我国数字经济发展情况来说，在市场培育方面，我国的数字经济发展具备众多优势，如政府的政策支持、数字技术的快速推广应用等，使得我国的数字市场发展较为平稳。但是，这种特点也只是在零售业、金融业和旅游业等领域表现得较为明显，在向更宽广领域推广应用方面仍有提升空间。

(二) 数字化企业运营

数字化企业运营是指企业利用先进的数字技术和信息系统来管理和

优化企业内部的各项运营活动，如生产制造、供应链管理、销售和营销、人力资源管理、财务管理等方面。在此过程中，企业广泛采用云计算服务、数据分析工具和客户关系管理系统等手段，以提升效率、优化流程并增强客户互动。企业与政府要站在更高的角度去思考，如何运用数字化技术对重要的商业过程进行重构与优化，而不仅仅是机械自动化执行。只有通过深层次的融合，才能使企业的效率和生产率得到实质性提高。目前，虽然我国的企业在管理中已经开始应用数字技术，但是受人才短缺、资金投入不足、积极性不高等因素的影响，应用效果并不显著，流程数字化还稍显落后。

（三）数字化资源配置

数字化资源配置是指企业利用数字化技术获得自身发展所需的生产要素，达到提高生产效率、降低成本的目的。在物物互联、物人互联趋势加强的背景下，产业物联网正加速推进企业供应链的数字化转型。通过这种数字化供应链，企业可以对流程进行精益管理优化，甚至孵化新的“产品＋服务”混合商业模式，实现更高程度的价值创造。在资源配置方面，我国的数字技术在投融资和人才招聘领域的应用频率非常高，但是相较于“互联网＋普惠金融”这个目标来说，我国银行和资本市场还需要做出很大的努力。尤其是在满足新兴领域中小企业资金需求方面，我国银行和资本市场还有很大的进步空间。

（四）数字化支持环境

政策与监管体系作为数字化支持环境的关键要素，对推广数字商业模式和维护社会公信力等方面有重要影响。数字化支持环境对数字经济发展同样具有关键意义，因此未来政府应该更多地注意如何使数字化企业家环境得到优化，并使管理过程更加合理化，为创业者提供更便利的数字技术创新空间。在劳动力培养方面，以创新方式赋予其所需的新技能，以适应市场需求。同时，也应着眼于维护民众和企业的信任和信心，确保公共及商业领域的稳定。从支持环境层面来看，当前我国数字经济发展所面临的环境已有较大改善，我国网民规模持续增长，城乡上网差距不断缩小，数字基础设施实现“市市通千兆、县县通 5G、村村通宽带”，截至 2022 年底，我国已累计建设开通 5G 基站 231 万个。

第三节　数字经济的基本特征

学术界对于数字经济的基本特征各抒己见，本书将其总结为高度数据化、网络化、平台化、智能化、商业化、共享化以及普惠化七大特征。

一、高度数据化

数字经济具有高度数据化特征。生产要素作为社会性资源，对于人类的生存和进步具有关键性意义。在农业经济时期，经济发展依靠的关键生产要素是土地与劳动力。在工业经济时期，除土地与劳动力之外，又出现了资本与技术要素，其中以机器和厂房为主，能源方面包括煤炭和石油。在数字经济时代，数据已经变成了一种关键生产要素，未来企业和国家之间竞争的核心资源即为数据，它被誉为未来的“新石油”。数字时代的财富创造过程，数据需要结合算法与产品。数字经济中，其运行方式逐渐转向“数据＋算法＋产品”的模式，朝着“智能化”方向发展。阿里巴巴集团首席战略官曾鸣（2018）在《智能商业：数据时代的新商业范式》一文中指出，“端—云”反馈闭环是核心，用户行为通过产品的“端”实时反馈到数据智能的“云”，优化结果再通过“端”实时提升用户体验。在这个闭环中，数据不但充当了高速交互的媒介，而且还不断地增加价值；算法就像一个闭环运行的发动机，持续优化；产品则承载闭环，持续提升功能，提供更卓越体验，同时推动数据反馈更高效、低成本。这三者在反馈闭环中相互协作，形成智能商业的一体化。

二、网络化

数字经济具有网络化特征，数字经济的发展需要依托于网络化的基础设施。网络化是指通过互联网、移动通信等网络技术，实现信息资源的共享、交流与合作。网络化的本质在于资源融合、信息共享、协同工作以及开放创新。这些特征共同作用，不仅能有效提升经济活动效率，还能显著降低成本，进而大幅增强创新能力。根据国际电信联盟（ITU）发布的《2023年事实与数据》报告，2023 年全球互联网用户已增至 54 亿人，较 2022 年增长了 4.7%；全球使用互联网服务的人口占比为 67%，其中 15～24 岁的年轻人中有 79%使用互联网；5G 移动网络已覆盖全球近 40%的人口。我国要将数字经济作为驱动力量，推进网络空间的开放、合作、交流、共享，让网络对经济发展、社会进步、生活改善作出更好的贡献，实现共同推进发展、共同维护安全、共同参与治理、共同分享成果。

三、平台化

数字经济具有平台化特征。数字经济的发展离不开互联网平台的支撑，而网络平台是数字经济活动中最主要的载体之一。在数字经济时代，最具生命力的新型组织体系就是平台公司，它在为企业提供国际化的市场和服务的同时，也为个体提供了更加广泛的交流渠道。平台的核心价值是信息聚合,供需精准匹配。平台的建立,将极大地提高市场资源配置的效率,也将快速推动我国经济发展。以"云、网、端"为核心的互联网平台,将为企业创造崭新的商业环境。在产业经济的背景下,供应链系统内信息的流通将摆脱巨头的阻碍,从而显著降低企业间的沟通成本,为实现企业规模化协同提供有力支撑。由于信息更透明,企业的信贷将不再完全依赖于规模,不同行业不同类型的中小企业均可借助此平台,直接为消费者提供服务。

四、智能化

数字经济具有智能化特征。智能化的数字经济依赖于大数据和高级分析技术,这些技术能够从海量的数据中提取有价值的信息,支持决策制定。通过机器学习算法和人工智能模型,企业能够预测市场趋势、消费者行为以及潜在的业务风险。这种数据驱动的决策制定方式,不仅提高了决策的准确性,也大大提升了决策的速度。此外,智能化还推动了商业模式的创新。在数字经济中,基于订阅的服务模式、按需经济以及共享经济等新型商业模式的兴起,很大程度上得益于智能技术的支持。这些模式通过智能算法匹配供需,优化资源分配,从而提高了整个经济体系的运行效率。通过智能化,数字经济能够更好地适应快速变化的市场环境,推动经济结构的优化升级,最终实现可持续发展。

五、商业化

数字经济具有商业化特征。随着数字经济的发展,许多行业都会发生翻天覆地的变化,而传统的商务模式已经无法适应这种变化,因此在将来这种商业模式必然需要重构。共享经济的发展催生了新商业模式,数字资源将更加侧重"共享价值"而非"交换价值",各界资本共同发展,竞争将被合作共赢取代。未来 AI 等新一代信息技术将重塑传统的商业架构,推动以数字产品为核心的价值链横向扩展、以数字技术为基础的产业链向纵深发展。此外,数字技术的广泛应用将促成跨行业、跨区域的商业模式创新,从而孕育出一个全新的商业生态系统。这一转型将引领数字经济时代,推动社会经济体系向更具可持续性和协同合作的方向发展。数字化的跨界合作和价值链重构,将为企业带来创新机遇,加速商业生态的演进,实现经济持续繁荣。

六、共享化

数字经济具有共享化特征。首先,数字资源的共享化是共享时代的必然趋势。数字经济在未来的发展趋势之一,是持续扩大数字信息资源,促进其与集成、存储、分析和交易等商业活动的结合，在共享时代释放出新的价值潜力。其次，数字经济的发展离不开数字化技术与工业深度融合的推动。这种融合不仅是数字经济成长的一个显著趋势，也是工业转型升级的关键路径。通过这种融合，可以逐步淡化传统产业界限，促进产业的开放式演化，进而向价值网络化转型，为商业模式创新提供坚实的基础。最后，共享时代对数字经济的服务能力提出了更高要求。数字经济应具备强大的服务能力，以满足多样化的共享商业模式需求，服务业与数字化技术的结合是实现这一目标的关键。构建以服务为导向的数字产业，不仅是数字经济发展的必然趋势，也是共享时代数字经济实用性的体现。

七、普惠化

数字经济具有普惠化特征。普惠化特征在数字经济时代尤为明显，且普惠的范围更加广泛。我们可以从普惠科技、普惠金融、普惠贸易三大方面具体分析数字经济的普惠化。

（一）普惠科技

云平台将推动普惠计算、普惠科技的发展，加快小微企业的技术创新，推动“开放式创新”的发展，促进“用户—服务商—平台”深度融合，推动“以用户为中心、按需定产”的新型商业模式发展。在数字经济的推动下，无论是小微企业，还是普通人，都能享有与大企业同等的权利。而在社会发展过程中，数字经济又为社会发展创造了更多的普遍性平等与机会。数字经济可以为小微企业、个人参与经济活动进行充分赋能。

（二）普惠贸易

在国际贸易方面，数字经济的出现，使世界范围内的普惠贸易呈现出一幅崭新的景象。普惠贸易是指所有的交易主体都可以在国际贸易中获得利益，同时也是一种更公平、更公正的贸易秩序。普惠贸易具有如下特征：使弱势群体有机会参与国际贸易；使交易过程更为便利和透明，国际交易的信息更具对称性；消费者只需轻点手机屏幕，便可轻松从全球任何地方购买到心仪的产品；在普惠贸易中，消费者和中小企业都会受益。众创众设是未来十年内企业和用户共同进行科技研发、产品设计的一种重要的创新模式，用户、消费者可在互联网上积极参与研发过程，这是企业集中智力、提高研发实力的一个新途径。

（三）普惠金融

2005 年，联合国正式提出了“普惠金融”（inclusive financial）这一概念，旨在让所有人，特别是在传统金融体制中难以享受服务的弱势群体，都能获得更好的金融服务。随着科技不断进步，普惠金融已经进入了一个

“数字普惠”的新世纪。数字普惠金融是一种必然趋势，而且也得到了全球金融机构或组织的普遍认同。二十国集团(G20)财长和中央银行行长于2016年7月在G20峰会上通过了数字普惠金融高级原则，并鼓励各国在制定普惠金融计划时优先考虑这些原则。G20强调，普惠性金融对建设具有创新、活力、包容、互联的全球经济具有重要意义。目前，全球已经出现了一些成功的数字化普惠金融业务模式以及新的管理规定和方法。这些进展表明，数字普惠金融正成为推动经济包容性增长的重要力量，并为广泛的社会群体提供更加便利和有效的金融服务。

第四节　我国发展数字经济的意义与优势

一、我国发展数字经济的意义

（一）数字浪潮与技术变革：构筑竞争优势

数字化浪潮势不可挡，当前中国正面临着科技革命与产业变革的双重挑战。大力发展数字经济不仅是迎接新一轮产业变革和科技革命挑战的关键策略，更是构筑国家竞争新优势的关键举措。数字经济的兴起为中国从传统制造产业向数字化、智能化制造业转型升级提供了全新机遇。新兴产业在数字经济的滋养下蓬勃发展，新业态在创新的引领下不断涌现，新模式在实践中不断演化完善。然而，科技的迅速发展也带来了新挑战，数据隐私、网络安全等问题需要得到有效解决，以保障数字经济健康可持续发展。此外，数字鸿沟问题也需要引起足够的重视，确保数字技术惠及广大人民群众，防止信息失衡加剧社会不平等。

在数字化背景下，发展数字经济已经成为国家战略的重要部分。中共中央、国务院出台了一系列相关政策，如《“十四五”数字经济发展规划》《数字中国建设整体布局规划》等，旨在通过推动数字技术的研发、应用和推广，加强数字基础设施建设，培育数字产业和数字人才等措施提高资源配置的效率，促进创新驱动发展，最终实现经济高质量增长，构筑数字时代国际竞争新优势。此外，数字经济还能够加速国际合作与交流，通过数字丝绸之路等倡议，推动全球数字经济的合作与共赢。通过技术创新、产业升级和国际合作，中国有望在数字经济时代实现持续、稳定和高质量的发展，进而在国际竞争中保持优势、在全球技术产业中占据领先地位。未来，数字经济的不断深化和扩展将更加深刻地影响中国的经济结构和社会发展，成为推动国家进步的重要力量。

（二）数字基石与经济架构：建设稳固体系

随着全球经济的深度融合和产业链供应链的日益复杂化，维护其稳定性和安全性已成为各国面临的共同挑战。在这一背景下，发展数字经济有助于中国建设现代化经济体系、维护产业链供应链的安全稳定。当前中国数字经济的发展已经成为推动制造业转型升级、服务业高质量发展的新引擎，为现代经济体系建设提供了强大的技术支撑。从生产、流通到消费，数字技术都在为经济活动提供支持。大数据、云计算、人工智能等前沿技术的应用，使得企业能够更加精准地把握市场动态，提高生产效率，降低运营成本。

发展数字经济对于维护产业链供应链安全稳定具有重要意义。当前，中国的产业发展不仅存在低端产能过剩的问题，而且在高端产品层面又面临着供给不足的挑战。为解决这一难题，将数字化技术广泛应用于各行各业变得至关重要。数字技术推广与应用将有助于实现制造业和服务业的智能升级，为整个经济赋予新的动力。发展数字经济可以通过数字化供应链管理、智能物流等手段，提高供应链的透明度、灵活性和韧性。同时，这一举措还将推动产业链的协同创新，促进各环节之间的融合与延伸，实现产业链的中高端升级。此外，发展数字经济还能够帮助企业更好地应对外部冲击，如贸易摩擦和公共卫生事件等，确保产业链供应链的稳定。未来我国应利用数字技术等新动能积极构建自主可控的产业链和供应链体系，并进行深刻的延伸和重塑。这将有助于提升产业链和供应链的韧性，增强其在外部冲击下的适应力与竞争力，确保该体系在外部干扰或断供的情况下维持正常运转。

（三）数字驱动与创新发展：构建新发展格局

数字经济在加快构建新发展格局中扮演着重要角色，为中国实现高质量发展提供了强大动力和广阔空间。正如习近平总书记所指出的："数字经济健康发展，有助于推动构建新发展格局。"数字经济通过促进信息资源的高效流动与利用，为国内大循环提供了强有力支撑。首先，数字化转型能够提高传统产业的生产效率和产品质量，促进产业结构优化升级。其次，数字经济能够通过电子商务等业态，拓宽市场空间，促进消费升级。在国际循环方面，数字经济的发展有助于中国企业更好地融入全球市场。一方面，数字技术的应用可以提升中国产品与服务的国际竞争力，例如，通过大数据分析，企业可以精准把握国际市场的需求变化，快速响应市场趋势，提高出口产品的市场适应性。另一方面，数字经济的兴起降低了进入全球市场的门槛，赋予中小企业更多参与国际贸易的机会，并拓宽了他们的商业视野。内外循环之间的联系日益紧密，数字经济在其中发挥着枢纽作用。它不仅有助于解决经济循环中的瓶颈问题，增强国内的供应能力，还可以充分利用数字经济平台，提升进口规模与质量，推动国内消费和产业升级，为出口贸易创造更加有利的条件，从而推动国际经济大循环。

数字经济的发展对于中国构建新发展格局具有关键意义。数字经济正在成为引领国家创新发展的新引擎，为实现全面现代化注入崭新的活力。在推进高质量发展的过程中，通过数字技术的应用，可以实现智能能源管理、智慧交通、智慧城市等领域的创新，促进资源的可持续利用和环境的可持续保护。数字经济的崛起不仅标志着我国经济迈向新的阶段，更是为构建现代化经济体系、推动经济高质量发展注入了强大而持久的动力。

（四）数字红利与人民幸福：满足美好需要

坚持以人民为中心的发展理念，是中国发展数字经济的根本导向，也意味着要不断寻求新的途径来满足人民群众日益增长的美好生活需要。数字经济的迅速崛起为实现这一发展理念提供了新的机遇，为广大人民群众带来了巨大数字红利。它通过提升生活便利性、促进教育公平、改善医疗服务等方面，增进了人民群众的幸福感和获得感。数字技术的应用使得人民群众的日常生活更加便捷，移动支付、在线购物、智能家居等数字产品和服务，极大地提高了生活效率，节约了时间成本；在线教育平台打破了地域限制，使得优质教育资源能够覆盖到每一个角落，为实现教育公平做出重要贡献；远程医疗和数字健康平台的发展，使得居民尤其是偏远地区的居民能够享受更加便捷和高质量的医疗服务；通过大数据分析，政府能够更准确地把握民众需求，及时调整和优化公共服务。数字经济的发展，使得个性化、多样化的消费需求得到更好满足，人民群众生活质量显著提升。

数字经济已成为人民实现美好生活需求的新载体、新方式和新期待。数字经济不仅为人们提供了更加便捷高效的生活方式，还推动了新业态、新模式的涌现，创造了更多就业机会。在未来，我国应继续深化数字经济的发展，政府、企业和个人都应共同努力，发挥数字经济在提升人民群众生活质量、促进普惠发展、保护隐私权和数据安全等方面的作用，充分挖掘和释放数字红利，确保数字经济的成果更多、更公平地惠及全体人民，为构建人民满意的美好生活提供坚实基础，增强人民群众的获得感、安全感和幸福感。

（五）数字治理与法制保障：确立公平正义

在全球化背景下，数字经济已经成为各国经济发展的新引擎。我国政府在积极拥抱数字经济的同时，也在不断探索和实践如何利用数字技术提升公共治理的效率和效能，以及如何通过法治保障来维护市场和社会的公平正义。

数字经济的发展为政府治理提供了新的工具和手段。通过大数据分析、云计算、人工智能等技术，政府能够更加精准地识别和响应社会需求，提高决策的科学性和透明度。例如，我国的"智慧城市"项目通过集成城市管理的各种信息系统，实现了交通、环保、公安等多个领域的协同治理，有效提升了城市管理的智能化水平。数字技术的应用还极大提升了社会治理效能，如精准扶贫、智慧教育等，有助于缩小社会贫富差距，实现社会资源的公平分配。在公共服务领域，数字化技术使得政府服务更加便捷、高效，居民可以通过在线平台办理各类事务，享受到"一网通办"的服务体验。

数字时代，法制保障是确立公平正义的基石。为此，国家出台了一系列政策和法律法规，如《网络安全法》《数据安全法》等，旨在构建健全的数字治理体系，确保数字化转型过程中的法律适应性和前瞻性。这不仅为维护数据安全提供了坚实的法律保障，还明确了数据收集、存储、使用和传输等相关规范，确保充分保护公民的隐私权益。同时，随着数字技术的广泛应用，新的商业模式和交易方式不断涌现，这也带来了新的法律挑战。为了应对这些挑战，我国正在加强与数字经济相关的法律研究和立法工作，确保法律能够及时适应数字经济的发展，为企业和公民提供清晰、公正的法律指引。

二、我国发展数字经济的优势

（一）优越的制度

在当今世界，数字经济已成为推动全球经济增长的新引擎。我国作为世界上最大的发展中国家，其在数字经济领域的快速发展，不仅展现了市场经济的活力，也体现了社会主义制度的巨大优势。习近平总书记指出："我国经济发展获得巨大成功的一个关键因素，就是我们既发挥了市场经济的长处，又发挥了社会主义制度的优越性。"数字经济高投入、高技术含量和广泛应用的特点意味着其发展不仅需要大量的资金支持，还需要先进的技术创新和广泛的应用场景。我国在这方面具有独特优势。一方面，我国拥有庞大的市场规模和丰富的数据资源，为数字经济的发展提供了广阔的空间；另一方面，我国特色社会主义制度能够集中力量办大事，这为处理数字经济发展中的重大问题提供了制度保障。

坚持党的全面领导是确保数字经济沿着正确路径发展的关键。坚持党的领导，可以有效地集中资源和力量，以解决发展过程中遇到的大型、复杂和紧急问题。首先，这种集中力量办大事的制度优势有利于促进国家新基建的发展。通过集中多方资本力量投入基础设施建设，推动了5G网络、大数据中心等新型基础设施的建设，为数字经济的发展奠定了坚实的基础。其次，该制度优势有利于构建开放包容的政策法规体系，为数字经济的发展营造良好的外部环境。政策的激励和制度的保障，有效地释放了数字经济的潜力，激发了新产业、新业态和新场景的活力。在全球化的大背景下，我国的数字经济进一步展现出开放的姿态。中国积极参与国际合作和交流，推动数字经济国际规则的制定。同时，中国也在不断吸引外资进入数字经济领域，与世界共享数字经济发展的成果。这不仅为中国的经济增长注入了新动力，也为世界经济的发展贡献了中国智慧和中国方案。

（二）先进的理念

我国提出的创新、协调、绿色、开放、共享的新发展理念是对传统发展模式的深刻反思和战略性调整，旨在推动经济高质量发展。这五大理念不仅贯穿我国社会经济发展的各个方面，而且对指导数字经济的发展具有关键意义。在数字经济领域，这些先进理念的实践与推广，为我国构筑数字经济新优势提供了战略性引领。

1. 创新

作为数字经济发展的核心驱动力，创新推动着技术革命和产业变革。在大数据、AI 等前沿技术领域的持续探索和应用，推动了数字经济的深度演进，增强了经济增长的新动能。

2. 协调

协调发展强调区域、城乡以及不同经济部门之间的协同与平衡。在数字经济中，这一理念体现为通过信息技术推动传统产业升级和区域经济平衡发展。数字技术的应用促进了产业链、供应链的优化重组，加快了区域经济结构的调整，为中西部地区及边远地区提供了追赶发展的新机遇。

3. 绿色

数字经济发展中的绿色理念强调节能减排和可持续发展。数字技术的应用在提高资源利用效率、降低环境成本方面发挥了显著作用。

4. 开放

数字经济的开放性体现在推动全球资源、信息、技术的自由流动与共享。我国积极参与全球数字经济治理，推进跨境电子商务等领域的国际合作，通过“数字丝绸之路”等倡议，加强与其他国家在数字经济领域的互联互通。这不仅拓展了我国数字企业的国际市场，也促进了数字技术和服务的全球化发展。

5. 共享

共享经济的理念在数字经济中表现为通过平台经济模式，实现资源共享与优化配置。共享经济不仅为用户提供了更加便捷、个性化的服务，也促进了社会就业和创业。

总体而言，这五大新发展理念是我国在新时代背景下对经济社会发展进行全面创新的理念体系，为数字经济的持续健康发展提供了理论基础和行动指南。通过将这些理念融入数字经济发展的各个层面，不仅可以推动经济结构转型升级，还可以促进社会整体进步，实现经济效益与社会效益的双赢。

（三）完善的基础设施

由支配数字经济发展的三大定律可知，我国拥有发展数字经济的巨大优势。我国庞大的人口红利推动了宽带网络的高度普及，如今已遍及各乡镇并将进一步升级，为庞大的数字经济市场提供广阔的发展空间。此外，完善的基础设施助推网络速度实现显著飞跃，无论是固定宽带的平均下载速率还是移动网络的平均下载速率，均稳居全球前列。基于这一先进的公共网络基础设施，我国企业无须再费心费力搭建内部网络，便可踏上数字化转型之路。我国数字经济发展得益于上述优势的助力，因而能够以全球最低的成本获得最大的回报。

数字基础设施方面，我国在互联网宽带接入端口、5G 基站建设、物联网等众多方面取得显著成就。截至 2022 年底，我国已累计建成开通 5G 基站 231.2 万个，5G 用户达 5.61 亿户，全球占比均超过 60%。全国 110 个城市达到千兆城市建设标准，千兆光网具备覆盖超过 5 亿户家庭能力。移动物联网终端用户数达到 18.45 亿户，成为全球主要经济体中首个实现“物超人”的国家。IPv6 规模部署应用深入推进，活跃用户数超过 7 亿，移动网络 IPv6 流量占比接近 50%。我国数据中心机架总规模超过 650 万标准机架，近 5 年年均增速超过 30%，在用数据中心算力总规模超过 180 EFLOPS，位居世界第二。工业互联网已覆盖工业大类的 85%以上，标识解析体系全面建成，重点平台连接设备超过 8000 万台（套）。车联网由单条道路测试拓展到区域示范，已完成智能化道路改造超过 5000 公里。

与此同时，我国的云计算服务市场迅速增长，大型云服务提供商如阿里云、腾讯云和华为云等在国内外市场均有显著扩张。这些令人瞩目的成就，充分证明了我国在数字经济领域的强大实力和领先地位。我国 5G 网络的广泛应用和普及，为数字化创新奠定了坚实基础。同时，我国在物联网、数据中心和工业互联网等领域的持续努力，进一步促进了数字经济的快速发展。这些举措不仅为我国经济的增长提供了新的引擎，也在全球数字经济竞争中彰显了我国的领先地位。

（四）极具活力的庞大市场

习近平总书记指出：“当今世界，最稀缺的资源是市场。市场资源是我国的巨大优势，必须充分利用和发挥这个优势，不断巩固和增强这个优势，形成构建新发展格局的雄厚支撑。”我国特有的市场统一性和广泛性，结合其全球最庞大的中等收入群体和极具活力的数字经济投资及创业环境，构成了数字经济快速发展的坚实基础。在此基础上，我国不断加大对数字经济领域的资金投入，使得国内巨大的市场潜力与技术革新得以协同增效，加速了数字经济的上升势头。这一系列举措确保了我国在全球数字经济的舞台上以领跑者的姿态持续发展，稳居国际竞争的前列。此外，截至2022年底，我国网民规模超过10亿人，5G用户已达到5.61亿户，庞大的用户规模创造了海量的数据资源，为数字生产提供了广泛且优质的生产要素。此外，数字经济的充分发展有助于发挥其在降低市场交易成本与协调成本方面的潜能，进而有力地提高市场效率；同时，国内庞大的中等收入消费群体也为数字技术赋能的产品创造了广阔的消费市场。这种多维度的市场支撑使得我国数字经济在全球范围内脱颖而出，推动着全球数字化进程的加快。

（五）丰富的人力资源

我国数字经济的发展还得益于显著的人才优势。我国不仅拥有庞大的人力资源储备，而且在数字技术领域培养了大量专业人才，为数字经济的快速增长提供了坚实支撑。当前，我国人力资源素质持续提高。首先，政府在人才培养方面采取了多项措施，如设立专项基金支持数字技术研究，鼓励高校与企业合作，以及为数字技术人才提供税收优惠等。这些措施有效激励了数字技术人才的培养和创新活动，增强了我国在全球数字经济中的竞争力。其次，我国的数字人才不仅数量众多，而且质量上乘。我国许多数字技术人才在全球范围内有显著的影响力，他们在人工智能、大数据、云计算等领域的研究和应用处于世界前列，为我国数字经济的创新和发展提供了强大的智力支持。此外，我国也积极引进国际人才，吸引海外高层次人才回国工作。这些海归人才带来了国际视野和先进的技术、知识，进一步丰富了我国的数字经济人才队伍。

我国在数字经济人才培养方面的战略布局，确保了在全球数字经济竞争中的优势地位。通过教育体系的优化、政策的支持、国际人才的引进以及对创新能力的培养等一系列措施，我国正在构建一个强大的数字经济人才库，为数字经济的持续发展提供了坚实的人才保障。

本章小结

本章首先对国内外数字经济推进历程进行简单梳理，随后深入探讨数字经济的内涵与特征。其次，探究了数字经济的关键概念、构成要素、“四化”框架以及数字化密度指数，并指出数字经济受三大定律支配，而三大定律又在一定程度上决定了数字经济具有高度数据化、网络化、平台化、智能化、商业化、共享化和普惠化等基本特征。最后总结归纳了我国发展数字经济的意义与优势。在数字经济的推动下，我国将进一步加强技术创新能力，提高产业竞争力，在全球数字经济格局中发挥关键作用。

第二章 数字经济发展态势及机遇

第一节 数字经济发展历程

一、全球数字经济发展历程

（一）1937—1974 年：数字经济萌芽期

在这一阶段，计算机技术和互联网技术初步发展，以美国科学家为核心的研发力量起到了关键性的作用，为数字经济的腾飞奠定了基础。

方兴东（2004）总结了信息技术（information technology，IT）发展历史。他提到：早在 1937 年美国科学家约翰·阿塔纳索夫便开始研究设计一台仅应用于线性方程组求解的计算机，并于 1942 年成功完成测试。全球第一台计算机——“阿塔纳索夫-贝瑞计算机”的诞生标志着人类即将迎来以数字技术不断发展、革新和迭代为特征的数字时代。随后，科学家约翰·冯·诺依曼和“莫尔小组”的工程师埃克特、莫希利、戈尔斯坦以及华人科学家朱传榘于 1946 年在美国宾夕法尼亚大学共同研制出第一台可重复编程以及解决各种复杂计算问题的通用计算机，即我们后来所熟知的电子数字计算机“埃尼阿克”（Electronic Numerical Integrator and Computer，ENIAC），标志着完全计算机的诞生。以“埃尼阿克”为代表的早期电子计算机作为数字技术载体，其庞大的体积不便于使用，且造价高昂，不便于规模化生产。在现实需求推动下，电子计算机朝着体积不断缩小的方向发展，同时随着科学技术的进步，计算机价格也不断下降。

1947 年，世界上第一个以锗半导体为基础并且具有放大功能的点接触式晶体三极管由贝尔实验室"半导体小组"发明创造。该小组由威廉·肖克利担任组长，成员包括约翰·巴丁和沃尔特·布拉顿，这三位学者也因为晶体管的发明，获得了 1956 年诺贝尔物理学奖。在点接触式晶体三极管诞生之前，放大电信号主要是通过真空三极管，但由于真空三极管存在生产难度高、器件体积大、耗能高且使用寿命短等诸多缺点，很难应用推广到用户市场。点接触式晶体三极管不仅克服了以上缺点，也标志着现代半导体产业的诞生和信息时代正式开启，并为人类设计和制造更为复杂和精妙的集成电路、微处理器以及计算机内存等高精度电子器件奠定基础。

1958 年，IT 工程师杰克·基尔比根据自己的构想将不同电子器件连接在同一块半导体材料上制作了第一款混合集成电路，为之后集成电路的高速发展拉开了序幕，他也因此获得了 2000 年诺贝尔物理学奖。

随后，1969 年美国国防部建立的"阿帕网"(ARPANET)正式投入美国军事系统运行，标志着互联网的诞生，也为之后互联网技术扩展至民用领域，实现信息的高速传递奠定基础。

(二) 1975—1992 年：数字经济成长期

在此之前，计算机是大型、昂贵、复杂的设备，仅有大型企业、政府机构和学术机构具备购买实力。随着电子科学领域技术的进步，电子计算机的体积进一步缩小，催生了个人计算机的诞生，同时互联网的普及推动了数字经济的发展。

全球首款个人计算机，施乐 Alto，是最早用于个人使用的计算机，虽然并不是专用的家用计算机，但这款计算机已经成为人们所熟知的第一台个人计算机。这款产品于 1973 年由施乐的帕洛阿尔托研发中心生产，第一次采用了类似于台式机的图形用户接口和鼠标驱动的技术，这无疑拉开了个人计算机发展的序幕。之后，随着 IBM 公司的个人计算机——IBM5150 的问世，个人计算机开始得到进一步普及。这一时期的计算机一般是桌面型计算机，例如苹果二代，IBM 个人计算机等。个人计算机的问世，使数字信息的获取、处理与存储更为方便，极大地提高了信息的使用效率与便捷程度。与此同时，计算机的广泛应用，也推动了数字经济的发展，使各项经济活动更加高效、多样和普及。就信息处理的效率而言，个人计算机的出现使人们能够更快、更准确、更方便地处理文字、数据、图像、音频、视频等各种数字信息，其可处理信息的数量大大增加，处理速度也大大提高。同时,由于计算机技术的不断进步,使得信息的获取、处理和反馈更为便利和快速,而个人计算机与网络的融合,进一步提升了资讯传播与分享的速度。

在这一阶段,随着个人计算机的不断普及,计算机网络逐渐成为一种社会基础设施,极大程度上丰富了人们的线上生活,网上购物、网上银行等数字经济模式得到快速发展,依托于数字技术的经济活动更加活跃和普及。

(三)1993—2015年:数字经济成熟期

从1937年至1992年,随着计算机和互联网的发展,各国均加速了数字经济发展的步伐,全球数字经济发展迈向成熟期。

美国是世界上最早将数字技术应用于经济领域的国家。美国政府于1993年启动了《国家信息基础设施行动议程》。"信息高速公路"的建立,极大地加速了因特网的商业化应用。著名的亚马逊公司便是借助此契机于1995年创立,并开始在网上出售图书。1998年,美国商务部报告——《浮现中的数字经济》指出,在世纪之交,数字革命才是各国战略讨论的中心和重点,未来各国的竞争将围绕数字经济而展开。此后的20多年时间,美国出台了一系列相关的政策,例如美国在2010年推出了《国家宽带计划》、2012年推出了《美国先进制造业国家战略计划》和《大数据研究和发展计划》。美国步入了数字经济的成熟阶段,逐渐建立了包含数字技术发展、数字技术应用以及数字经济安全等内容的法律制度体系,并对数字经济发展进程中的市场竞争和国家安全等事项作出了系统性的部署安排,旨在保障美国数字经济规模的长期世界领先地位。

日本政府为了把日本建设成一个高度信息化的社会,1994年推出了"政府电子化"这一新的理念,并于2000年在日本设立了"IT战略总部",以推动数码资讯行业的发展。2001年,日本推出了以宽带建设为重点的《e-Japan战略》,强调要大力发展电子商务,力求在五年之内成为全球领先的信息技术强国。日本于2003年推出《e-Japan战略2》,计划在信息技术基础设施基本建成的同时,将数字技术运用于社会其他行业,特别是食品、医药、金融、电子政务等行业,这些行业也将作为数字技术普及到其他行业前的先行试点领域。日本总务省于2004年发布了《u-Japan战略》,旨在建立一个"泛联网络社会",利用物联网等新技术,建立一个由数字信息串联经济、社会、文化等领域的广泛网络,使所有对象、所有人,在任何时间、任意地点都能互联起来。2009年,日本已确立通信基础设施领域的全球领先地位,但数字信息技术的普及与应用远不及预期效果。因此,为实现数字技术在社会、经济等各个领域的应用和普及目标,日本制定了《i-Japan

战略 2015》。随着大数据、物联网、人工智能等技术的快速发展，日本在数字技术方面的投入不断增加。2013 年，日本发布《科学技术创新综合战略》，此后该战略经过多次更新，数字技术成为日本科技创新的核心要素之一。

1999 年，欧盟发布了首个信息社会战略《电子欧洲 2002——面向所有人的信息社会》，其目的是鼓励个人与公司尽早接入因特网，并利用网络技术为全体公民提供高质量的服务。2010 年欧盟发布了《数字 2010——为了促进增长和就业的欧洲信息社会》和《欧洲数字议程》，旨在构建一体化数字经济市场，从改善信息技术、增强网络安全、注重非歧视原则三方面助力数字市场建设。为了在欧盟范围内进一步打破数字市场障碍，欧盟于 2015 年发布了《欧洲数字一体化市场战略》，目的是为数字网络和服务的繁荣发展创造有利条件，以加快释放数字经济潜力。

（四）2015 年至今：数字经济智能发展期

随着数字技术的进一步发展，各国正加快推动数字经济重点领域的发展，在数字经济战略谋划、数字经济应用实践以及数字经济赋能等多方面面临前所未有的机遇与挑战。何伟等（2022）指出，随着大数据、人工智能这些前沿领域研发的不断突破以及应用的实践推广，数字经济正协同智能技术共同发展。

世界上各主要国家都已经制定了比较完整的人工智能（AI）道德规范。

欧盟于 2020 年发布的《人工智能白皮书》指出，应将人工智能所引起的伦理问题视作对国家安全、隐私和尊严的威胁，同时也应采取必要措施加以规范。

美国国际战略研究中心 2018 年发布《美国国家机器智能战略》报告，详细阐述了六项战略，其目的是：一方面为高新技术产品创新提供长期的资助，以确保机器智能技术的先进性；另一方面为美国建立强大的创新基础，以确保其全球领先优势。2021 年 1 月，美国颁布《2020 年国家人工智能倡议法案》，以调整联邦政府在 AI 研发方面的投入重点，加快人工智能的发展，同时设立国家人工智能倡议办公室承担监督和管理工作。

2018 年 9 月德国颁布了《高技术战略 2025》，旨在普及 AI 应用，并通过“全国 AI 战略体系”来提高德国在这一方面的实力。同年，《德国人工智能发展战略》颁布，从国家层面为 AI 的开发与应用提供总体政策框架，并计划到 2025 年，在推动 AI 发展过程中提供 30 亿欧元的资金支持。

日本 2018 年 7 月公布了《第 2 期战略性创新推进计划》（SIP），重点关注无人驾驶技术、生物技术、医疗技术、物流技术等领域的大数据与人工智能技术，以推动大数据与人工智能技术从基础研究到实际应用的转化，解决重大民生问题,提高日本的整体经济水平与产业实力。

此外,世界各国也在加速推进数字规范化管理,推动国际层面数字治理体系的建立与完善。一是注重规范数据保密和开放共享。2018年出台的《通用数据保护条例》是欧洲联盟内部唯一且统一的数据保护法规,世界各国在针对个人数据保护的立法过程中也曾多次参考欧盟的该部法律;同年,欧盟出台《非个人数据在欧盟境内自由流动框架条例》,打通了数据在欧盟各国间流动的障碍。2016年,日本出台的《科学技术创新综合战略2016》强调,必须建立一个对社会基础结构至关重要的集制度、数据、人才为一体的协同发展平台。二是各国的管理方式日益丰富。欧盟积极地使用反垄断的工具,频繁地向国际技术巨头发出巨额的罚款;与此同时,欧洲委员会建议在反垄断立法中考虑非欧盟成员国的补贴行为,并相应强化其执法权力,促进合法、合规的数据共享。

最后,世界多国已开始探索或实施数字税。在世界范围内,已经有30多个国家宣布对主要的互联网企业征税,其中包括印度、意大利、英国、奥地利、土耳其、捷克、法国等。这些国家宣布将主要针对提供大量数字服务的大型互联网企业增加数字税。这些数字服务包括但不限于搜索引擎、社交媒体、在线视频、即时通信和线上电商等领域。

二、中国数字经济发展历程

(一)1993—2002年:中国数字经济萌芽期

1993年6月,中关村地区教育与科研示范网络的专家们在国际上多次阐明中国加入互联网的必要性,并与国际互联网界人士进行洽谈。随后,钱华林研究员参加了洲际研究网络协调委员会议,专门就中国接入互联网一事进行讨论,并以高票数赞成通过。中国于1994年4月实现与国际互联网的全功能连接,1995年1月开始以电话线路、DDN专线以及X.25等方式向社会公众提供互联网接入服务,而此前仅有部分高校和科研单位拥有专线网络。自此,中国正式进入互联网时代。何德旭等(2022)认为,紧随其后的第一波互联网信息技术发展浪潮为中国国家层面数字经济电子信息基础设施建设、信息产业发展、政府数字治理经验积累以及社会思想形态转变奠定了基础。

在数字经济基础电子信息设施建设方面,国务院于1994年6月向各部委和各省(区、市)发布了《国务院办公厅关于"三金工程"有关问题的通知》(国办发明电〔1994〕18号),指出要着重关注金桥、金关以及金卡工程的建设,标志着中国在电子信息设施建设方面的投入力度不断增大且建设速度不断加快。

在数字经济信息产业发展方面，多家耳熟能详的互联网行业领军企业创立于数字经济萌芽期。“搜狐”于1998年2月在北京成立，成为中国首家提供搜索引擎应用和网站分类查询服务的互联网企业。“腾讯”于1998年11月在广东省深圳市成立，初期开发了网上寻呼系统，并于1999年2月发布面向个人用户的实时聊天软件“OICQ”，即我们后来所熟知的“腾讯QQ”。“新浪网”于1998年12月在北京成立，主要关注网络内容生态的发展。“阿里巴巴”于1999年6月在浙江省杭州市创立，搭建了批发贸易线上交易平台。“百度”于2000年1月在北京成立，研发并搭建了中文语境下的搜索引擎。

在政府数字治理经验积累方面，我国政府积极完善相关法律制度，各部门密切配合协调工作，推动了互联网管理、数据信息保密、互联网＋金融行业规范等诸多领域的规范、健康发展。具体的主要政策细节如表2-1所示。

表2-1　1997—2002年中国政府关于互联网主要规范文件汇总表

发布日期	标　题	制定机关
1996年2月1日	《中华人民共和国计算机信息网络国际联网管理暂行规定》	国务院
1996年4月9日	《中国公用计算机互联网国际联网管理办法》	邮电部
1996年6月3日	《关于计算机信息网络国际联网管理的有关决定》	电子工业部
1997年5月30日	《中国互联网络域名注册暂行管理办法》	国务院
1997年12月16日	《计算机信息网络国际联网安全保护管理办法》	公安部
2000年1月1日	《计算机信息系统国际联网保密管理规定》	国家保密局
2000年3月30日	《网上证券委托暂行管理办法》	中国证券监督管理委员会
2000年9月25日	《中华人民共和国电信条例》	国务院
2000年11月6日	《互联网站从事登载新闻业务管理暂行规定》	国务院新闻办公室、信息产业部
2000年11月6日	《互联网电子公告服务管理规定》	信息产业部

续表

发布日期	标　　题	制定机关
2000 年 11 月 7 日	《关于互联网中文域名管理的通告》	信息产业部
2000 年 12 月 28 日	《全国人民代表大会常务委员会关于维护互联网安全的决定》	第九届全国人大常委会第十九次会议表决通过
2001 年 6 月 29 日	《网上银行业务管理暂行办法》	中国人民银行

资料来源：根据政府文件整理

胡雯(2018)认为互联网在数字经济萌芽期极快地融入大众生活，用户数量高速增长，促进了互联网风潮的社会化传播。据国家统计局数据显示，1997 年，我国互联网用户人数仅有 62 万人，用户人数仅占全部人口的 0.05%。1998 年和 1999 年，互联网用户人数翻倍增长，2000 年互联网用户人数突破 2000 万人大关，占总人口数的 1.78%。至 2002 年，互联网用户人数接近 6000 万人，约占总人口数的 5%，相较于 1997 年我国互联网用户人数实现了近百倍的增长。具体数据如图 2-1 所示。

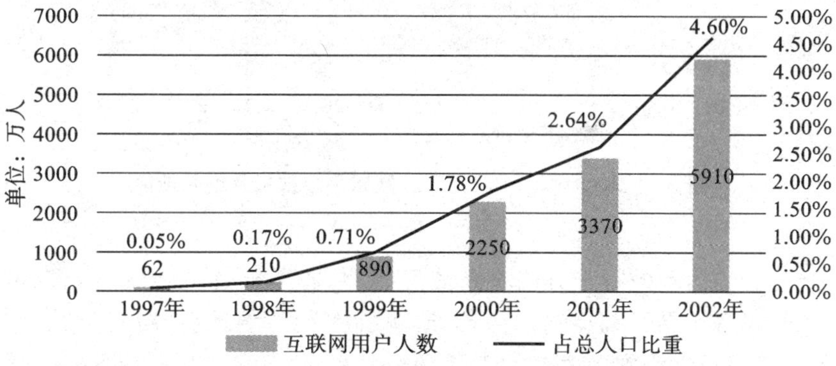

图 2-1　1997—2002 年我国互联网用户数量变化情况

资料来源：国家统计局

综上所述，从 1994 年到 2002 年，中国数字经济处于萌芽期。在这一阶段，中国积极推动电子信息基础设施建设，各种互联网企业相继成立，政府治理经验不断积累，互联网社会思潮广泛传播，为数字经济的进一步发展打下了坚实的基础。

（二）2003—2012 年中国数字经济成长期

2003—2012 年是中国数字经济的成长期。这一时期，互联网用户数量持续保持两位数增长(图 2-2)，以网络零售为代表的电子商务行业迅速崛起。电子商务行业的代表企业阿里巴巴于 2003 年 5 月推出面向个人的电子商务网站“淘宝网”，成功借助“舶来”经验，并结合中国消费市场特征，打造了本土化的商业模式，战胜了国际知名电子商务平台 eBay，并进一步发展为全球最大的 C2C 电子商务平台。2003 年下半年，阿里巴巴为维护自身交易安全性又推出了支付宝业务，并投入大量资本进行业务推广，支付宝逐渐成为国内最大的第三方支付平台。2006 年，中国互联网销售额突破 1000 亿元人民币，并在 2012 年突破 1 万亿元人民币，且年均增速一直保持在 50%以上。2007 年我国发布了《电子商务发展“十一五”规划》，旨在持续推动电商发展并将其确定为我国重要的新兴产业。电子商业的繁盛，促使大量商家和用户涌入互联网经济发展浪潮，无疑推动了数字经济的发展壮大。

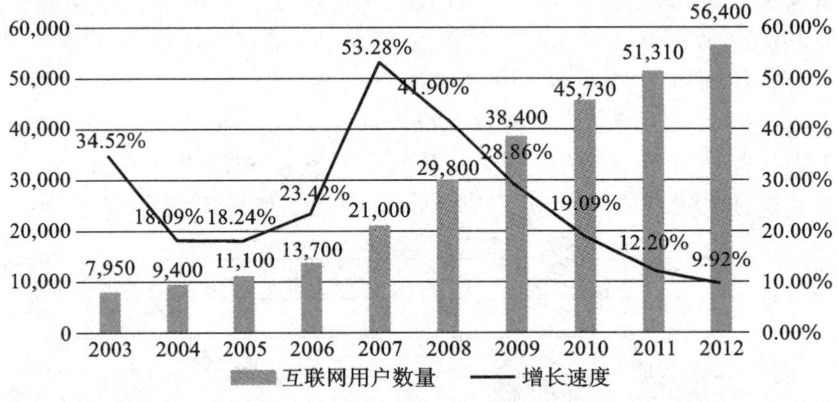

图 2-2　2003—2012 年我国互联网用户数量及增长速度

资料来源：国家统计局

与此同时，新的社交方式不断涌现，如网络博客、个人微博等自媒体的出现，使得每个网民都能够自由发声，进而深刻影响社会经济。社交网络服务的普及极大程度上改变了人际联络方式，数字沟通的便捷性极大缩短了社交成本和社交距离，网络社交已成为社交拓展与社交关系维系中必不可少的重要方式。

2012 年，中国网民数量的增长速度下降至 9.92%，如图 2-2 所示，结束了自 1997 年有统计数据以来不低于两位数增长速度的高增长纪录，预示着我国原有依靠网民数量高增长驱动的互联网经济高速发展模式正逐渐发生改变。与此同时，随着智能手机的普及，移动互联网发展之势锐不可当。根据中国互联网信息中心（CNNIC）发布的数据显示，截至 2012 年底，中国通过手机端上网的用户人数高达 4.2 亿人，占总互联网用户的 74.5%，超过了台式电脑网民数量（图 2-3），这也说明了中国数字经济的发展步入了全新阶段。

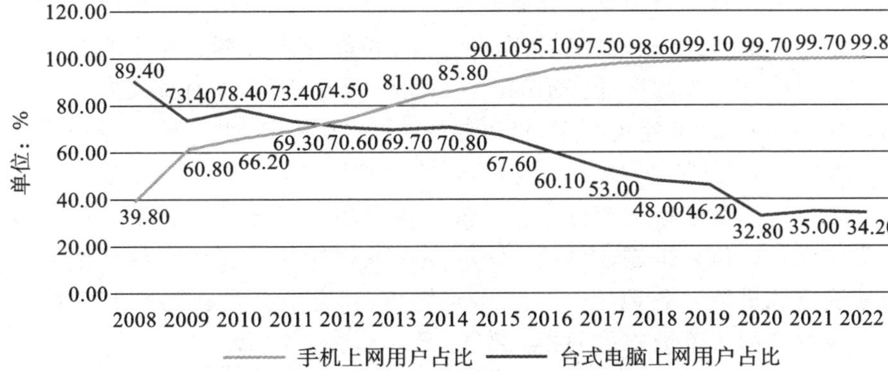

图 2-3　2008—2022 年互联网用户上网途径情况

资料来源：中国互联网络信息中心(CNNIC)

总而言之，中国数字经济的快速发展得益于互联网用户数量的持续增长和电子商务的蓬勃发展。同时，新兴业态的涌现也为数字经济注入了新的活力。然而，在网民数量增长放缓以及移动互联网崛起等因素的影响下，中国数字经济发展进入了一个新的阶段，需要寻求新的发展模式和战略。

(三) 2013—2019 年：中国数字经济成熟期

2013—2019 年，中国数字经济进入成熟期。该阶段中国数字人口红利逐渐减弱，这对数字经济的差异化、个性化发展提出了更高要求。随着智能手机的普及，民众生活的方方面面与网络联结得更紧密，并在多维度产生了深刻的影响，数字经济与传统产业深度融合，新产业、新模式不断涌现。

该阶段，数字经济的发展主要依靠产业集群的拉动。企业与其供应商、上下游产业厂商等，共同构成了产业集群。产业集群效应越明显，则表明当地产业链布局越完整，各主体间协作关系也越融洽，这对当地产业结构发展和企业降本增效、提高供给水平以及自身竞争力都有深刻影响。ICT(信息和通信技术)产业作为数字经济发展的排头兵，从技术、产品和服务层面为数字经济发展助力。广东省在 ICT 产业布局方面处在全国前列，已经形成以工业应用为导向、以技术突破为核心、以配套软硬件为支撑的新一代 ICT 产业链，为数字经济的发展奠定了坚实的基础。根据 2020 年中国信通院与中国中央电视台(CCTV)上海总站发布的《中国区域与城市数字经济发展报告》，深圳已成为我国电子信息产业的“高地”，拥有世界上最完整、最规范的电子信息产业，占据全球市场份额的 1/10。湖北省打造了以信息通信为主导的新兴产业，已经形成了新型显示、智能终端、光通信、集成电路、软件与信息服务业多点结合的 ICT 产业结构。福建省加速布局数据产业，已在福州、厦门、安溪等地建立数字产业园。位于西北的陕西省也已建立一批数字经济示范区、示范园、示范项目，并对其发展方式进行了探索。到 2020 年上半年，陕西省各地已经确定了 12 个数字经济示范区，34 个数字经济示范园，90 个数字经济示范平台。

数字技术赋能传统产业高质量发展也是该阶段显著的特征之一。随着数字赋能的深入推进，农业现代化、制造业智能化及服务业数字化都取得了突破式进展。各地结合区域比较优势，制定了差异化的数字发展政策。本书列举了部分省份的相关政策，具体如表 2-2 所示。

表 2-2　代表省份 2013—2019 年数字经济扶持政策梳理

省份	发布日期	政策名称
内蒙古	2019 年 1 月 11 日	《数字内蒙古建设发展规划（2018—2025 年）》（征求意见稿）
吉林	2018 年 7 月 17 日	《关于以数字吉林建设为引领加快新旧动能转换推动高质量发展的意见》
浙江	2018 年 9 月 14 日	《浙江省数字经济五年倍增计划》
	2016 年 8 月 22 日	《浙江省信息化发展“十三五”规划（“数字浙江 2.0”发展规划）》
安徽	2018 年 10 月 23 日	《安徽省人民政府关于印发支持数字经济发展若干政策的通知》
	2018 年 9 月 12 日	《关于加快建设“数字江淮”的指导意见》
福建	2018 年 9 月 21 日	《福建省数字经济发展专项资金管理办法》
	2018 年 4 月 2 日	《2018 年数字福建工作要点》
	2018 年 2 月 6 日	《关于加快全省工业数字经济创新发展的意见》
	2017 年 8 月 3 日	《关于启动数字福建物联网领域首批重点实验室的通知》
	2016 年 5 月 17 日	《福建省十三五数字福建专项规划》
	2015 年 9 月 29 日	《关于印发数字福建公共平台开展政府和社会资本合作建设运营管理暂行办法》
江西	2019 年 2 月 18 日	《江西省实施数字经济发展战略的意见》
山东	2019 年 3 月 13 日	《数字山东 2019 行动方案》
	2019 年 2 月 27 日	《数字山东发展规划（2018—2022 年）》
广东	2018 年 4 月 10 日	《广东省数字经济发展规划（2018—2025 年）》（征求意见稿）

续表

省份	发布日期	政策名称
广西	2018 年 9 月 17 日	《广西数字经济发展规划(2018—2025 年)》
	2018 年 9 月 17 日	《广西数字经济发展三年行动计划(2018—2020 年)》
	2018 年 8 月 30 日	《数字广西“广电云”村村通、户户用工程三年攻坚会战实施方案(2018—2020 年)》
	2018 年 8 月 29 日	《数字广西信息通信基础设施会战三年行动计划(2018—2020 年)》
	2018 年 8 月 29 日	《关于加快数字广西建设的若干措施》
四川	2018 年 11 月 16 日	《四川省人民政府关于加快推进四川省数字经济与实体经济深度融合发展的实施意见》
贵州	2018 年 6 月 21 日	《省人民政府关于促进大数据云计算人工智能创新发展加快建设数字贵州的意见》
	2018 年 2 月 11 日	《省人民政府关于印发贵州省实施“万企融合”大行动打好“数字经济”攻坚战方案的通知》
	2017 年 3 月 21 日	《中共贵州省委贵州省人民政府关于推动数字经济加快发展的意见》
	2017 年 2 月 7 日	《贵州省数字经济发展规划(2017—2020 年)》
云南	2019 年 2 月 19 日	《云南省人民政府办公厅关于成立建设“数字云南”领导小组的通知》
陕西	2018 年 04 月 17 日	《陕西省 2018 年数字经济工作要点》
甘肃	2018 年 06 月 11 日	《甘肃省数据信息产业发展专项行动计划》
青海	2018 年 10 月 16 日	《青海省人民政府办公厅关于成立青海省数字经济协调推进领导小组的通知》

资料来源:中国信通院、中商产业研究院

2013—2019 年,中国数字经济发展已进入成熟期,面临着数字人口红利减弱和发展方式转变等挑战。产业集群的拉动、数字技术与传统产业的结合以及政策的支持均推动了数字经济的高质量发展。通过关注各地区、各城市间的差异,并根据各地区的比较优势实施特色数字化发展战略,有助于促进各区域数字经济稳中有进发展。

(四) 2020 年至今:中国数字经济深化期

2020 年至今,我国数字经济转向应用深入场景、法规配套完善、成果大众共享的新阶段。数字经济深入到赋能各行业的细分应用场景中，激活了更多的发展动力。

1. 全国教育数字化战略充分贯彻落实

全国中小学等各类教学场所中，99.89%的校园宽带速度超过了100兆，超过3/4的校园已实现了WiFi覆盖，99.5%的中小学配备有多媒体教室。根据新华网记者胡浩于2022年3月28日的报道，国家智慧教育公共服务平台已正式上线，成为全球最大的教育教学资源库之一，初步形成了优质教育资源开放共享的格局。全国中小学智慧教育平台重新启用后，截至2022年底，汇集了44000多个优秀的教育资源，包括25000个课时的课程和教学资源。

2. 数字健康服务资源深入基层并持续优化

首先，优质医疗资源持续向基层延伸，远程医疗平台已在31个省市和新疆生产建设兵团实现了“地市级”和“县级”的全覆盖，一年内为群众提供服务超过了2670万人次。其次，数字化正在快速渗透医疗健康的各个领域。根据2022年国家互联网信息办公室发布的《数字中国发展报告》，网络医院已超过2700家，通过网络诊断和治疗的人数已达2590万人，全国16500个基层中医诊所实现了网络互连，医保信息化平台覆盖范围不断扩大。最后，医疗卫生事业的管理效率明显提高。截至2022年底，全国健康保险服务平台已有2.8亿注册用户，覆盖了100多个医疗服务项目，为广大群众提供了一站式、全方位、便捷和高效的健康保险公共服务。

3. 数字化社会保障服务大范围推广

据《2022年度人力资源和社会保障事业发展统计公报》数据显示，截至2022年底，全国范围内已有7.2亿人完成了电子社保卡的领用(图2-4)，电子社保卡已开通了486个服务通道，并开通86项全国服务和1000余项各省份属地服务。2022年全年，已为112.9亿人次提供了服务。此外，全国人社政务服务平台分别在全国和地方开通116项和367项服务，整体服务人次达28.6亿人次；平台已注册人数达2803.4万人，其中移动端用户人数达1629.3万人。

4. 网上求职服务的支持功能得到进一步应用

据《数字中国发展报告(2022年)》数据显示，人力资源和社会保障部的“就业在线”平台涵盖了国家各类公共、职业、人才服务组织，已发布了超过4000万个职位，为2865万名社会公众根据其自身基本工作需求提供了招聘、求职服务，累计达1.57亿人次；中国公共招聘网与503个公共就业服务机构建立了网络链接，每天提供26万个职位，近百万个职位每天都得到填补；中国残疾人联合会在全国范围内开展了面向盲人的多元化就业网络培训，“心光绽放助盲项目”的受训人数已超过7000人。

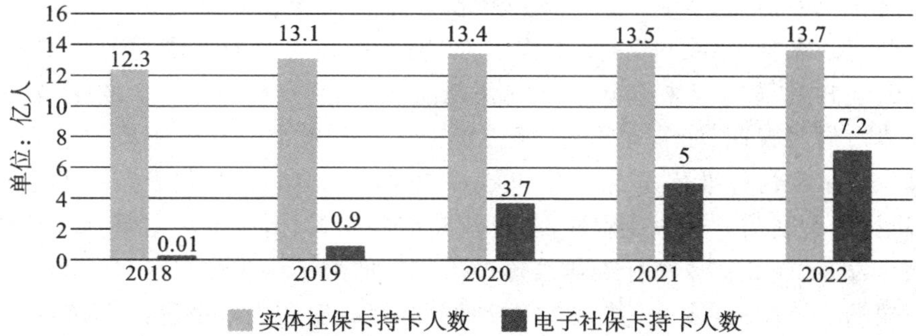

图 2-4 近五年社会保障卡持卡情况

资料来源：人力资源和社会保障部

5. 为人民服务的信息化工作扎实推进

据《数字中国发展报告(2022 年)》数据显示，我国已有超过 2200 家二级客运站实现了超过 2.82 亿张电子客票的发行；住房公积金数字化便民服务的效果已初显，全国住房公积金小程序为 4.25 亿人次提供了服务，办理了 314 万件异地转移接续业务，划转了 310 亿元资金；社会救助的精准性得到提高，为特殊群体提供便捷办事的范围得到扩大。《数字中国发展报告(2022 年)》披露民政综合服务平台已开通 70 个项目，包括“残疾人两项补助”“全程网办”“社会救助申报栏”等，累计为超过 1000 万人次提供服务，为广大群众提供了一条“便民专线”；老龄化和无障碍改造工作正在加快推进，648 个与老年人、残障人士生活密切相关的网站和 APP 已完成了改造。

6. 新的智慧城市建设将向更为集中、更高层次的方向发展

智慧城市的数字化技术正从单一的应用走向一体化与融合。2021 年，21 个市(区)正在开展新型城市基础设施建设试点，加快了城市信息化基础平台和智慧城市基础设施的建设。2022 年，北京昌平区、上海临港新区以及其他 19 个区域正在加速推进“数字家庭”的试点工作。在“一网统管”方面，住建部将推动全国、省级、市级三级城市运营和管理平台互联互通，促进城市服务管理的业务整合和协同，支持北京、上海等超大城市提升城市感知、风险预警和科学决策能力。在具体落实层面，住建部 2021 年确定将支持深圳、南京、西安、青岛等 18 个城市开展安全风险集成监控与预警试点工作，通过建立城市生命线、公共安全、生产安全、自然灾害等方面的监控与预警系统，实现对城市运行关键要素和重点区域的实时监测、数据采集和智能分析，提高城市安全风险的预防、化解和管控能力。

7. “数字农村”建设已进入大规模部署的新阶段

截至 2022 年底，全国农村网络用户人数达到 3.08 亿人，农村地区的

网络普及率为61.9%，与2021年相比，城乡网络普及率差距下降了2.5个百分点。在“数字农村”试点工作方面，国家网信办和农业农村部2022年在浙江开展“数字乡村”试点工作，包括浙江省的德清县、北京市的平谷区、天津市的西青区、江苏省的浦口区、浙江省的平湖市以及重庆市的渝北区等。数字乡村标准化建设步伐加快，中央网络安全和信息化委员会办公室（简称中央网信办）、农业农村部、工业和信息化部、国家市场监督管理总局联合发布了《数字乡村标准体系建设指南》，提出了构建数字乡村标准体系框架的7个部分（图2-5）。在农村地区，数字化管理的效率进一步提高，全国有48.9万个村民委员会已建立了新的网络。数字惠民服务系统得到了进一步的改善，城市和农村居民都能享受到数字化发展成果。

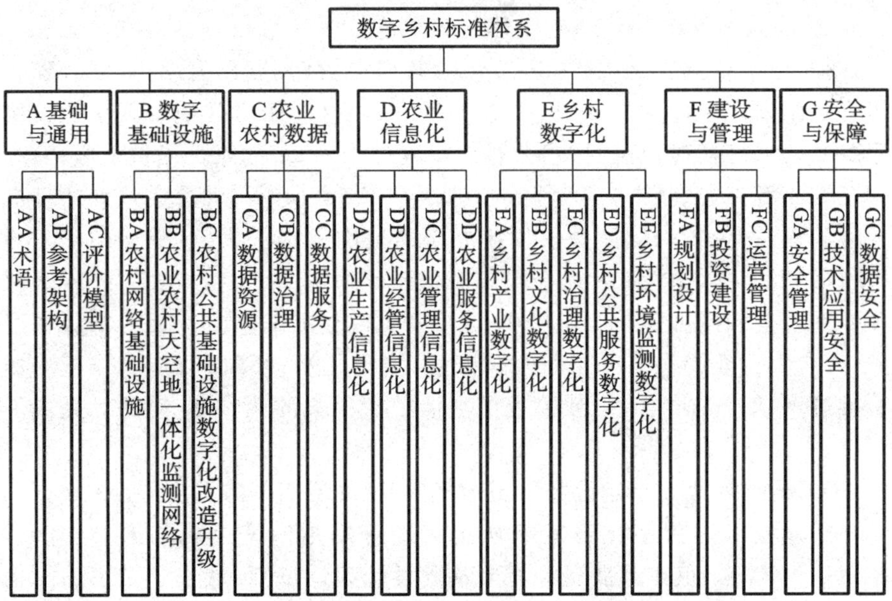

图2-5 数字乡村标准体系框架

资料来源：《数字乡村标准体系建设指南》

8. 全民数字素养与技能不断提升

《2022年提升全民数字素养与技能工作要点》由中央网信办、教育部、工业和信息化部、人力资源社会保障部四部委联合发布，明确了8大领域29条任务，形成了一套系统性的工作框架。全国范围内举办了“数字技能进社区”“数字教育大讲堂”“数字助老助残”等多项主题活动，共计2.6万余次，直接参与人数达2000万人，受众超过4亿多人，共开放了22.2万个数字资源，网络观看次数达12.6亿人次。中央网信办等13个部门联合筛选确定了78个全民数字素养和技能培训基地，形成共建共进、特色发展、大众普惠的全民数字素养与技能培训网络。黑龙江等部分地区将继续推动全民数字素养与技能提升,从供给侧、需求侧、环境侧三个层面采取切实可行的举措,加速提升全民数字工作、数字生活、数字学习、数字创新的水平。

9. 数字经济为生态环境治理带来了新的机遇

人工智能、大数据、遥感、物联网、云计算等数字技术在生态环境保护和治理方面的应用日益广泛。《数字中国发展报告(2022 年)》指出,生态环境数据资源体系新纳入空气质量乡镇站监测数据、入河入海排污口信息、危险废物处置转移信息等三十三类数据,以期获得更准确科学的生态环境数据。国家航天大气环境监测卫星和陆地生态系统碳监测卫星相继发射并在轨稳定运行,为我国构建天基碳监测系统提供了新的思路。此外,在全国碳计量工作方面,我国第一个碳计量中心已于 2022 年 5 月 19 日在内蒙古揭牌,开展对碳计量数据的收集、分析、评估和应用工作;在温室气体与海洋碳汇的联合监测方面,截至 2022 年年底,全国共建成 26 个高精度和 90 个中精度温室气体监测站,上海、深圳等地的碳监测网已基本建成。

10. 数字技术促进绿色低碳生活方式普及

在数字技术的支持下,城市绿色宜居的生活环境正在快速建设。近年来,深圳等城市鼓励数字企业积极进行创新实践,研发了垃圾清扫、分类、运输、检测等自动化设备,并将其应用到垃圾处理环节,开发出智能化、平台化的垃圾管理体系,从投放垃圾分类到处理形成全链条管理。此外,许多地方也积极探索碳账户、碳积分等形式,推动普及绿色生活理念。北京、山西、四川、安徽等地利用大数据和区块链技术对个人碳排放进行量化分析,并转化为个人碳账本中可兑奖的积分,有效激发了当地居民节能减排的热情。绿色出行方式受到民众的追捧,截至 2021 年底,全国共享单车已在超过 400 个城市运营,每天有效运营数量约为 1500 万辆,全国日均订单量达 4700 万单。

与发达国家相比,我国数字经济起步较晚,数字基础设施有待完善,数字技术在一定程度上依赖他国,因此我国数字经济在发展过程中受到一定制约。但自改革开放以来,尤其是进入 21 世纪后,我国充分把握了数字经济的发展机遇,积极应对挑战,数字经济取得了突破式发展。

第二节　我国数字经济发展面临的机遇及挑战

一、我国数字经济发展过程中的机遇

(一) 数字经济重构秩序中国后来居上

黄奇帆等(2022)提到中国发展数字经济最重要的机遇之一,就是世界

经济秩序的数字化重构。在数字经济不断发展的背景下，产业链数字化趋势愈加明朗，同时，数字技术对产业链转型和重构的影响更深远。伴随着AI、IoT、区块链、5G、云计算、大数据等数字技术的不断突破，数字赋能传统产业不仅是促进数字经济发展的新引擎，也是促进经济高质量发展的内驱力。伴随着数字技术与各领域的深度融合和协同创新，数字化已经逐步变成各产业升级的必然选择，新产业、新业态、新模式不断涌现，产业分工格局的重构正在加速。中国应在全球数字经济发展进程中不断优化自身产业结构，与数字经济发展的脉络紧密相连，实现经济的快速发展。

数字经济具有独特的数字技术和信息效率优势，这使得它与过去的农业经济和工业经济相比有更广阔的发展空间。尤其是在全社会产业结构升级的大背景下，数字经济能够为产业上中下游的各个环节提供服务优化和信息链接的支持。孙蓉(2022)从三个方面进行了分析。首先，通过数字技术的应用，企业可以提高其产品质量。例如，通过使用物联网技术，企业可以实时监控生产过程，及时发现和修正生产中的问题，从而提高产品的质量和可靠性。此外，使用人工智能技术可以帮助企业进行数据分析和预测，从而更好地了解市场需求和产品优化的方向。其次，数字平台的整合能力对优化产业链条具有重要作用。通过数字平台，不同行业的企业可以共享信息资源，并进行合作。例如，供应链管理平台可以同时协调供应商、制造商和零售商三方的工作，从而提高整个供应链的效率和透明度。此外，通过数字平台，企业可以更好地了解市场信息，掌握竞争对手情况，从而在市场中获取更大优势。最后，数字工具的应用将提高产业各环节的工作效率。例如，使用大数据分析工具可以帮助企业快速处理海量数据，从而更好地了解市场趋势和消费者需求。并且，使用物联网和云计算技术可以实现设备的智能连接和远程监测，提高生产效率和降低成本。数字经济为中国经济在产业方面实现整体优化升级和结构重整提供了巨大机遇，各行业的生产制造板块、宣传销售板块和职能支持板块都可借助数字经济的力量来实现供需匹配和结构升级。

随着数字经济的发展，传统行业将面临转型升级的压力，善于运用数字技术和数据要素优化经营模式的企业将获得更大的竞争优势。同时，企业数字化需求也将催化与人工智能、区块链、虚拟现实等技术结合的新兴产业的发展，进而反哺数字经济成为经济增长的新动能。

综上所述，中国通过充分利用数字技术和数据要素优势实现产业结构的优化升级和重整，既抓住了数字经济这一重要机遇，也对全球经济的数字化重构做出了重要贡献。

（二）数据要素助力发展中国大有可为

数字经济的崛起，为数据成为继土地、资本、劳动力之后的第四种新型生产要素，提供了充分且必要的条件。在很长一段时间里，针对数据的收集、汇总和分析一直是经济活动不可缺少的一个环节，但这些环节却没有被纳入“要素”的范围内。而在数字经济的深入影响下，诸多变化接踵而来，数据已经具备了成为一种新的经济生产要素的条件。同时，随着计算机、通信、信息处理和数据存储等技术的不断进步，在线实时流通的数据规模不断变大，也为大量数据接入互联网进而更广泛地传播和使用奠定了基础。技术的进步降低了获得信息的费用，使企业更容易获取所需信息，并结合自身资源、发展战略提炼出新的经营思路或创造新的价值。

与此同时，“数据”在众多商业模式中的重要性日益凸显，分析其所产生的巨大价值与收益也越来越多，因此，数据具备了成为新型生产要素的充分条件。麦肯锡 2020 年关于数据影响力的报告认为数据经过收集、汇总、分析和使用等环节便实现了价值创造，这一过程可理解为数据的“货币化”。报告数据显示，数据货币化对表现优异的企业的贡献达到了 10%以上。

当前，数据要素正在不断嵌入市场，其价值潜力渐渐体现出来，全球数字经济模式下数据为市场带来的全新价值呈现出快速增长的趋势。数据要素加快各个行业融入数字经济时代，促使供需形成高质量同步的新生产模式，提高行业的社会效益和经济效益。

数据要素的应用正在改变着全球价值链分工模式。作为一种新的生产要素，数据将成为我国提升竞争力及全球价值链地位的关键。黄奇帆等(2022)指出数据要素的正确应用不仅有助于中国有效提高自身经济影响效应，也可以为中国制定提升全球价值链地位的具体路径提供参考依据。现在正是数据要素成为新型生产要素以及全球价值链重塑的关键节点，中国拥有广阔的市场基础，积累了丰厚的数据资源，且是在全世界范围内率先提出要重视数据要素市场化配置并已对具体的实施路径进行了布局的国家之一，因此，中国应发挥数据要素优势，在数字经济发展中大展拳脚。

（三）数字经济关键技术中国储备丰富

数字技术创新是数字经济发展的核心动力。2022 年，我国在集成电路、AI、量子信息技术等领域不断突破获得技术积淀，数字技术研发能力持续提升，企业创新主体地位进一步强化，创新联合体等新型组织形式释放创新动能。

首先，关键数字技术研发、应用以及实践取得成效。根据孙琳(2023)报道，我国在 5G 技术方面已经形成从技术端研发到应用端实践的多方优势，并已率先布局 6G 研发工作；在微电子、AI、高性能计算、电子设计自动化等方面取得重要进展。人工智能芯片和开发框架加速发展，基本形成

AI 基础软硬件支撑能力。此外，国产操作系统加速规模化推广应用，2022 年华为开发者大会公布鸿蒙总装机已突破 3.2 亿台。

其次，前沿数字技术创新活动稳中有进。“科技创新 2030—重大项目”、国家重点研发计划、国家自然科学基金项目进一步加大对高端芯片、集成电路、操作系统、关键软件、人工智能、量子信息和类脑智能等领域的基础研究和战略前瞻布局。数字研究探索实力稳步提升，据 2022 年世界知识产权组织数据显示，中国仅 ICT 领域国际专利申请近 3.2 万件，占全球总量 37%（图 2-6），已被授权的数字经济核心产业发明专利达 33.5 万件，同比增长 17.5%。信息技术管理、计算机技术等领域被授权专利涨幅最大，同比分别达 59.6%和 28.8%。信息领域研究前沿核心论文份额和施引论文被引频次份额位居世界第二，计算机科学论文被引次数持续位列世界第一。

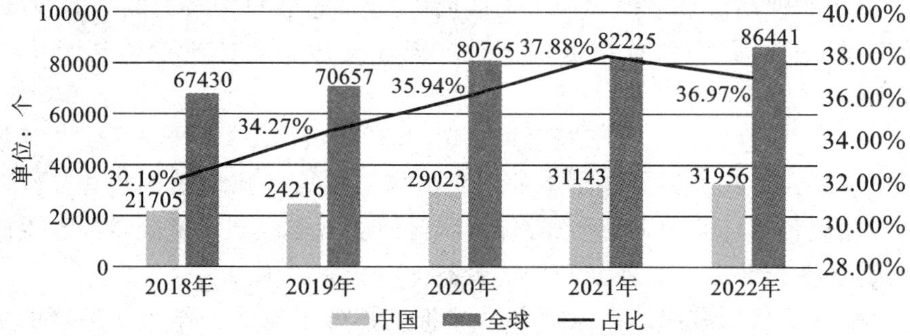

图 2-6　2018—2022 年中国及全球信息领域相关申请专利增长情况

资料来源：世界知识产权组织、数字中国发展报告（2022 年）

再次，数字技术协同创新生态多点建设。数字技术企业创新主体地位持续强化，数字领域产学研用生态蓬勃发展。2022 年，各地加快推进数字技术创新联合体建设，湖北成立新一代网络和数字化产业技术创新联合体，南京成立未来网络创新联合体，推动提升数字技术创新成果转移转化成效。数字企业开放创新平台加快建设，中关村企业融通创新联合体、3C 智能制造创新联合体等一大批创新联合体启动运行。数字开源社区协同开放创新生态日益健全完善，操作系统、云计算、软件开发等各类开源社区初具规模，涌现出大批具有核心技术的开源平台与项目。

最后，数字人才储备初具规模，数字人才培育体系更加健全。数字领域高水平人才创新研究支持力度加快提升。2022 年，国家自然科学基金数字与数字交叉领域资助国家杰青项目 64 项、优青项目 98 项、青年项目 2634 项、地区项目 262 项。国务院学位委员会、教育部发布的《研究生教育学科专业目录（2022 年）》，进一步引导高校加强数字领域学科建设和专业设置。数字人才储备规模不断扩大，据中央网信办发布的《数字中国发展报告(2022 年)》,通信和互联网领域相关专业毕业生达 159 万人,占毕业生总数的 15%,在全部 19 个分行业中位列第一。

二、我国数字经济发展面临的挑战

(一) 数字核心技术亟待研发突破

在数字化转型的进程中,我国的数字核心技术仍然面临一些问题和挑战。

首先,我国数字经济发展受限的主要原因是核心技术的制约。陈晓东和杨晓霞(2022)指出,仅依靠企业自身努力和市场多方力量合作来实现核心技术攻关和产业化应用是相当困难的。关键核心技术的创新需要有前期的技术积淀,也需要不断投入资金进行前沿科学探索。同时,面对较长的研发链条、复杂的系统环境、协同作业效率低等难点,仅凭市场自身力量无法解决核心技术攻坚的问题,而且许多企业也缺乏足够的资金实力、研发实力以及生产实力去解决高新技术在实际研发与应用过程中所遇到的问题和风险。

其次,我国在过往技术发展过程中依赖进口的现实导致了一些产业基础能力的不足。李政和王思霓(2021)发现一些基础数字产品和服务严重依赖进口,自给率和国产率较低,无法获得关键核心技术,导致产业链处于低端水平。例如,集成电路、中高端半导体、精密传感器等关键技术和产品在国内市场上的供应仍然相对薄弱。李万(2020)指出,虽然我国在半导体、传感器等领域不断提高国产化率,但自身工业"四基"即关键基础材料、核心基础元器件、先进基础工艺、产业技术基础这四方面对外技术依存度超过五成,相较发达国家平均仅三成的对外技术依存度以及掌握更多精尖技术的美日德低于 1 成的对外技术依存度,足见我国仍然高度依赖进口技术的事实。尽管我国已经开始探索区块链在物联网等领域的应用,但整体上,区块链在实体经济领域的应用还处于起步阶段。戚聿东和肖旭(2020)认为,非高新技术制造业企业在数字化方面缺乏系统性,数字技术对整个企业发展的促进作用有限,认为只有销售、管理和生产活动与数字化技术深度结合,进而实现协同发展,制造业企业才能在不断变化的数字经济市场中找准市场需求取得竞争优势。

(二) 区域数字经济亟待均衡发展

由于我国各地区经济基础和新型基础设施等方面存在明显差异,数字经济呈现出明显的地域差异。郭炳南等(2022)发现发达地区如北京、上海、广东等地数字经济发展较快,而一些经济欠发达地区数字经济发展相对滞后。

首先，从数字经济影响范围来看，马晓君等（2022）研究证实数字经济的蓬勃发展可促进地区产业结构升级，区域数字经济发展的集聚度对数字经济的影响范围有正向影响。根据所处地区数字经济发展水平是否存在高集聚区域来看，在数字经济发展水平区域集聚程度较高的地区，对本省域和邻省域的产业结构升级均有积极影响；而在集聚程度较低的地区，仅对本省域的产业结构升级有促进作用。

其次，从数字经济对农业发展影响的角度来看，詹晶和卢春桃（2022）研究发现，发展数字经济可以助力乡村振兴，农村发展要结合电子商务和数字化技术，但中国区域间的数字经济发展水平与农业现代化协同度存在显著差异，整体上呈现出自东向西递减的梯度差异。研究结果显示，数字经济在乡村的发展区域间存在不平衡问题，尤其是在处于起步期和成长期的地方该问题更为突出。沿海发达地区在数字经济发展方面具有较强的基础和意识，相较于中西部地区更加重视农村数字经济的发展。王海艳等（2022）通过构建数字经济发展水平的指标体系，发现数字经济对农村电商发展的促进效应从中部向西部和东部地区依次递减。

最后，从数字经济与高质量发展的耦合关系角度来看，韩兆安等（2022）研究发现，华南、华北和华中地区的耦合协调度较高，而华中、西南地区的耦合协调度较低。黄河流域的耦合协调度明显低于长江流域。此外，城市间的耦合协调关系也存在明显的空间差异性。

（三）数字营商环境亟待提升完善

中国各地区的数字营商环境参差不齐。孙莉莉和李锋（2023）研究发现一些地区对于数字经济发展提供了良好的政策和环境支持，但也有一些地区的数字营商环境还不够开放、便利和缺乏创新。从数字营商环境硬件配置角度来看，数字基础设施建设区域间不平衡是主要问题；从数字营商环境软件适配角度来看，数字营商评价体系缺失以及数字政务创新性不强等问题尤为突出。

首先，各地区的数字化基础设施发展不平衡。尽管从总体上来看，我国的数字基础设施在世界上处于领先地位，但据《中国统计年鉴 2021》数据可知（表 2-3），各省份的发展水平存在很大差距。截至 2021 年底，广东依然拥有世界上最多的手机上网用户，而广东也是世界上仅有的手机上网用户超过一亿的大省，海南、青海、宁夏、西藏等地的手机上网用户数量都在一千万以下。据中国互联网络信息中心发布的第 51 次《中国互联网络发展状况统计报告》显示，我国中、西部网络渗透率低于东部，但近几年来，区域间的渗透率差异有所缩小。

表 2-3　各地互联网发展指标

省份	域名数量/万个	移动互联网用户数/万户	互联网宽带接入用户数/万户
广东	534.7	14251.39	3889.99
北京	373.2	3272.85	747.31
福建	324.9	3979.60	1831.02
河南	273.0	8748.71	3090.94
四川	219	7521.36	2975.45
江苏	206.7	8428.67	3756.83
湖南	184.8	5771.21	2113.17
山东	182.0	8761.31	3445.62
湖北	180.4	4789.67	1870.16
浙江	167.5	7041.06	2938.83
安徽	154.8	5010.47	2092.99
上海	140.7	3365.70	918.96
江西	130.7	3599.26	1510.52
广西	112.1	4799.26	1650.84
贵州	110.1	3597.39	1002.40
河北	100.2	7103.97	2534.35
陕西	98.7	3876.23	1368.96
云南	89.9	3945.40	1278.12
重庆	86.6	3117.18	1228.37
山西	82.8	3266.29	1252.11
辽宁	79.5	3921.80	1331.24
吉林	55.8	2445.03	654.23
黑龙江	53.6	2980.34	886.33
甘肃	42.7	2298.62	931.42
海南	41.8	963.97	351.47
天津	33.7	1488.82	534.60
内蒙古	19.5	2574.26	722.92
新疆	13.2	2359.17	883.86
宁夏	7.7	712.71	283.64

续表

省份	域名数量/万个	移动互联网用户数/万户	互联网宽带接入用户数/万户
青海	4.5	581.12	181.97
西藏	1.6	279.11	96.33

资料来源:《中国统计年鉴 2021》

其次,我国政府的政务创新与协调能力有待提高。数字营商环境的显著数字化特征使得其能区别于传统营商环境,促使政府行政审批服务的时效性和便利性不断提升。根据中央网信办发布的《数字中国发展报告(2022 年)》可知,中国电子政务发展指数已位列世界第 43 位,并以十年提升 35 位的速度成为世界上进步最快的国家之一。但数字政府的政务创新以及各级协同能力较弱,仅将原有业务复制到线上,缺少与线上办事软件特点相适应的流程优化,也忽略了线上办事软件操作的实际情况,整体服务流程没有简化。此外,政务信息在各级政府间处于零散分布的状态,抑制了数字化政府建设的进程。但积极推动各级政府间信息共享的同时,须慎重考虑并妥善解决适宜共享的数据信息类型、数据信息共享时的方式方法,以及数据信息共享时的不慎泄露和非法篡改及使用等问题。

最后,我国数字营商环境指标体系建设仍有缺失。2018 年,国家发展改革委员会不断推进“中国营商环境”评价指标体系的构架,同时,也对“中国营商环境”的发展提出了新的要求。2019 年,经国务院批准、国家发改委牵头,开展了 41 个城市的营商环境评价工作。这个评价体系围绕城市发展质量和企业生命周期开展,共计 18 个一级指标和 87 个二级指标,综合反映各地域营商环境建设成效。国家发改委在 2020 年将该评价指标体系应用于对 80 个城市营商环境的评价,评价结果作为随后整改工作的重要依据。同时,国内各相关部门也就营商环境开发各自的评价指标体系。例如,CCTV 于 2020 年组织编制了《2019 中国城市营商环境年度报告》;中国国际贸易促进委员会 2023 年发布了《2022 年度中国营商环境研究报告》。

(四) 数字治理体系亟待规范发展

数字治理是在平台经营、互联网信息传输、技术应用、数据资源使用等领域解决规范性、安全性以及合法性等问题的必要手段。随着数字经济的快速发展,数字治理体系亟待提升和完善。

首先,我国数字治理难度大。一方面,在乡村层面,数字治理在乡村层面的应用逻辑主要包括“公共精神”、“协同共治”和“共同在场”等,但由于乡村层面数字技术的普及稍显落后，有较大数字鸿沟，使得与农业相关的数字基础设施建设以及农业信息数字化受到较大阻碍。另一方面，在城市运作方面，数字经济为大众带来了相比过去更便捷的生活方式，提升了无数市民的生活品质。但是海量个人信息乘着数字技术的便车，其传播速度和广度相比过去有很大的提升，因此也面临着诸多风险，个人信息公开透明化无疑会激起大众对数字化的回避和排斥。

其次，数字治理法律法规体系建设不健全。数字技术在改善传统经济运转的过程中，不仅提高了效率，也带来了一些潜在的风险。一方面，数字化改造和升级可能会导致一些信息技术风险的增加。对于缺乏充分认识的技术应用，可能会导致数字经济的负面影响。例如，算法黑箱和算法合谋等现象的出现，可能会损害消费者的合法权益，也会损害一些投资者的权益。在数字治理背景下，法治的重要性更加突出。数字经济推动了许多新模式和新业态发展，而新兴事物往往需要法律法规从多方面进行约束。因此，在立法的体系化方面需要多加考量，以保障数字营商环境的法治化建设。另一方面，许多技术的运用已经超出现有法规体系适用范围，导致无法明确违法行为，更难以提供相应的规范措施。因此，对于数字经济运转过程中的技术，需要探讨相应的法律适用问题，以确保有效的侵权责任认定和救济机制的建立。

目前，我国针对数字营商环境的法律法规建设已取得一定成绩（表 2-4），但仍需在省市级层面不断因地制宜、细化完善。

表 2-4　数字营商环境相关法律法规

发布日期	政策名称	发文机关
2015 年 9 月 5 日	《国务院关于印发促进大数据发展行动纲要的通知》	国务院
2016 年 9 月 19 日	《国务院关于印发政务信息资源共享管理暂行办法的通知》	国务院
2016 年 10 月 12 日	《信息通信网络与信息安全规划(2016-2020)》	工业和信息化部
2016 年 11 月 07 日	《中华人民共和国网络安全法》	第十二届全国人民代表大会常务委员会第二十四次会议通过
2019 年 12 月 15 日	《网络信息内容生态治理规定》	国家互联网信息办公室

续表

发布日期	政策名称	发文机关
2021年3月15日	《网络交易监督管理办法》	国家市场监督管理总局
2021年6月10日	《中华人民共和国数据安全法》	第十三届全国人民代表大会常务委员会第二十九次会议通过
2021年8月20日	《中华人民共和国个人信息保护法》	第十三届全国人民代表大会常务委员会第三十次会议通过

资料来源：根据政府文件整理

（五）数字鸿沟问题亟待攻克解决

数字鸿沟是指在数字技术和互联网应用的普及和利用程度方面存在的差异，不仅包括全球范围内的差异，也存在于国内各地区和不同群体之间。这种差异导致了一些人无法充分享受数字经济和数字金融带来的便利和机遇，对经济和社会发展产生了负面影响。

数字经济对收入分配的影响是复杂的。一方面，数字经济可以通过创造就业机会和提高生产效率来改善收入分配。数字经济带来的数字红利可以促进全球化、加快城乡融合发展，并降低各类成本。另一方面，数字经济也会带来新的问题，如知识贫困、信息过载、技能偏向和信息不对称等。数字经济的发展可能导致一些人无法适应新的技术和市场要求，从而使他们的收入和就业机会受到限制，加大了收入差距和社会不平等。

张正平和卢欢(2021)研究发现，数字鸿沟改变了家庭从网络获取信息的态度，进而显著抑制了家庭风险投资的参与度及其强度。这表明，数字鸿沟不仅限制了家庭的金融活动，也影响了他们的财务规划和投资决策。此外，数字鸿沟也阻碍了一些居民摆脱贫困和实现共同富裕的努力。尽管数字金融具有包容性，但对于那些无法接触到数字金融服务的人来说，他们无法享受数字金融带来的福利，这可能会加剧他们的贫困状况。

此外，由于我国存在城乡二元经济结构，数字经济的发展既带来了机遇，也加剧了城乡之间的数字鸿沟。研究表明，城乡数字鸿沟不仅在收入和数字素养两方面阻碍了农村居民的个人发展，还限制了农村居民发展型和享受型消费的能力，使他们无法充分享受数字经济带来的便利和机遇。

当前我国数字鸿沟对居民的负面影响日益突出。一方面，政府的投入不足导致了数字能力的不平衡发展。另一方面，监管力度不够和市场供给失衡等因素也使数字鸿沟得不到有效解决。

第三节　我国数字经济未来发展方向

当前，数字经济成为驱动发展的新引擎，为实现经济高质量增长提供了重要动力。在“十四五”规划中，中央和各省域纷纷制定了数字经济发展规划，以进一步推动数字经济的发展，加快实现数字化转型。中国信通院发布的《全球数字治理白皮书(2022 年)》指出，数字经济的快速发展将进一步促进创新驱动发展，加强技术研发和创新能力，提升经济结构的优化升级。下一步，将全面贯彻落实党中央、国务院的重大战略部署，将把握新形势、新特征、新要求，着力实现数字经济发展目标。第一，应加强技术引领，推动数字技术的创新和应用，推动技术与经济的深度融合，提升数字经济的核心竞争力。第二，聚焦行业发展，借助数字经济发展之势带动各个行业不断创新和提升。第三，应助力企业数字转型，帮助企业更好地适应数字经济时代的发展节奏。第四，应完善数字治理体系，提高数字经济的安全和可信度，推动数字经济的可持续发展。第五，应发展数据要素市场，深入分析数据信息，挖掘出其中潜在的商业价值。第六，应构建数字经济市场体系，助力我国数字经济高速发展。

一、强化核心技术攻坚实力

强化技术创新能力是推动经济发展和实现可持续发展的关键之一。当前，我国在前沿技术方面仍有诸多领域落后于发达国家，提升关键核心技术创新能力已经成为我国重要的战略目标。为了实现这一目标，产学研用各方应通力合作，采取一系列措施，从不同角度加强技术创新。

首先，要注重自主创新和源头创新。在关键核心技术的攻关过程中，我们要注重从源头上进行创新，加强基础研究和前瞻性技术研究，培养和引进具有创新意识和创新能力的研究人员，打破传统的研究模式和思维定式，勇于探索新的研究方向和方法。

其次，应加强人才培养和引进。高水平的人才是推动关键核心技术创新的重要支撑。在技术创新中，高校和科研院所应注重培养和引进优秀的研究人员和技术人才，构建一个人才培养和引进的良好机制。同时，科研院所、高校和企业要主动增加人员间的交流和学习、多维度加强三方的合作、打破领域壁垒、共享资源和技术，以及提高协同创新能力。

再次，要加快布局前沿技术领域。前沿技术是引领未来发展的重要力量，掌握和应用前沿技术对提升关键核心技术创新能力具有重要意义。同时，还要注重加大投入建设前沿技术研究院和国家重点实验室，为前沿技术的研发提供有力的支持和保障。

此外，还应加强科研力量的优化配置和资源共享。科研院所和高校是关键核心技术研发的重要力量，这些组织拥有丰富的科研资源和人才团队。我们应加强与科研院所和高校的合作，优化科研力量的配置，提高资源的利用效率。同时，我们也要加强与企业的合作，促进科研成果的转化和应用。通过与企业合作，科研院所和高校可以更好地了解市场需求和技术应用，将科研成果转化为实际的产品和服务，推动技术创新的应用和推广。

最后，需要加强知识产权保护和市场监管。知识产权是技术创新的重要保障，有利于激励创新者和保护创新成果。政府应该强化知识产权保护的法律法规，加大违法行为的打击力度。同时，市场监管部门也要加强对知识产权的监管，打击侵权盗版行为，维护市场的正常秩序。

二、赋能行业高质发展

未来，数字经济发展的重点在于技术与产业、技术与场景间的深度融合。

（一）数字经济赋能行业发展的方式

数字经济赋能行业发展主要有四种方式，分别为人才赋能、技术赋能、市场赋能和生态赋能。

在人才赋能方面，数字经济的根本在于人才对数字技术的使用。在政府重视智能技术的大背景下，掌握数字化相关技术的人才拥有较强的创新能力，因此，数字化人才可促使企业数字化创新。

在技术赋能方面，数字经济催化企业利用数字化技术，如云计算、人工智能、大数据技术等实现自身的相关业务、内部管理等各方位数字化，摆脱传统管理、运营和生产模式，提升企业的竞争力和经济效益。

在市场赋能方面，数字经济的背后是新的市场空间和商业机会，企业顺应数字经济发展趋势，在营销中引入数字技术可赋能企业产品的精准销售、广告投放的精准渠道以及业务推广的精准方向。同时，有利于企业深入分析明确自身产品定位、市场份额以及目标客户群体，也有利于企业发现新的商业机会，进一步实现高质量扩张发展，通过新的业务获得更大的市场空间。

在生态赋能方面，数字经济给予企业更多沟通交流学习的机会，促使企业不断完善自身资源、构建适宜的文化机制等，进而企业可以依赖自身的资金、数据、流量等资源为自己构建或加入一个生态提供助力。

（二）数字经济赋能行业发展的应用场景

头豹研究院在《2020 年中国数字经济发展现状及应用精品报告》中将

数字经济应用场景分为两大类,分别为通用业务场景和行业特定场景。其中通用业务场景是指无明显行业属性的场景,采用数字技术实现自动智能、提高劳动生产率等,如协同办公、财务管理、订单管理、生产管理、风险管理和精准营销等。行业特定场景是指与行业特征和相应业务属性紧密相关,如文化行业、零售行业、金融行业、教育行业、制造行业等,数字技术可提升相应业务的处理、营运效率,进而向更多的领域延伸,也是促使行业融入数字经济的重要抓手。

数字经济为文化行业的信息溯源、创作保护、宣传推广和精准获客提供了有力的支持。2022 年,中共中央办公厅、国务院办公厅印发《关于推进实施国家文化数字化战略的意见》,这使得文化行业在当前数字经济时代背景下借助不断成熟的互联网技术,以文学、动漫、影视、音乐、游戏、演出等多元文化娱乐发展迅速,文化多业态融合与联动也成了目前文化行业发展的重要特征。但文化行业普遍存在如版权保护、内容分发、信息核实及溯源等多个问题,阻碍中国文化行业的进一步发展。数字经济推动以区块链技术为主的新兴技术与文化行业进行多方结合,可有效地解决以上问题,特别是区块链技术具有去中心化、去信任化、匿名化、安全可靠等特点,已被应用于数字物权、数字产权与数字产权交易环节中,如以 IP 为核心的泛娱乐产业从内容融合已向产业生态融合迈进,新业态、新模式不断涌现。

数字经济为零售行业在新产品开发、供应链管理、采购与生产等环节提供助力。刘向东等(2019)研究发现,目前数字零售更聚焦于价值链的前端,如电子商务渠道和数字化营销,但除了前端市场营销和销售渠道之外,随着新兴技术如大数据、云计算技术的成熟,同时这些技术被应用于零售行业价值链的各个环节,可以预见未来数字技术将向零售行业全价值链延伸,将实现产品开发、供应链管理、采购与生产等环节的全面数字化。未来数据将成为零售行业生产要素之一,得以在零售行业全价值链实现更大价值,可实现更优化的生产要素再分配、实现线上线下一体化整合、全价值链的科技赋能并可满足消费者超出标准产品和常规服务的额外需求,帮助企业更迅速地适应数字经济所带来的变化,实现更智能和迅捷的商业决策响应并获得更大的市场份额和影响力。

数字经济为金融行业在加强风控能力、降本增效、产品多样化、精准营销等方面提供助力。目前在中国经济发展新常态的战略指导下,中国金融业进入了新的发展历程。史丹和孙光林(2022)认为结合数字技术的金融发展模式可提升现代金融企业治理水平、转变传统经营模式、打造差异化特色化发展策略、优化产品结构和提升资产质量等。此外,在金融行业发展新征程中所需要解决的关键问题也均离不开数字技术的应用。具体来讲,人工智能技术可进行人脸识别和活体监测。在需要高准确性和低容错率的金融行业，AI的引入可构建高精确度的新型身份识别系统，整体差错率在百万分之一。另外，大数据技术可帮助金融机构实现业务数据的多维分析及运用，同时协同智能运营平台、金融级一站式大数据平台、反洗钱应用平台、贷中风控平台等，提升金融机构风险管控能力。

数字经济为助推教育行业完善个性化教育、缩小区域间教育公平性差异以及加强校园教学和管理质量等提供解决途径。将数字技术应用于教育实践，具体来讲，就是以数字化信息和网络为基础并与传统教育、学习模式相结合，使数字资源得到充分优化利用，从而提高教育水平。优化教育模式以满足个性化教育需求，具体可构建教育资源云平台并普及移动端教育等教育模式。这种具有突破教育时空限制特点的教育模式，可供学习者根据自身条件和需要选择学习内容、方式和进程，有利于解决工学矛盾，特别适合于在职从业人员及热爱自学人士进行个性化的学习。重构教育以及学习的途径以平衡教育资源区域间差异，具体可以打通远程互动式教学通路并构建云端教育共享平台。

数字经济为制造业在抑制资源浪费、提高生产效率以及提升市场认知等方面提供帮助。数字经济导向下所孕育的现代制造模式对于数据以及技术的依赖性更高，可实现数据、劳动、技术等全要素的互联，实现企业上下游、资金链、供应链高度协同，提高效率、降低成本，进而推动企业利润上升。具体来讲，数据经济背景下的现代制造模式为人与人之间构建实时连接系统，进而实现更科学和更精准的人员调度。同时，利用生产制造过程中所产生的各类数字资源，打通信息壁垒实现信息共享进而辅助企业进行相关决策，此外，还可借助先进的传感器、控制器和软件应用程序将生产制造的机器、设备连接起来。这种制造模式是将人、数据、机器通过开放性或半开放性的网络平台连接起来，并与相关数字技术紧密结合，实现制造行业关键领域的精密化、数字化生产制造。这将大幅提升整体的运行效率，并带动资源的进一步整合优化，从而推动整个制造体系的升级。

此外，政府应在生态构建方面助推数字经济赋能行业发展，积极规划打造区域数字经济集群。这些集群将成为推动各个行业积极顺应数字经济发展趋势的重要支撑，为各行业发展提供良好的发展环境和发展机遇。

三、助力企业数字转型

传统企业模式存在企业间合作壁垒、企业内组织沟通壁垒以及企业与消费者的互动壁垒。为了实现高效运营、优质生产以及精准管理的目标，实体经济融合数字经济已是大势所趋。

在传统的企业管理模式下，企业组织日常运转的流程和系统抑制了员工工作积极性和创新活力，容易导致企业管理效率不佳。以数字化为核心的企业管理模式可以通过数字化技术使得工作流程和工作系统更加灵活和人性化，从而激发企业员工的创造力。同时，企业可以利用协同办公软件和其他数字化工具，实现团队的线上合作和信息共享，提高工作效率。

在传统的企业运营模式下，各个部门分散工作，所有工作流程都通过割裂的信息系统完成，无法在部门间形成互联、共通的体系。这会带来额外的沟通成本和时间成本，大幅降低员工的工作效率。然而，企业可以通过引进数字化技术，搭建数字化内部管理平台，将割裂的工作部门串联起来，通过统一的信息系统和数据平台，实现各个部门之间的协同合作和高效的价值无损耗传递；员工可以更好地共享和获取信息资源，加强沟通和协作，提高工作效率和质量。

在传统的企业生产模式下，主要以人工作业为主，数字化程度不高。生产过程中产生的许多信息资源——如原材料价格波动、生产要素配置等——信息不易被企业及时察觉，进而导致信息流失，不利于企业高效率生产。然而，企业通过引入数字化技术，可以根据自身和用户的反馈，对产品参数、工艺流程和资源现状进行分析、规划和重组，实现对产品设计和功能的改进，提高生产效率和产品质量。

数字化转型不仅仅局限于企业内部的运营和生产，还需要关注企业与消费者之间的互动和体验。传统企业的产品与消费者需求之间存在壁垒，导致信息不对称和个性化需求难以满足。通过数字技术的引入，企业可以建立完善的在线营销和客户关系管理系统，借助社交媒体和电子商务平台，能够与消费者实现更为紧密的互动和沟通。通过了解消费者的偏好和需求，企业可以提供个性化的产品和服务，提升消费者的满意度和忠诚度。

数字化转型对企业而言不仅仅是技术上的升级和改变，更是一种战略和文化的转变。企业需要更加注重人才培养和组织变革，激发员工的创新潜力和学习能力，适应数字化时代的需求。同时，企业还需要加强对技术风险、数据安全和隐私保护的关注，建立健全的数字治理体系，确保数字化转型的可持续发展。

企业的数字化转型需重视与政府合作。政府可以提供政策支持，为企业构建良好的发展环境，鼓励企业开展创新活动和投资数字化技术。政府还可以加强对企业经营的监管和规范，督促企业诚信经营和公平竞争。同时，政府还可以为企业提供相关培训和资源支持，帮助企业提升数字化技术应用能力。除此之外，政府还应鼓励企业发展新模式和新业态，培育适合于特定产业的个性化定制、网络化协同、服务化延伸等新模式，促进零工经济、平台经济等新业态的发展。这些新模式、新业态，将促进更大规模、更大体量的资源优化配置，促进更深层次、更高水平的生产方式转型。为满足企业数字化转型需要，政府更应该积极鼓励头部企业建立数字化平台，并授权腰尾部企业平台准入权限，进而腰尾部企业被纳入到头部企业的创新系统和供给系统中，从而促进其数字化转型。

四、加快治理体系建设

数字经济引发了经济社会的整体性深刻变革。为了保护消费者权益、维护市场的公平竞争环境，我国政府积极推动建立和完善数字经济治理规则，积极监督平台规范性、数据收集和使用的合法性以及算法的透明度和公正性，划清市场行为的违法边界。一方面，通过出台相关制度规则，明确各方参与人的权责和行为规范，加大对违法行为的处罚力度；另一方面，编写行业标准规范对法律法规进行有效补充，推动行业规范有序健康发展。

数字平台的垄断现象已成为数字经济发展过程中亟须解决的关键问题之一。一些数字平台企业，滥用市场优势地位，对其他竞争者进行限制和打压。为了维护市场竞争的公平性，我国政府部署常态化的数字平台反垄断监管工作，相关监管部门加强了对数字平台市场行为的监督和调查，将企业的“二选一”行为、“熟客数据绑架”行为、“信息屏蔽”行为等滥用行为纳入日常监管的范畴，严厉打击垄断行为，维护市场的正常秩序。

除了反垄断监管，数字治理还应加强对数据和算法的规范和监管。数据是数字经济的核心资源，合理、公正、安全地运用数据，对于推动数字经济发展具有重要意义。政府应建立健全数据管理制度，保护用户数据隐私，限制数据滥用和非法获取，鼓励数据共享和开放。同时，对于算法的透明度和公正性也需要关注，避免算法歧视、操纵市场等问题的发生。政府可以制定相关标准和准则，督促企业遵守公平和透明的算法使用原则，确保数字经济发展的公正性和可持续性。

未来数字技术的应用将大幅提升治理效能和便利化程度。互联网、大数据、云计算、人工智能、区块链等数字技术已广泛应用到政府数字治理活动中，政府可以利用这些技术来提高治理效率，优化政务服务，减少行政成本。例如，利用大数据分析和人工智能算法，收集和分析各类数据，为政策制定和决策提供参考依据。通过数据驱动型的治理方式，政府可以更好地了解社会和经济的状况，及时调整政策，提高决策的精准性和科学性，满足人民群众的需求。另外，区块链技术的应用也可以提高信息的透明度和安全性，有利于防范腐败和欺诈行为，建立可信赖的数字经济运行体制。

五、发展数据要素市场

近年来，随着数字技术的快速发展和互联网的普及应用，数据已经成为一种非常宝贵的资源，对于经济社会发展起到了重要的推动作用。数字经济时代，数据已经成为新的生产要素，被誉为“新一轮科技革命和产业变革的核心驱动力”。

针对数据要素市场的探索和培育对于优化数据资源供给、推动企业数据价值管理以及加强数据安全治理等方面均具有重要意义。

数据要素市场的构建需要满足诸多先决条件。

首先，需要在国家层面建设一个一体化的数据共享开放平台，用来提供便捷的数据资源获取途径，帮助企业和个人获取所需的数据资源，指导企业和个人运用数据资源开展创新活动。该平台的参与主体包括数据供应方和需求方，通过市场机制来调节供需关系，实现数据资源的合理配置和价值最大化。

其次，在建立数据要素市场的同时，还应加快相关制度的建设。平台应设置严格的数据使用规则和安全保障机制，保护数据资源的合理利用，防止数据信息被篡改和滥用。在此基础上，本书提出应构建一个正式、公平、透明的数据交换平台，保障数据规范交易，为数据资源的交易活动提供便利和安全的环境。

再次，还需要建立数据资本资产定价机制。数据资本是指通过数据获取的经济利益，它可以用于评估数据资源的价值，为数据交易提供参考依据。数据资产的定价机制能够根据数据的属性和社会经济环境，对数据的价值进行合理的定价，从而推动数据要素市场的健康发展。

最后，数据安全管理，对于防范数据安全威胁和风险具有重要意义。数据安全是数据资源市场健康运行的重要前提。因此，必须严格执行《数据安全法》《个人信息保护法》等有关法律，严厉打击非法数据买卖行为，确保数据交易活动的合法开展。与此同时，还需要鼓励行业、地方相关机构和企业推动数据分类分级管理，采取技术手段来保障数据的安全传输和存储，构建可信赖的数据流动体系，例如构建可信赖的数据空间，以增强数据的安全性和防御力，提升数据安防等级。

六、构建数字经济市场体系

在数字经济快速发展的背景下，强化市场的作用，建立现代化的数字经济市场体系是关键。要实现这一目标，必须从根本上加强数字经济的市场机制建设。

第一，要构建一个公平、开放的市场准入体系，使所有参与主体都能够在市场中享有同等的权利。要建立并实行行业准入负面清单制度，对行业准入范围内的企业做出划分，并及时进行更新与调整，以规范市场行为。同时，随着数字经济的快速发展，平台经济、共享经济等新业态为市场经济运行体系带来了一些挑战，这就要求主管部门对行业中的垄断、不正当竞争等行为进行监管，有效地保护市场的公平性，避免出现市场垄断、恶意竞争等问题。

第二，随着数字经济的快速发展，数据安全、隐私保护等问题也日益突出。本书认为亟须建立一套适用于我国国情的数据安全保障体系，以期解决上述问题，保障数据合法合规地采集、使用以及传输，从而有效保护数据安全。

第三，为了推进数字经济市场要素的高效配置，应大力培育数据要素市场。数字经济的核心要素之一就是数据，应建立健全数据归属判定标准、数据共享边际范围、数据交易合规流程等，可以促进数据的有效流动和利用，提高数据的价值和效益。

第四，要合理引导投资流向，加强资本对数字技术研发和新型基础设施建设的投入力度。通过投资助力，促进数字技术的研发应用，助推数字基础设施的优化升级，进而推动数字经济的快速发展。

第五，为了适应数字经济快速发展的需求，需要培育一批数字技术人才和应用创新人才。只有具备数字技能和知识的人才，才能更好地适应当下数字经济的发展节奏并不断推动创新。

本章小结

本章从发展历程、发展机遇及挑战、发展方向四个方面深入分析了数字经济的过去、现在及未来。

全球数字经济发展历程可分为萌芽期、成长期、成熟期和智能发展期。

中国数字经济的萌芽落后于发达国家五十余年时间。得益于庞大的市场技术、丰富的数据资源以及数字经济应用场景，中国数字经济发展速度非常迅猛，仅用二十年便步入成熟期，随后进入深入发展时期，数字经济与实体经济加速融合，数字经济成为中国经济增长的重要引擎。同时，本章节分析了我国数字经济发展面临的机遇与挑战，在此基础上总结了我国数字经济的六大发展方向。

第三章 数字经济时代的中国式创新七要素

第一节 中国式创新的内涵、发展与要素

一、中国式创新的内涵

（一）国外对中国式创新的研究

在数字经济时代背景下，中国式创新作为一种鲜明的创新模式，已经吸引了国际学术领域的广泛关注。众多海外学者对此进行了系统深入的研究，他们从多元化的视角出发，对中国式创新的本质、特征及其成因进行了详尽的剖析与讨论，旨在揭示其在全球创新体系中的地位和作用。

在学术著作中，George S. Yip 和 Bruce McKern（2016）探讨了中国如何实现从模仿到创新的转型，并在全球创新领域中占据重要地位。他们分析了推动中国创新的关键因素和策略，认为中国式创新是基于对现有技术、产品和商业模式的快速学习、模仿和改进，以满足国内市场需求并参与全球市场竞争的创新方式。Lewin A. Y. 等人（2016）认为中国式创新是一个综合科技创新、低成本生产和广泛市场应用的模式。Dodgson M. 等人（2018）指出，中国创新成功的关键在于其独特的创新生态系统，该系统由政府、企业和教育机构组成，通过合作和协同创新促进创新活动的繁荣。

Wang C. L. 和 Hong J. (2020)则从开放创新和国际合作的角度，指出中国式创新在数字经济时代展现出更加开放和国际化的特征，通过推动技术创新和知识产权保护，并加强国际合作，促进技术交流和资源共享，提高了其国际竞争力。Fu X. 等人(2011)则从技术创新和数字化转型的角度，观察到中国在人工智能、大数据、云计算和物联网等方面取得的显著进展，推动了创新的迅猛发展，并为企业提供了竞争优势。Li Y. 和 Liu X. (2022)从社会文化的影响角度出发，分析了中国式创新的成功与中国特有的社会文化因素如传统文化的传承、归属感、团结协作和社会责任感等紧密关联，认为这些因素塑造了中国式创新的独特风格和价值观。

当前的国际学术研究显示，在数字经济时代，中国式创新展现出显著的特征和优势。构建创新生态系统，推行开放创新与国际合作，促进技术创新与数字化转型，以及社会文化因素的深刻影响等，共同构成了中国式创新成功的关键要素。这些研究成果不仅丰富了我们对中国式创新特征的认识，而且为深入解析其成功的内在机制提供了宝贵的学术参照。

（二）国内对中国式创新的研究

随着数字经济的兴盛，中国创新的脚步稳健前行。国内关于中国式创新的研究日渐热络，众多学者纷纷基于各自的视角，提出了独到见解。

吴晓波(2006)针对中国发展现状和国际创新理论研究体系，提出了"二次创新"管理理论体系，基于非线性、开放性和包容性视角来研究中国企业在技术追赶和超越中的发展历程。许庆瑞(2007)提出的"全面创新管理理论"被学术界称为"迄今为止最系统的创新管理模式"，突破了长期以来形成的欧美创新理论范式，即以培养核心能力、提高竞争力为导向，以价值增加为目标，在创新要素协同的基础上增强全员与全时空创新的有效机制和方法，持续提高企业竞争力。

2016 年，在清华大学举办的"创新在中国"学术研讨会上，国内多位学者结合各自的最新研究成果分享了他们对中国式创新的认识。其中，吴贵生教授提出，我国的创新发展是一个边学边做、迂回前进的过程；同时，基于层次丰富的需求优势，我国对创新的相关探索将在全球其他地区产生可复制的可能性。胡志坚提出，中国式创新整体仍处于渐进式追赶的过程中，跟跑、并跑、领跑并存，虽然成就巨大，但中国式创新仍有明显的短板，即原始创新不足。

魏江(2017)提出了非对称创新战略，他认为非对称创新是后发企业利用非对称的环境和资源特质，采取超越已有轨迹的创新行为，获取企业竞争优势的过程。围绕非对称创新，魏江进一步提出了"MIT-LARGE"的理论研究框架，聚焦于中国特定市场(market)、制度(institution)、技术

(technology)情境下的学习、结构、路径、治理以及生态系统的非对称策略来发现和构建中国特色的创新理论。

陈劲(2022)汲取了中国传统文化中天人合一和允执厥中的综合理念，在全面创新管理理论的基础上，提出了“整合式创新”的理论框架。“整合式创新”是战略引领下的自主、开放与协同创新范式，是对具有中国特色的企业科技创新理论的新探索，符合我国企业科技创新客观需求。

总体来看，国内学者对中国式创新有着深刻的洞察和详尽的阐述，认为其不仅包含模仿和改进，还包括自主创新和系统创新。这一创新模式推动中国企业在全球价值链中的地位提升，开展更高端、智能化的生产，助力“中国制造”向“中国创造”的转型。

融合国内外学者研究成果与笔者的前期研究，本书从创新要素的角度出发，阐释了中国式创新的内涵：中国式创新是综合集成了不断崛起的制造能力、强大的市场、不断提升的研发能力、不断集聚的创新人才、政府的强有力推动、创造生态系统的不断形成、中华民族吃苦耐劳的奉献精神而形成的综合集成创新。

二、中国式创新的发展

(一) 中国全球创新指数排名稳步上升

1. 中国综合排名

世界知识产权组织于2022年下半年发布了《2022年全球创新指数》报告，该报告从创新投入与创新产出两个方面，对包括政策环境、市场成熟度等共计7大类别在内的81个细分指标进行了评估，并对全球132个经济体的创新生态系统表现进行了综合评价和排名。该报告显示，中国相较2021年排名上升了一位，离前十仅一步之遥，位列第11位。自2013年起，中国全球创新指数排名实现10连升，从2013年的第35位跃居至2022年的第11位，具体见图3-1。这一变化反映了中国创新能力的提升和国际认可度的提高。

该报告指出，中国当前位列中高收入经济体中的第一名，其创新与发展势头强劲，创新投入将在未来转化为更多的、更高质的创新产出。

2. 中国细分指标排名

2022年全球创新指数排名显示，中国的主要表现可以概括为三个方面：一是9项细分指标排名全球第一；二是知识产权高质量发展指标表现良好；三是世界5大科技集群中中国独占两席。2022年全球创新指数中中国排名全球第一的细分指标高达9项，具体见表3-1。

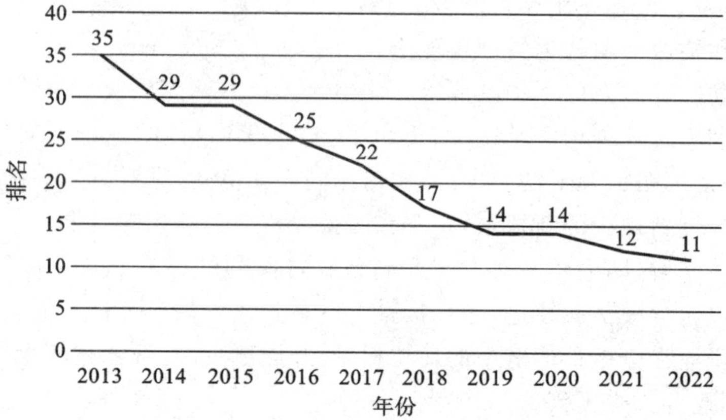

图 3-1　中国全球创新指数排名(2013—2022 年)

资料来源:世界知识产权组织网站

表 3-1　中国排名全球第一的细分指标

序　　号	细 分 指 标
1	国内市场规模
2	劳动力产值增长
3	提供正规培训的公司占比
4	单位 GDP 的本国人商标申请量
5	单位 GDP 的本国人发明专利申请量
6	创意产品出口额在贸易总额中的占比
7	单位 GDP 的本国人实用新型专利申请量
8	单位 GDP 的本国人工业品外观设计申请量
9	阅读、数学和科学(国际学生评估项目)量表

资料来源:世界知识产权组织网站

(二) 中国创新能力排名稳步提升的主要原因

中国全球创新排名近年来稳步提升,主要有以下多个因素起作用。

1. 创新生态系统的创建

根据《经济日报》2022 年 10 月 11 日报道,世界知识产权组织总干事高度评价了中国在创新领域所获得的成就。他认为,中国创新排名的提升离不开国家的高度重视和大力支持,是国家将创新作为增长引擎、给予大量关注的结果;此外,中国还坚持以非常全面的方式创建创新生态系统,这极大地助力了中国创新的发展,也是其创新能力稳步提升的重要因素之一。

2. 国家政策的全面支持

中国全球创新指数排名的提升主要得益于国家在创新驱动发展战略

的引领下，科技创新成果的显著增长，尤其是在高新技术产业，例如互联网、人工智能、大数据、云计算等领域，中国已经处于全球领先地位。此外，中国政府在创新环境、创新投入、创新产出等方面给予大力支持，这为提高创新能力和创新效率提供了保障。

3. 市场规模的稳中有进

2022年，中国全球创新指数在创意产品出口、本国申请专利数量等9项细分指标全球居首。国内市场规模和进出口贸易额是中国的传统优势，创意产品出口指标领先表明我国创意产业的发展日趋成熟。

4. 科研人才的汇聚培育

科技创新首屈一指的关键因素是人，发展是第一要务，人才是第一资源，创新是第一动力。在人才数量方面，中国全社会研究与试验发展人员全时当量超过500万人年，连续多年居世界第一；在人才制度方面，中国的科技体制改革以人才为核心，人才培养、使用、评价、激励和引进的体制机制不断完善。

5. 中华民族精神的发扬

我国科技事业正在经历深刻变革，中国成功迈入创新型国家的行列。我们始终坚持走中国特色自主创新的道路，继承和发扬伟大的中华民族精神，毫不动摇地努力攻克各项困难，致力于实现高水平科技自主发展和自我强大，努力建设科技强国。

三、中国式创新的要素

任何国家的创新发展均受到政治、经济、科技、市场及人才等多个层面要素的影响，中国式创新也不例外。基于全球创新指数，学者们对中国式创新的影响因素进行探索。漆苏和刘立春(2020)深入分析了中国创新的优势与劣势，他们认为，中国式创新取得突破性进展是由于市场规模、专利产出以及进出口贸易额等要素的作用。周应堂等(2019)采用灰色关联度分析了中国全球创新指数影响因素，结果表明，人力资本与研究、基础设施、商业成熟度等三个指标在灰色关联度综合排名中位居前三，它们是影响中国创新指数排名的关键因素，我们应该重点关注这三个方面，以推动我国创新驱动发展战略的实施。作为世界第二大经济体，中国式创新根植于其特殊的基本国情和发展历程，中国式创新的影响因素必定与其他国家和地区存在差异。为深入挖掘中国式创新的影响要素，本书将结合《全球创新指数》报告对可能影响中国式创新的因素进行分析。

（一）要素提取

《全球创新指数》报告是目前国际上评价经济体创新能力的最全面的

核心报告之一。截至2022年，世界知识产权组织（WIPO）、英士国际商学院（INSEAD）和康奈尔大学（Cornell University）已合作发布了15个版本的报告，被广泛应用于国家创新领域的相关研究。我们基于《全球创新指数》报告来提取中国式创新的主要推动要素。

中国的全球创新指数（global innovation index，GII）排名近年来不断攀升，基于2020—2022年的《全球创新指数》报告，本研究团队从中提取了平均排名前十的领先指标和平均排名增长前十的进步指标。具体做法如下：首先，筛选出2020—2022年中国创新指数三级指标平均排名最靠前的10个指标；其次，筛选出2020—2022年中国创新指数三级指标平均排名增长率最高的10个指标；最后，获取筛选后的20个指标在2022年的《报告》得分。经过上述处理，可以得出中国全球创新指数领先指标及进步最快指标，该指标集合即为中国式创新的影响要素集合。具体如表3-2所示。

表3-2　中国全球创新指数领先指标与进步最快指标集合

序号	指标名称	领先指标	进步最快指标
1	阅读、数学和科学PISA（国际学生评估项目）量表	是	否
2	国内市场规模	是	否
3	提供正规培训的公司占比	是	否
4	单位GDP的本国人发明专利申请量	是	否
5	单位GDP的本国人实用新型专利申请量	是	否
6	单位GDP的本国人商标申请量	是	否
7	单位GDP的本国人工业品外观设计申请量	是	否
8	创意产品出口额在贸易总额中的占比	是	否
9	全社会研发（R&D）经费中企业资金占比	是	否
10	QS全球教育集团高校前三位平均排名	是	否
11	产业集群的发展状况和深度	否	是
12	高校与产业研发合作	否	是
13	电子化参与度	否	是
14	政府网络服务	否	是
15	资本形成总额占GDP比重	否	是
16	劳动力产值增长	否	是
17	民族特色电影作品	否	是
18	对私营部门的国内信贷占GDP比重	否	是

续表

序号	指 标 名 称	领先指标	进步最快指标
19	信息和通信技术的使用	否	是
20	GERD※中外资占 GDP 比重	否	是

注：GERD，该指标来源于《全球创新指数》报告，表示国内研发总支出中的国外资金占比（以下简称 GERD 外资占比）。

资料来源：世界知识产权组织网站。

（二）要素整合

结合本研究团队前期的研究成果，王宗军、蒋振宇（2020）通过对中国式创新的影响要素进行因子分析，降维处理后得到中国式创新的六个要素。中国式创新要素包括制造能力、市场基础、科研水平、创新人才、政府支持和创新生态。此外，研究团队通过与管理学领域的专家及若干企业家的深度访谈，发现除了这六个影响要素外，中国式创新还受到独具中国特色的精神层面因素的影响，即民族精神，最终形成了中国式创新七要素体系。

第二节　中国式创新七要素的新表现

数字经济为中国式创新注入了数据要素、数字技术与数字金融，引发了创新要素的重塑。在数字经济时代，中国式创新七要素呈现出新特征和新表现：制造能力的智能发展、本土市场的发展壮大、科研水平的持续提升、创新人才的培养汇聚、中国政府的全面支持、创新生态的日益优化和民族精神的传承弘扬。这七大要素相互作用，共同推动中国式创新的发展。下面将针对数字经济时代的中国式创新七要素进行详细分析。

一、制造能力的智能发展

（一）中国智能制造发展现状

发展智能制造是世界上发达国家或地区制造业发展的内在要求，也是中国制造业转型升级的主攻方向。它不仅代表了技术和产业的革新，更是一种创新驱动的思维方式和发展路径。数字经济时代，在人工智能、大数据、物联网等技术的推动下，在创新驱动思维的促进下，我国智能制造进入高速成长期，取得明显成效，这些进步为中国式创新提供了坚实的基础，也以前所未有的速度和规模推动着中国制造业的转型升级。

1. 智能制造发展方向明晰

中国政府高度重视智能制造的发展，并通过一系列政策文件和规划文件来推动相关产业的发展。例如，2015 年发布的《中国制造 2025》提出了智能制造的发展目标和路线图，明确了政府的支持政策；2017 年发布的《新一代人工智能发展规划》明确提出，智能制造是人工智能发展的重要领域；2021 年 12 月 28 日，工业和信息化部等八部门联合印发了《"十四五"智能制造发展规划》，用以指导中国智能制造未来的发展。这些政策的出台为中国智能制造的发展提供了有力的制度保障，指明了发展方向。

2. 智能制造生产效率提升

中国在智能制造领域取得了显著的技术创新成果，这些成果助力了生产效率的提升。一方面，众多中国制造企业和研究机构普遍采用物联网技术、大数据分析技术等手段，积极进行数字化转型，将传统制造过程数字化、可视化和自动化，提高生产的透明度和效率；另一方面，国内制造企业在核心技术和关键设备上有了重要突破，通过引入智能设备、工业机器人和自动化生产线等，实现生产过程的智能化和高效化，不断提升生产效率。

3. 智能制造产业规模增长

当前各国都将制造业置于非常重要的战略位置，智能制造已成为制造业竞争的主战场，中国智能制造产业呈现较快的增长，智能制造产值规模的扩大和智能制造装备水平的提升便是最好的例证。相关数据显示，近 5 年来，中国智能制造产值规模逐年增长，从 2018 年的 1.75 万亿元增加至 2022 年的 3.31 万亿元，具体见图 3-2。智能制造作为中国制造业转型升级的重要方向，推动了产业的快速发展。

图 3-2　中国智能制造产值规模情况(2018—2022 年)

资料来源：根据中商产业研究院数据整理

4. 智能制造人才保障充足

中国智能制造的发展离不开人才的支撑，中国高度重视智能制造人才培养和技能提升。政府、高校和企业共同合作，加大人才培养的投入力度。

各级政府和教育机构积极推动智能制造相关专业的设置和课程改革，培养适应数字经济时代需求的专业人才。如，增加相关的培训课程和职业教育，提升技工和工程师的技能水平；吸引和培养一流的科学家和工程师，推动智能制造技术的创新和应用。

5. 智能制造应用领域广泛

中国智能制造在国内外各个领域得到广泛应用，智能化应用场景实现三大产业全覆盖。例如，在制造业领域，智能制造技术的推广应用实现了生产过程的自动化、智能化和柔性化；在服务业中，智能制造技术的应用提高了服务质量和效率；在农业领域，智能农机的应用提升了农业生产水平。可见，中国智能制造已经从理论探索落实到实际应用，并取得了良好的成效。

当前，中国智能制造的发展现状表明，中国智能制造发展方向明晰、生产效率提升、产业规模扩大、人才保障充足、应用领域广泛，智能制造在推动中国式创新中具有重要的地位和作用。随着政策的支持、技术的创新、产业的发展、人才的培养和应用的拓展，中国智能制造将逐步向智能化生产、柔性化制造的方向发展，为中国经济的转型升级和数字经济时代的到来奠定了坚实的基础，为中国式创新提供了强大的支持和推动力。未来，中国将继续加大智能制造领域的投入和创新力度，进一步推动中国制造能力的智能发展，为中国式创新注入新的活力。

（二）数字经济时代中国智能制造的新特征

智能制造注重创新驱动，数字技术的广泛应用为智能制造的创新带来了新的特征。

1. 智能化程度的提高

1）装备智能化

中国在数字经济时代的生产制造能力不断提升，带动了装备水平的不断升级。通过引进先进技术，中国企业在装备的数字化过程中实现了以智能制造为核心的生产方式转变。自动化装备、人工智能和物联网技术的广泛应用，使得生产装备更加智能化、高效化。

2）流程智能化

智能制造借助信息技术和互联网手段，实现了生产流程的数字化、网络化和智能化。物联网和大数据分析实现了原材料、零部件和成品在全链条上的可追溯和实时调度，企业可以更好地掌握供需关系，实现生产资源的优化配置和成本的降低；同时，通过数据采集、分析和应用，企业制造实现了供应链的数字化和智能化管理，从而实现了生产过程的实时监控和自动化控制，流程智能化得以完成。

2. 柔性化制造的实现

1）制造柔性化

数字经济时代消费需求多样化，智能制造需要通过柔性化生产方式，满足消费者个性化需求。通过利用数字化技术和智能装备，企业可以完成小批量、多品种的生产，实现制造柔性化。

2）生产灵活化

数字经济时代的生产制造具备更强的灵活性。中国企业采用灵活化生产和柔性化制造的模式，能够根据市场需求快速调整生产线和产品组合。通过数字化技术，企业可以实现快速响应市场需求，实现生产灵活化。

数字经济时代下，中国智能制造呈现出装备智能化、流程智能化、制造柔性化、生产灵活化等新特征，这些新特征促进了智能制造的发展，提高了效率和竞争力，推动了产业转型升级。

（三）数字经济对智能制造的影响

智能制造作为中国式创新的基础要素，是实现制造业转型升级、提升国家竞争力的关键。数字经济的迅速发展为智能制造带来了前所未有的机遇，对我国智能制造产生了深远影响。

1. 提升制造能力

数字经济为智能制造提供了丰富的数据资源和先进的信息技术，这有利于提高产品的质量和技术含量，从而提升制造能力。

1）产品质量提升

中国智能制造在智能电视、智能手机、智能汽车、工业机器人等方面取得了显著成就。在数字经济时代，中国制造业通过技术创新实现了智能化生产，从而能够自我学习、自我优化、自我调整，产品质量大幅提升，提高了产品性能和用户体验。特别是在电子产品制造和新能源汽车制造领域，中国企业在全球市场上崭露头角，成为世界市场的主要竞争者。

2）产品技术升级

中国的制造业经历了长期的发展和转型，从低成本劳动力型制造向技术创新型制造转变。中国企业进行了大量的研发投入，推动了产品技术升级。

2. 改变生产模式

数字经济的发展改变了传统的线性生产模式，推动了向个性化、定制化和柔性化的智能制造方向发展。通过数字化技术和互联网平台，企业可以实现产品形式多样化、生产方式智能化和生产过程可视化。

1）产品形式多样化

数字经济时代，消费需求趋向多样化和个性化，这就要求产品形式具备多样性。通过采用数字技术，企业可以分析海量的实时数据，及时了解客户对产品需求,灵活调整生产线和产品结构,快速响应市场需求变化,并以此为依据作出更明智的决策,实现小批量、多品种、个性化定制生产,满足不同市场的需求,从而为顾客提供更多个性化、多样化的产品。

2）生产方式智能化

数字经济的发展促进了制造过程中智能化生产的进一步推进,生产方式更加智能化。自动化装备、人工智能等技术和装备的应用,使得生产线能够更加高效、精确地执行任务,智能工厂、智能仓库、智能物流等智能生产方式正在逐步推广和应用。

3）生产过程可视化

许多中国制造企业开始进行数字化转型,通过引入智能设备、工业机器人和自动化生产线等,实现生产过程的可视化。智能制造通过大数据采集、存储和分析技术,实现了生产过程的数据驱动,借助物联网、传感器等技术,智能制造设备和系统可以实时获取生产各环节的数据,并基于这些数据进行监控和预测,这样可以及时发现问题并采取措施,更好地管理和优化生产过程。

3. 推动产业升级

数字经济的快速发展推动了产业结构的转型和升级。自动化、数字化和智能化的生产模式改变了传统制造业的生产方式和组织形态,推动企业向高附加值产品、高端装备制造和智能制造转型,提高了产业的竞争力和创新能力;通过智能制造技术的应用,企业可以提高产品质量和创新能力,增强市场竞争力,为新一轮产业升级蓄力储能;智能制造可以实现资源的高效利用和环境的可持续发展,推动绿色制造和可持续发展。陈金丹和王晶晶(2021)指出,加快产业数字化转型,释放数字经济与本土超大市场规模的乘数效应,有助于推进中国制造业的创新发展。

4. 提升国家实力

大国战略博弈聚焦制造业,智能制造有利于促进国家进步,提升国家实力。美国的"先进制造业领导力战略"、德国的"国家工业战略2030"等均以智能制造为主要抓手。全球新一轮科技革命和产业变革突飞猛进,为制造业实现高端化、智能化、绿色化发展提供了历史机遇,中国智能制造的发展势在必行。

总体而言,数字经济对智能制造具有深远的影响,为其发展带来了新的机遇。通过提升制造能力、改变生产模式、推动产业升级和提升国家实力,数字经济为智能制造的发展提供了广阔的空间,推动了中国智能制造高质量发展。未来,实现数字经济对智能制造的最大化应用,需要企业、政府等多方共同努力,加强技术创新、人才培养和政策支持,推动中国式创新在数字经济时代的蓬勃发展。

（四）实践案例：中国汽车智能制造——比亚迪的发展

在数字经济时代，生产制造能力成为国家创新竞争力的重要组成部分。中国作为全球制造业大国，在数字经济时代展现出独特的创新能力和竞争优势，新能源汽车制造业的成功案例证明了中国智能制造在数字经济时代的重要性。比亚迪作为中国新能源汽车制造业的领军企业，以其在电动汽车领域的创新与突破而闻名，它在智能制造领域展现出卓越的能力，通过在智能制造领域的积极探索和创新，取得了令人瞩目的成就。接下来将重点关注比亚迪在智能制造方面的典型案例，探讨智能制造在中国式创新中的应用和发展，以揭示其在制造能力提升方面的深远意义与影响。

1. 背景

比亚迪始创于1995年，经过近30年的发展，已成为全球领先的新能源汽车制造商之一。比亚迪秉持绿色、创新、品质的理念，一直致力于技术研发和自主创新，并将智能制造作为核心战略之一，以期提高产品质量、生产效率和用户体验，在电动汽车领域积累了丰富的经验和技术优势。此外，中国政府在推动新能源汽车发展方面出台了一系列支持政策，这为比亚迪的创新与发展提供了有利条件。未来，我国汽车智能制造装备呈现出自动化、集成化、信息化、绿色化的发展趋势。

2. 措施

1）智能制造技术的应用

智能制造的核心技术主要包括物联网、大数据分析和人工智能等方面的应用。

（1）物联网。在比亚迪的汽车工厂里，利用物联网技术可以收集大量的数据，以便对生产过程进行实时监控，从而提高生产效率、控制成本和优化质量。通过安装传感器，可以实现从设备、设施到整个工厂向“智慧工厂”的数字化转变。

（2）大数据分析。在比亚迪的智慧工厂里，大数据分析技术可以从供应链、产能规划、设备维护等各个方面收集数据，并进行分析和建模，以预测制造过程中的问题和瓶颈，并提供解决方案。通过大数据分析技术，比亚迪能够更好地洞察内部运营、市场需求和消费者行为，从而更精确地为消费者服务。

（3）人工智能。在比亚迪的生产线上，智能机器人取代了传统的手工装配，自动识别和安装车身零部件。此外，人工智能技术还可以对设备进行维护和监控，以预报故障和优化运营。

2）智能制造架构的应用

比亚迪的智能制造架构主要包括：设备监控平台、智能车间、生产管理系统、全球生产体系等。

(1) 设备监控平台。比亚迪的设备监控平台集成了各种设备和机器的数据，能够实时记录机器和设备状态，预测故障发生并向员工报告，以实现智能监控。

(2) 智能车间。智能车间是智能制造中的一个重要组成部分。在比亚迪的智能车间里，各种设备和系统在物联网的支持下联网。通过传感器和数据采集技术，智能车间能够随时监测机器和设备的运行情况，同时为员工提供更便捷和透明的工作环境。

(3) 生产管理系统。比亚迪的生产管理系统能够监控生产任务，协调各环节的工作，根据生产计划进行调度，同时能够实时反馈生产效果，并作出相应的调整。

(4) 全球生产体系。比亚迪利用全球生产体系，实现了对于全球供应链协作、生产流程协调，以及标准化的工艺流程等方面的协调。

3. 影响

以比亚迪为代表的中国新能源汽车制造业的成功对中国式创新产生了积极的影响。

(1) 提升创新信心。比亚迪的成功证明了中国企业在技术创新和市场竞争方面具备强大的实力，进一步提升了中国企业的创新信心。

(2) 推动产业升级。新能源汽车制造业推动了整个制造业的转型升级，能够减少资源的浪费和环境的污染，促进了中国制造业的可持续发展。

(3) 塑造国际形象。中国制造业在全球市场中取得的成功为中国树立了良好的国际形象，提升了中国的软实力和国际竞争力。

4. 总结

以中国新能源汽车制造企业比亚迪为例，探讨了智能制造在中国式创新中的应用和发展。通过分析比亚迪在智能制造方面的实践和影响，展示了其在提升创新信心、推动产业升级、塑造国际形象等方面取得的显著成就。智能制造技术的应用不仅提升了比亚迪的制造能力和产品质量，还实现了效益的提升和可持续发展的目标。比亚迪的成功经验为我国其他制造企业在智能制造方面的技术创新和应用提供了有益的借鉴和启示。

二、本土市场的发展壮大

（一）中国本土市场发展现状

中国作为全球最大的经济体之一，引发了广泛的关注，特别是其本土市场的发展状况。深入了解中国本土市场的现实情况对抓住市场机遇、应对挑战，以及推动经济的可持续发展具有至关重要的意义。

1. 经济规模持续增长

中国经济持续增长，已成为全球第二大经济体。近年来尽管受到新冠疫情等因素的影响，但中国经济在 2021 年出现了强劲复苏，并保持了相对稳定的增长态势。消费需求、投资和出口等方面都有所回升，经济结构不断优化。2019 年至 2021 年，中国本土市场的零售总额年均增长率达到 7.2%。截至 2022 年底，中国内地消费者总人口达到 14 亿人，拥有巨大的潜在市场规模。

2. 数字经济蓬勃发展

数字经济在中国蓬勃发展，成为推动经济增长和转型升级的重要引擎。电子商务、互联网金融、人工智能、物联网等领域呈现快速发展势头，数字化技术的应用不断扩大，数字经济产业链不断完善。

互联网金融作为数字经济的重要领域之一，其兴起为传统金融行业注入了创新活力，推动了中国本土市场的金融服务方式和消费习惯的变革。2021 年中国互联网金融交易规模达到 22.4 万亿元，同比增长13.9%。根据中国互联网络信息中心发布的数据，截至 2022 年 12 月，我国网民规模达 10.67 亿人，互联网普及率达 75.6%，互联网的普及推动了数字经济的发展。中国电商市场规模居全球第一，并且呈现持续快速增长态势。根据《中国电子商务报告(2022)》的数据，2022 年全国电子商务交易额达 43.83 万亿元，同比增长 3.5%。电子商务的快速发展为创新企业提供了新的商业模式和销售渠道，推动了数字经济的蓬勃发展。

3. 消费方式持续升级

中国消费市场持续升级，消费结构由传统的基本生活消费向品质消费、创新消费转变。中产阶级的快速崛起、城乡居民收入水平提高以及消费观念的改变，推动了高端消费品、智能科技、文化娱乐等领域的快速增长。跨境电商和国内流通渠道的发展，也促进了消费升级的进程。

4. 创新环境不断改善

中国的创新创业环境不断改善，成为全球的创新引擎之一。政府加大了对创新创业的支持力度，推动科技创新、知识产权保护和创业投资等方面的政策措施。创新型企业和科技型企业蓬勃发展，创新创业氛围活跃，吸引了大量的人才和资本投入。中国本土涌现出一批以阿里巴巴、腾讯、百度、华为等为代表的创新科技企业,成为全球领先的数字经济企业。2021年底,中国本土有近300家独角兽企业(估值超过10亿美元的初创企业),其中大部分专注于数字经济领域。

当前,中国本土市场呈快速发展态势,经济规模持续增长、数字经济蓬勃发展、消费方式持续升级、创新环境不断改善。需要注意的是,市场情况是一个动态变化的过程,受到各种因素的影响。随着科技进步、政策调整、国际贸易形势等因素的不断演变,中国的市场现状也将不断发展和调整。

(二) 数字经济时代中国本土市场的新特征

随着数字经济时代的到来,中国本土市场出现了新的特征,并推动着中国式创新的不断演进。

1. 多元需求与个性定制的交互融合

1) 个性化定制需求的增加

中国消费者的消费观念发生了转变,越来越注重个性化和差异化的产品和服务。数字经济时代为个性化定制提供了更多可能性,通过大数据分析和人工智能技术,企业可以更好地理解消费者需求,并提供个性化的定制产品和服务。

2) 创新业态和模式的崛起

数字经济催生了许多新业态在中国市场的迅速崛起。例如,共享经济、在线教育、在线医疗、智能家居等新兴业态在满足消费者多样化需求的同时,也为中国的本土市场注入了新的活力。

2. 线上渠道与线下渠道的共同推进

1) 数字化消费的流行

随着互联网的发展,移动支付日益普及,中国消费者的消费方式发生了根本性变化。互联网背景下,越来越多的人选择在线购物、在线教育、在线医疗等线上消费方式,移动支付与数字消费与之伴随;与此同时,线下消费的支付方式也逐渐转向移动支付。数字化消费成为中国本土市场的显著特征。

2) 移动互联网的普及

移动互联网的普及催生了一批以手机 App 为主要渠道的新兴行业和商业模式。中国拥有庞大的移动互联网用户群体,智能手机的普及率非常高,这促使许多企业将重点转向移动端的产品和服务开发,满足用户的便捷需求。

3) O2O 模式的兴起

O2O(online to offline)模式在中国市场得到广泛应用。通过线上平台，消费者可以找到并体验线下的商品和服务。例如，通过手机 APP 预约餐厅、约车、购买电影票等。O2O 模式整合了线上资源和线下场景，改变了市场形态，提升了用户的消费体验。

4）社媒与电商的融合

中国的社交媒体平台，如微信、微博等，在数字经济时代发挥了重要作用。这些平台不仅提供交流的功能，还整合了电商元素，使得用户可以在社交平台上购物、推广商品和分享购物经验。社交媒体和电商的融合为中国本土市场带来了新的商机和创新方式。

中国本土市场在数字经济时代呈现出新的特征，多元需求与个性定制交互融合、线上渠道与线下渠道共同推进。这些特征反映了中国消费者的需求变化和技术发展对市场格局的重大影响，同时也为中国企业创新和发展提供了广阔的空间。

（三）数字经济对本土市场的影响

随着数字技术的飞速发展和互联网的普及，数字经济正在成为全球经济增长的新引擎。数字经济以其独特的优势和巨大的潜力，正在快速改变市场的面貌，对市场产生了广泛而深远的影响。它不仅改变了市场的传统模式，也引发了新的经济增长和创新。

1. 消费市场线上扩展

数字经济通过互联网和电子商务的发展，打破了地域限制，使得市场规模扩大并实现了全球化。企业可以通过在线平台将产品和服务推向全球市场，消费者也能够从全球范围内选择商品和服务，消费市场实现了线上扩展。

中国的电子商务市场规模庞大且快速增长。一方面，大型电商平台如阿里巴巴、京东等提供了便捷的在线购物和支付服务；另一方面，细分领域的垂直电商也逐渐崛起，满足了消费者个性化需求。

2. 数字消费日益普及

移动支付在中国得到广泛应用，支付宝和微信支付成为中国当前最主要的移动支付平台，云闪付、抖音支付、多多支付等支付平台也在悄然崛起。人们可以使用手机进行线上和线下的支付，快速便捷，推动了消费市场的繁荣。

3. 共享经济迅速崛起

共享经济平台通过数字技术和在线交易模式，实现了资源的高效利用和共享。涵盖共享单车、共享汽车、共享住宿等多个领域的共享经济在中国得到迅速发展。

4. 创业机会逐渐增加

数字经济激发市场活力，为创新创业提供了更多机会。新兴的数字技术、互联网平台和社交媒体等的广泛应用，降低了进入市场的门槛，使得创新和创业更加便捷。创新型企业可以通过数字技术的应用，开拓新的市场领域；普通网友也可以借助社交平台开启电商模式，众多普通人通过直播平台带货实现创业。

5. 新兴业态悄然诞生

数字经济催生了许多新兴的业态和商业模式。共享经济、在线教育、在线娱乐等新兴产业快速崛起，改变了传统产业结构和商业模式，带动了市场的变革和创新。

6. 市场竞争更加激烈

数字经济时代，中国本土市场竞争日益激烈。各行各业涌现出大量的创新型企业，它们迅速崛起并与传统企业展开竞争，中国本土市场的竞争压力增加，这迫使企业加大研发投入、提升创新能力，以在激烈的市场中获得生存直至脱颖而出。

总体而言，数字经济时代的中国本土市场对中国式创新产生了重要影响。数字经济背景下，中国本土市场的市场需求线上拓展、数字消费日益普及、共享经济迅速崛起、创业机会逐渐增加、新兴业态悄然诞生以及市场竞争的加剧，有利于扩大市场规模，促进全球化贸易，催生新商业模式，共同推动了中国式创新的蓬勃发展。

（四）实践案例：共享单车在中国市场的发展

共享单车是指通过智能手机 APP 租借和归还的自行车，它与中国市场的发展与数字经济的兴起密切相关。随着智能手机的普及和移动支付的发展，共享单车成了一种便捷、环保的出行方式，受到了广大市民的喜爱。

1. 背景

共享单车在中国市场的兴起始于 2014 年，最初由一些创业公司推出。随着数字经济的发展，共享经济迅速崛起，共享单车业务迅速扩张并受到了大众的欢迎。在短时间内，中国的街头巷尾出现了大量的共享单车品牌，如摩拜单车、ofo、哈啰出行等。这些共享单车品牌通过投放大量的自行车，并提供便捷的租借方式和相对低廉的价格，迅速吸引了大量用户。

2. 措施

1）技术支持

共享单车企业投入大量资金进行技术研发，推出了智能锁、GPS 定位、移动支付等先进技术，使用户可以通过手机应用程序轻松查找、租借和归还单车。

2）市场扩张

共享单车企业通过与城市政府合作，获得了相应的道路骑行许可证，并在城市中投放大量单车。同时，它们还通过合理的价格策略和优惠活动来吸引用户，快速扩大市场份额。

3）用户体验

共享单车提供了方便、低成本、绿色环保的出行选择，解决了城市短途交通的最后一公里问题。用户可以随时随地通过手机查找附近的单车，无须提前预订，实现灵活自由地出行，拥有良好的用户体验。

3. 影响

（1）解决城市交通问题。共享单车提供了一种便捷、环保的出行方式，特别适用于短途出行和解决行程最后一公里问题。它有效地缓解了城市交通压力，减少了私家车的使用，改善了交通拥堵状况。

（2）倡导健康生活方式。共享单车鼓励人们骑行，提倡健康的生活方式。它使得人们更加积极地参与体育锻炼，减少了久坐不动的时间。

（3）实现绿色环保出行。共享单车作为一种环保的交通方式，减少了汽车的使用，进而降低了尾气排放和空气污染，有助于改善城市环境质量。

（4）促进经济社会发展。共享单车行业的兴起带动了相关产业的发展，包括自行车制造、智能设备制造、软件开发等，促进了经济发展；同时，共享单车行业的兴起也创造了大量的就业机会，有利于社会进步。

（5）驱动城市规划优化。共享单车通过智能设备收集用户的骑行数据，这些数据可以为城市规划和交通管理提供有价值的参考。政府和企业可以利用这些数据来优化城市交通系统，提高交通效率。

共享单车行业在中国市场的兴起与发展产生了积极的影响，它解决了城市交通最后一公里问题且降低了碳排放量，有效促进了健康生活方式的推行和经济社会发展，并推动了数据驱动的城市规划。

4. 总结

共享单车在中国市场的发展给我们提供了一些启示。首先，政府的支持和政策引导对于新兴产业的发展至关重要。政府应制定相关政策，提供资金支持，并加强市场监管，促进新兴产业的健康发展；企业应积极与当地政府合作，获得合法经营许可和相应的支持政策，并与政府共同解决规范管理、停放等问题。其次，技术创新是推动共享单车发展的关键。数字经济时代，企业应重视技术研发投入，不断提升产品质量和服务水平，满足用户需求，提升用户体验，提高企业竞争力。最后，用户体验是推动新兴产业发展的关键。共享单车企业应通过提供便捷的用户体验、合理的价格策略以及优质的客户服务来满足用户需求，提升用户忠诚度。

三、科研水平的持续提升

（一）中国科研水平发展现状

在数字经济时代，科研水平的提升对于实现中国式创新具有重要意义。科研水平不仅是衡量一个国家科技创新能力的重要指标，也是推动数字经济发展的关键要素之一。当前，中国的科研水平正呈现出持续提高的趋势，为中国式创新提供了坚实的基础和动力，成为全球创新领域的重要力量。

1. 科研投入

1）研究经费持续增加

中国政府高度重视科研工作，持续增加对科研的资金投入。据初步测算，2022 年我国全社会研究与试验发展（R&D）经费投入达到 30870 亿元，比 2021 年增长 10.4%，2022 年 R&D 经费预计接近 2016 年的两倍，按不变价计算，R&D 经费增长 8.0%；R&D 经费与国内生产总值（GDP）之比达到 2.56%，比 2021 年提高 0.12 个百分点。

自 2016 年以来，中国的研发经费支出逐年增加，占 GDP 的比重也逐年增长，具体见图 3-3。中国的科研投入不断增加，并且已超过欧盟各成员国。政府在资金、政策等方面对创新和研发给予了足够的支持，提高了科研效率、提升了科研水平，推动了科研活动的开展。

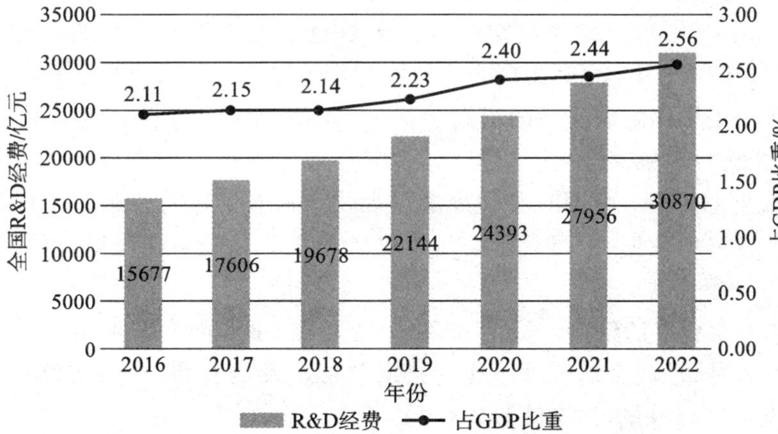

图 3-3 全国 R&D 经费及投入强度情况（2016—2022 年）

资料来源：根据国家统计局数据整理

2）科研队伍不断壮大

科研人才是科研活动的重要支撑。近年来，中国科研人员数量大幅增长，迅速崛起为全球最大的科研人才库。中国不断优化科研人才培养机制，通过教育改革、人才引进等方式，不断壮大科研队伍。数据显示，截至2020年底，中国科研人员总数已超过650万人。科研人员的学科结构也在不断优化，涌现出一大批在各个领域具备国际影响力的科学家。科研队伍不仅数量庞大，而且结构日益优化，有大量的中青年科研骨干，为中国科研的发展提供了人才保障。

中国重视培养和引进高水平科研人才。通过建设一流大学和实验室、设立科研基金及奖励计划，中国吸引并培养了一大批优秀的科研人员。同时，中国还实施了多项引才计划，吸引国外优秀科学家回国工作。

3）科研平台逐步升级

在数字经济时代，中国的科研设施和平台也在逐步升级。例如，科研大数据的应用，可以帮助科研人员快速获取和分析全球科研信息，提高研究水平；科研项目管理软件，可以帮助科研团队更好地组织和管理研发过程，提高研发效率；开放的科研合作平台，可以帮助中国的科研机构和科研人员更好地与全球科研力量合作，共享科研资源，提高科研水平。

2. 科研产出

1）学术成果不断涌现

中国的科研成果产出逐年增加，成果质量显著提高。根据《自然指数》（*Nature Index*）的数据，中国已成为全球最大的科技论文产出国之一。中国科研人员在高水平学术期刊上发表的论文数量逐年增加，在国际科学引文数据库中，中国学者的论文被引用次数也呈现出快速增长的趋势。此外，中国在高被引论文和国际合作论文方面也取得了显著进展。这些学术成果体现了中国科研水平的提高。

2）发明专利数量逐年增加

截至2023年，中国的专利数量呈现快速增长的趋势。根据中国国家知识产权局的数据，中国在过去几年里成为全球专利申请量最大的国家，以下是一些关键数据。

（1）专利申请数量。根据2022年的数据，中国的专利申请总量超过了530万件，位居全球第一。这一数据包括了发明专利、实用新型专利和外观设计专利数量，具体见图3-4。

（2）发明专利数量。发明专利是技术创新领域最为重要的专利类型。中国在发明专利申请数量方面也表现出强劲的增长态势。根据2022年的数据，中国的发明专利申请数量超过了160万件，同样位居全球第一。

（3）国际专利申请数量。中国企业和个人在国际上积极申请专利。根据世界知识产权组织（WIPO）的数据，中国在2022年的国际专利申请数

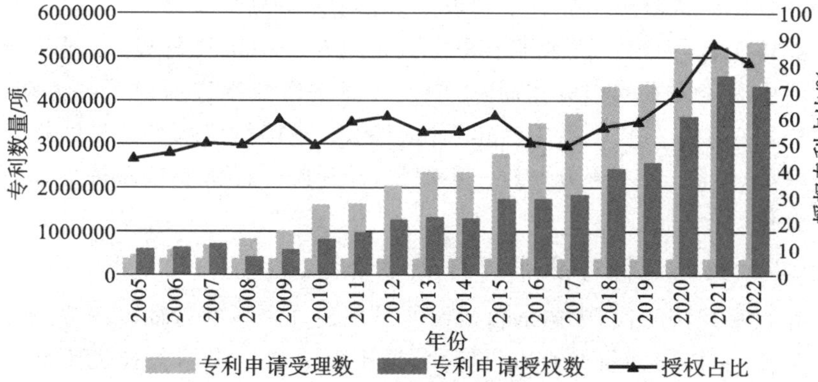

图 3-4　国家专利数量统计(2005—2022 年)

资料来源:国家知识产权局

量达到了近 8 万件,位居全球第二。

这些数据表明,中国在知识产权领域取得了显著的进展,并且显示出中国对技术创新和知识产权保护方面的重视程度。中国政府一直在推动创新和知识产权保护的政策出台,并且鼓励企业和个人加大在知识产权方面的投入和保护力度。

3）前沿科技重大突破

中国在一些前沿科技领域取得了重大突破。例如,在量子通信、基因编辑、人工智能等领域,中国的科学家取得了世界领先的成果。这些突破性成果推动了中国科研水平的提升,并在全球范围内产生了重要影响。

3. 科研生态

1）科研体制改革纵深推进

中国正在积极推进科研体制改革,鼓励科研人员更加自主地开展研究。一些措施包括优化科研评价体系、简化科研项目审批流程以及改革科研人员职称评定等。改革措施的落实鼓励了科研人员进行创新性研究,并提高了科研水平。

2）创新生态环境持续改善

中国不断完善创新生态环境,为科研人员提供更好的创新条件和激励机制。中央及地方政府出台了一系列支持科技创新的政策,鼓励企业加大研发投入,推动科研成果转化为实际生产力。同时,各地建设科技园区和创新中心,提供创新创业的场所和资源。

3）学术合作交流不断深入

中国积极参与国际科学交流与合作,提升了科研水平。中国科学家与国际同行进行合作研究,并参与国际科学组织、学术会议以及科研项目。

这种开放性的科研环境促进了知识共享和技术创新。

总体而言，中国科研水平取得了显著进步。中国科研投入、科研产出和科研生态等因素的积极作用，为中国科研工作的推进提供了强大动力，使得中国在全球科技创新中崭露头角。未来，中国科研水平的持续提升还需在政策、体制、人才等方面进一步加强，并与国际科研领域保持良好的交流与合作。

（二）数字经济时代中国科研的新特征

在数字经济时代，中国的科研情况呈现出许多新的特征。跨界融合促进知识流动，协同创新加速成果转化，这不仅反映了中国科技进步和社会变革的趋势，也对中国式创新产生了深远的影响。

1. 高度的互联性和跨学科性

随着信息技术的飞速发展，科研领域的知识和数据在全球领域得以迅速共享和传播。世界各地的科研人员可以通过互联网和开放式科研平台进行实时的合作和交流，跨学科的研究合作也变得更加容易。这种互联性和跨学科性的特征使得科研水平的提升更加迅速和全面。

1）跨学科的融合

数字经济时代的科研更加注重跨界交叉、多学科融合。随着技术的发展和应用愈加广泛，科研工作不再局限于某一学科领域，而是需要不同学科的专家共同合作，积极探索其他领域的知识和方法，共同解决复杂的问题。例如，在人工智能领域，需要计算机科学家、数学家、心理学家等多个学科的专家共同研究，才能取得更好的成果。跨界交叉的科研工作有助于创造新的交叉学科和研究方向，推动不同学科的交叉融合，培养具备跨领域背景的科研人才。

2）全球化的合作

数字经济时代的科研更加注重全球化的开放合作。数字经济的发展是全球性的，科研人员需要具备国际化的视野和意识，需要了解国际前沿的科研动态，与国际上的优秀科研人员进行交流与合作。通过开放共享数据、研究设备和研究成果，能够促进知识的共享与传播，科研人员可以互相借鉴和学习，提高科研水平。同时，开放合作也有助于解决科研中的难题，加速科研成果的转化和应用，扩大科研人员的影响力和国际竞争力。

2. 注重数据驱动和实践导向

大数据和人工智能的应用使得科研人员可以更加深入地挖掘数据背后的规律和趋势，从而指导科研工作的方向和方法。科研人员通过实践和实验，不断验证和改进他们的理论、假设和模型，从而提高科研成果的可靠性和实用性。

1）数据驱动的研究方法

数字经济时代的科研更加注重数据的应用。随着大数据技术的发展，科研工作可以进一步依靠大规模数据的收集和分析，从而获得更准确、更全面的研究结果。科研人员可以利用大数据分析工具挖掘数据中的隐藏信息，发现新的规律和趋势，为创新提供更有力的支持。

2）实践导向的应用价值

数字经济时代的科研更加注重实践的价值。科研人员在选择研究方向和问题时，需要考虑实际需求和市场情况，并将研究成果转化为实际产品、服务或政策建议。科学研究的特征是将理论与实践相结合，追求研究成果的实际效果、应用前景和社会影响。

3. 强调开放创新和可持续发展

数字经济赋予了科研许多新的特征，除了上文提及的高度的互联性和跨学科性、数据驱动和实践导向外，科研也更加强调开放创新和可持续发展。

1）开放创新的科研模式

数字经济时代的科研更加注重开放创新。开放创新强调与外部同行的广泛合作和资源共享，通过共同创造和共享知识来推动科研进步。数字技术和互联网的发展促使科研人员通过开放式科研平台和众包的方式，与全球范围内的科研人员进行合作，共同攻克科学难题。开放数据共享和协同创新平台的搭建，为科研水平的提升提供了更多的机会和可能性。

2）快速迭代的科研速度

数字经济时代的科研更加注重快速迭代。由于技术的快速发展和市场的快速变化，科研人员需要更加敏捷地进行研究和创新。快速迭代的科研工作可以更快地验证假设、修正错误，并及时调整研究方向，以适应快速变化的需求和挑战。

3）可持续发展的科研思维

数字经济时代的科研更加注重社会影响。科研成果的社会影响力和可持续发展能力成为科研评价的重要指标之一。科研不仅要关注科学的发展，还要关注科学对社会的影响和作用。科研人员需要思考如何将科研成果转化为实际应用，解决社会问题，促进社会经济的可持续发展。

总之，数字经济时代的科研水平呈现出多学科融合、开放合作、数据驱动、实践导向和可持续发展等新特征。这些新特征反映了科研工作在数字经济时代的新趋势和新要求，为中国式创新提供了更广阔的空间和更多的机遇。

（三）数字经济对科研水平的影响

随着数字经济的不断发展，科研水平正在发生深刻的变化。数字经济以其独特的优势，正在对科研水平产生广泛而深远的影响。探讨数字经济对科研水平的影响，有助于我们更好地理解科研发展的新趋势，推动科研水平的不断提升。

1. 提高研究深度广度

数字经济时代，大量的数据被生成和传输，包括科学研究领域。数据驱动的科研方法成为可能，为科学研究带来了新的机遇。研究人员可以利用数字技术和互联网等手段，更轻松地获取和处理大规模的数据集，从而提高研究的深度和广度。

2. 促进学术交流合作

数字技术推动了学术交流和合作的便利化。通过互联网和在线平台，研究人员可以快速地共享研究成果、观点和数据，促进学术交流和合作。研究人员可以通过在线会议、科研社交网络等与全球范围内的同行进行交流和合作，加速研究的进展。

3. 推动开放科学兴起

数字经济推动了开放科学的兴起。开放科学强调研究数据、方法和结果的透明度和共享，强调科学研究的可重复性和可验证性。开放获取的出版模式也更加普及，使得科研成果更容易被广泛阅读和引用，提高了科研成果的影响力和可见性。

4. 推进科研平台发展

数字经济时代，涌现出许多科研工具和平台，为科学研究提供了便利，例如，科研管理软件、文献检索工具、数据可视化工具等。这些科研工具和平台使得科研过程更高效、准确和可控。同时，云计算、超级计算机等数字技术的进步，也为复杂的科学计算和模拟提供了更强大的计算能力。

5. 促进跨学科的研究

数字经济打破了传统学科之间的壁垒，促进了跨学科研究的发展。数字技术在不同学科领域都有应用，例如人工智能、生物信息学、地理信息系统等。这些领域的交叉与融合，推动了新的科学发现和创新，加速了跨科学研究的进程。

总体而言，数字经济为科学研究提供了更多的机遇和工具，提高了研究的效率和质量，促进了学术交流和合作，推动了开放科学的发展，促进了跨学科研究。

（四）实践案例：开放科学的兴起

1. 背景

在传统科学研究过程中，研究者往往以保留数据、方法和结果为主，对于合作和共享的态度相对保守。然而，随着信息技术的飞速发展和全球化交流的便利性增强，开放科学逐渐兴起。开放科学是一种基于共享和协作的科学研究模式，旨在促进科学知识和数据的自由获取和交流。

2. 措施

(1) 开放数据：研究者将研究所得的数据公开分享，供其他人使用和验证。通过建立开放数据存储库和平台，研究者可以将数据整理成可访问的格式，并提供给其他研究者使用。

(2) 开放出版：研究论文被发布在开放获取期刊上，读者无须付费即可获得。这样一来，科学研究的成果可以更广泛地传播和应用，提高了科学研究的可见度和影响力。

(3) 协作研究：研究者之间积极合作，共同参与一个研究项目，分享资源和知识。通过协作，研究者可以各取所长，加强研究成果的可靠性和适用性。

3. 影响

(1) 加速科学发展进程。开放科学促进了科学知识的传播和共享，减少了重复研究和资源浪费。研究者可以更快地获取先前的研究成果并基于此进行新的研究，从而加速了科学的发展进程。

(2) 提高科学的可靠性。开放科学鼓励数据和方法的透明性和可复制性。其他研究者可以验证和重现研究结果，从而增强了研究的可信度和准确性。

(3) 促进跨学科的合作。开放科学打破了学科之间的壁垒，促进了跨学科的合作。不同领域的研究者可以互相借鉴经验和知识，产生创新性的研究成果。

4. 总结

开放科学强调共享和协作的精神，有利于激发创新和集体智慧。在实施开放科学时，首先我们应注重共享价值和扩大合作网络。其次，开放科学需要对数据进行规范管理，包括数据质量监控、隐私保护和知识产权的管理。最后，政府和科研机构应制定相关政策和措施，推动和支持开放科学的发展。鼓励研究者参与开放科学相关活动，并提供相应的奖励和激励措施。

四、创新人才的培养、汇聚

（一）中国创新人才发展现状

创新人才是中国式创新的关键要素之一，在数字经济时代，他们对推动中国式创新的发展具有重要意义。本书通过对相关研究和数据的分析，探讨了数字经济时代下创新人才对中国式创新的支持现状，包括创新人才的培养、吸引、留用和流动等方面的情况。

1. 创新人才的培养

创新人才的培养是创新生态系统的基础，对于中国式创新的发展至关重要。近年来，中国政府加大了对创新人才培养的支持力度。根据教育部的数据，中国的高等教育机构每年培养大量的科技创新人才，研究生招生规模不断扩大，科研项目资助力度不断增加。同时，政府还鼓励高校与企业合作，推动产学研结合，提高创新人才培养的实效性。中国致力于构建创新人才培养机制，包括政府、高校、企业合作等方式。2021 年，中国培养了超过 600 万名科技人才，其中包括工程技术人员、硕士研究生和博士研究生。

2. 创新人才的吸引

创新人才的吸引是中国式创新的关键环节之一。中国政府出台了一系列政策措施，吸引海外优秀人才来华创新创业。例如，国家层面的人才引进计划，以及各地的人才政策和优惠待遇。根据中国科学院的数据，近年来，中国吸引了大量海外高层次人才回国创新创业，为中国式创新注入了新鲜血液。中国政府实施多项政策吸引海外和本土创新人才，包括引进计划、高层次人才项目等。2021 年，中国创新人才引进数量增长迅速，超过 50 万人。

3. 创新人才的留用

创新人才的留用是中国式创新可持续发展的关键。中国政府采取了一系列措施，提高创新人才的待遇和发展空间，以提高人才的留用比例。例如，提供良好的科研条件和工作环境，加大科研经费和项目支持，提供创新人才的职业发展机会等。根据人力资源和社会保障部的数据，中国的创新人才流失率逐年下降，越来越多的创新人才选择在中国发展，为中国式创新的持续发展提供了坚实支撑。

4. 创新人才的流动

中国创新人才具有较高的流动性，他们在不同地区和行业之间的交流合作促进了创新的跨界融合。2021 年，中国创新人才流动数量达到 250 万人次。

当前，中国创新人才具备较高的教育水平、科研成果丰富。创新人才作为第一资源，为中国创新发展提供了重要的人才支撑。为了更好地发挥人才的作用，中国在人才的培养、吸引、留用和流动方面给予高度重视，并积极采取措施。只有充分发挥创新人才的潜力，不断提高创新人才质量，不断改善创新环境，才能助力中国式创新实现可持续发展。

（二）数字经济时代中国创新人才的新特征

随着数字经济的快速发展，中国创新人才正在迎来新的发展机遇。数字经济时代对创新人才提出了新的要求和标准，同时也为创新人才提供了更广阔的发展空间。在这个时代背景下，中国创新人才展现出了许多新的特征。深入探讨数字经济时代中国创新人才的新特征，有助于我们更好地认识和培养适应新时代发展需要的创新人才，为推动中国数字经济的持续发展提供强有力的人才支撑。

1. 数据驱动能力的增强

数字经济时代，数据成为重要的资源和基础，创新人才需要具备数据驱动的分析能力。需要培养善于收集、整理和分析大量数据的能力，发现其中的规律和趋势，并基于数据分析结果进行判断和决策。通过数据驱动的分析能力，创新人才能够更好地理解市场需求和用户行为，从而作出更准确的创新选择。

2. 多元背景人才的崛起

随着数字经济的快速发展，创新领域对多元背景的人才需求越来越大。传统意义上的工科人才仍然重要，但与此同时，数字经济时代对于跨学科背景的人才的需求也越来越大。例如，具备计算机科学、数据分析和商业洞察力等多个领域知识的复合型人才，能够更好地理解和应用数字技术来推动技术创新。

3. 综合素质要求的提升

数字经济时代对创新人才的要求不仅停留在技术能力上，而且更加注重综合素质的提升。创新人才需要具备良好的沟通能力、团队合作能力和问题解决能力，能够在复杂环境下快速适应并有所创新。此外，创新人才还需要具备跨文化交流和全球化思维的能力，能够在国际舞台上与全球创新人才进行有效交流与合作。

4. 持续学习能力的要求

数字经济时代的创新速度极快，知识和技术不断更新和演进，创新人才需要具备持续学习的能力，以不断更新知识和技能，跟上技术和市场的变化。持续学习能力是创新人才在数字经济时代中不断适应和创新的重要能力，通过自我学习和自我驱动，创新人才能够不断提升自身的创新能力。因此，创新人才需要具备持续学习的能力，主动追求新知识和新技能。

随着数字经济的发展，创新人才表现出新的特征：数据驱动能力增强、多元背景人才崛起、综合素质和持续学习能力要求提升，这些特征和素质使得数字经济时代的创新人才能够适应快速发展的数字经济环境，发挥其创新潜力，并推动企业和社会的持续创新发展。

（三）数字经济对创新人才的影响

创新人才的培养和储备促进数字经济时代的发展，数字经济时代对创新人才的需求、培养、激励、发展也具有重要影响。

1. 数字经济对创新人才需求的影响

在数字经济时代，创新人才需要具备全新的能力和素质。首先，他们需要具备跨学科的知识背景，能够融合不同领域的知识，以应对复杂多变的数字经济环境。其次，创新人才需要具备信息技术和数字化工具的应用能力，能够灵活运用数字技术进行创新和解决问题。最后，他们还需要具备良好的沟通和协作能力，能够与不同背景的人合作，共同推动创新项目的实施。因此，数字经济时代的创新人才需求更加注重综合能力和团队合作能力。

2. 数字经济对创新人才培养的影响

1）培养体系的完善

随着数字技术的快速发展，传统的教育方式面临着挑战。数字经济时代的创新人才需要具备广泛的知识和技能，包括计算机科学、数据分析、人工智能等方面的知识。因此，培养体系需要相应地完善，以满足新时代的人才要求。

2）培养目标的调整

数字经济的发展涉及多个领域的交叉与融合，需要创新人才具备跨学科的综合能力。数字经济时代，传统的学科边界逐渐模糊，意味着培养学生的跨学科思维和合作能力、使其能够在不同领域进行创新和应用变得更加重要。此外，还需要具备良好的团队合作和沟通能力，以适应数字经济中常见的跨部门合作和远程协作的工作模式。

3）培养模式的改进

传统的教学模式已经无法满足创新人才的需求。数字经济时代的创新人才培养注重实践和项目驱动，需要学生参与真实的项目和实践活动。例如，学校可以与企业合作，开展实践项目，让学生在实际工作中学习和锻炼。此外，数字技术的应用也为创新人才培养提供了新的机会，在线教育、远程协作和虚拟实验等数字技术工具可以有效地促进创新人才的培养。

总之，数字经济对创新人才的培养产生了重大影响。一是培养体系有待完善，教育体系需要调整课程设置，培养学生的数字技术能力和创新思维；二是培养目标有待调整，跨学科综合能力和实践能力的培养变得更加重要；三是培养模式有待改进，数字经济时代创新人才培养需要采用新的模式和方法。这些变化为培养适应数字经济时代需求的创新人才提供了更多的机会和挑战。

3. 数字经济对创新人才激励机制的影响

1）注重自我实现和价值认同的新趋势

传统的激励机制主要以薪酬和晋升为导向，但在数字经济时代，创新人才更加注重自我实现和价值认同。因此，新的激励机制更加关注创新人才的个人发展和成长，包括提供更多的学习和培训机会、创造良好的工作环境和文化等。此外，数字经济时代还出现了一些新的激励方式，如股权激励、创业支持等，以激发创新人才的创业精神和创新动力。

2）激发创新动力和创新成果的新导向

数字经济时代，以激发创新动力和激励创新成果为导向的激励机制变得更加重要。数字经济强调创新和创造价值，因此，创新人才的激励应该以激发创新动力和激励创新成果为导向，包括给予创新人才更多的自主权和决策权，鼓励他们提出创新想法并实施，同时，通过奖励制度和激励机制来激励他们取得创新成果。这种以激发创新动力和激励创新成果为导向的激励机制可以激发创新人才的积极性和创造力，推动数字经济发展。

3）呼唤灵活个性和公平公正的新挑战

数字经济对传统激励机制提出了挑战，并促使其改进。传统的激励机制主要侧重于薪酬和晋升，但在数字经济时代，创新人才对于工作的意义和价值有了更高的追求。因此，传统的激励机制可能无法满足他们的需求。数字经济时代需要更加灵活和个性化的激励机制，例如提供更多的发展机会，鼓励创新思维和实践，以及提供更多的自主权和决策权。此外，数字经济时代还需要建立一种公平和公正的激励机制，确保创新人才得到应有的回报和认可。

总之，数字经济对创新人才激励机制产生了重要的影响。一是新趋势，数字经济时代更加关注创新人才的个人发展和成长，以及出现了一些新的激励方式；二是新导向，数字经济时代以激发创新动力和激励创新成果为导向的激励机制变得更加重要；三是新挑战，数字经济还对传统激励机制提出了挑战，并促使其改进。这些改变有助于激发创新人才的积极性和创造力，推动数字经济的发展。

4. 数字经济对创新人才职业发展的影响

1）职业机会更加丰富

在数字经济时代，创新人才面临丰富多样的职业机会。数字经济的快速发展催生了许多新兴产业，例如人工智能、大数据分析、物联网等相关领域的产业，这些领域对创新人才的需求量大。创新人才可以选择从事科研、技术开发、数据分析等领域的工作以及自主创业等，有机会参与前沿技术的研究和应用，推动行业的发展。

2）发展路径更加多元

在数字经济时代，创新人才的发展路径更加多元。传统的职业发展路径逐渐被打破，创新人才可以选择自主创业、加入本国初创企业或跨国公司，也可以参与到开源社区、科研机构或高等教育机构中。数字经济时代强调创新和创业，为创新人才提供了更大的发展空间和更多的创新创业机会。

3）角色地位更加重要

在数字经济时代，创新人才扮演着关键的角色，在数字经济产业中的地位得到明显提升，他们是推动科技进步和产业升级的重要力量。创新人才通过研发新技术、应用新模式和创造新产品，为数字经济的发展注入了活力和动力。创新人才通常具备跨学科的综合能力，能够将不同领域的知识和技能进行整合和创新。他们的专业知识和技术能力对于企业的竞争力和创新能力至关重要。数字经济时代，创新人才更容易受到重视和认可，并且有更多的机会展示自己的才华和能力。

综上所述，数字经济对创新人才产生了深远影响。数字经济对创新人才需求产生变化、对创新人才培养产生影响、对创新人才激励机制带来改变、对创新人才职业发展产生影响。

（四）实践案例：阿里巴巴集团的数字人才培养

1. 背景

阿里巴巴集团作为中国最具影响力的互联网公司之一，一直致力于数字人才的培养和发展。阿里巴巴在数字经济时代积极探索创新人才培养的新模式，以满足快速发展的数字经济对人才的需求。

2. 措施

1）成立阿里巴巴商学院

阿里巴巴成立了阿里巴巴商学院，致力于培养具备创新思维和实践能力的数字人才。商学院通过开设创新课程、组织实践项目和提供实习机会，为学员提供全面的培训和发展机会。阿里巴巴通过建立自己的人才培养体系，为数字经济时代的创新人才提供了广阔的发展平台。

2）实施校企合作培养方案

阿里巴巴通过与高校合作，加强数字人才的培育。阿里巴巴与多所高校签署战略合作协议，共同开展人才培养项目。例如，阿里巴巴与浙江大学合作设立了阿里巴巴-浙江大学数字经济研究院，致力于培养数字经济领域的高级人才。这种合作模式通过将阿里巴巴的实践经验与高校的学术资源相结合，为学生提供了更加全面和实践性教育。

3）开展数字人才培训计划

阿里巴巴通过开展数字人才培训计划，为更多的人才提供学习机会。阿里巴巴的数字人才培训计划面向全球范围内的学生和专业人士，通过在线课程、实践项目和交流活动，帮助参与者提升数字经济领域的专业知识和技能。这种开放式的培训计划为人才的培养提供了更多的机会，有助于满足数字经济时代对创新人才的需求。

3. 影响

阿里巴巴的数字人才培养计划在中国式创新中产生了积极影响。

(1) 培养创新思维。通过创新实践项目和内部孵化器，阿里巴巴为员工提供了一个培养创新思维的平台，激发了员工的创新潜能。

(2) 强化合作开放。阿里巴巴与高校和研究机构的合作促进了知识和资源的共享，为员工提供了更广阔的创新空间和机遇。

(3) 提高数字技能。通过持续的教育培训，阿里巴巴帮助员工提高了数字化技能，使其能够更好地适应数字经济时代的创新要求。

(4) 促进成果转化。数字人才的培育为阿里巴巴带来了许多创新成果，通过内部孵化器和外部合作，这些成果能够更快地转化为实际的产品和服务。

4. 总结

阿里巴巴集团在数字经济时代的成功经验为数字人才培育提供了一些启示。首先，阿里巴巴注重培养全面发展的人才，不仅注重技术能力，还注重创新思维、领导力和团队合作能力的培养。其次，阿里巴巴通过建立自己的人才培养体系，如阿里巴巴商学院，为员工提供系统的培训和发展机会。最后，阿里巴巴还注重与高校合作，通过与高校建立实践基地和提供实习机会等方式，吸引和培养年轻的数字人才。阿里巴巴的成功经验表明，数字人才培养需要注重全面发展、建立自己的培养体系，并与高校合作，以满足数字经济时代对人才的需求。

五、中国政府的全面支持

(一) 中国政府全面支持现状

在数字经济背景下，中国政府对创新领域进行全方位支持。在政策制定、资金投入、平台构建、人才引进和国际合作等关键领域，政府展现了强大的扶持力度，为中国式创新构筑了牢固的基础支撑体系。这些综合性的支持措施有效地促进了经济体系向创新驱动转型。

1. 政策支持

为了营造有利于中国式创新的政策环境和市场生态系统，中国政府制定了一系列旨在激励创新的政策框架。尤其在人工智能、大数据、物联网等前沿科技领域，相应政策的实施为企业提供了清晰的发展方向，并显著促进了相关行业的迅速成长。例如，国家创新驱动发展战略、中国制造

2025、数字中国建设等重大战略规划，充分体现了政府对于创新的高度重视和大力支持。这些措施不仅指引了科技和产业的发展方向，也为中国经济的持续增长和全球竞争力的提升奠定了坚实基础。

2. 资金支持

在资金支持方面，政府加大财政投入，从而加强了对科技创新的资金保障。国家统计局数据显示，近年来研发经费的投入持续增长。此外，众多科技创新基金和专项资金的设立，不仅为企业技术开发提供了坚实的资金支持，而且通过减税降费等政策有效地减轻了企业的经济负担，进一步激发了企业的创新意愿，提高了其创新能力。

3. 平台支持

在数字经济时代，中国政府大力推动创新平台的建设，诸如国家自主创新示范区与国家高新技术企业孵化器等平台，向创新型企业提供了全方位的一站式服务。这些服务涵盖资金支持、技术咨询、市场对接等多个层面，有效地帮助企业解决创新进程中所遇到的难题。同时，政府还倡导科研机构、高等学校与企业之间建立联合创新平台，强化产学研一体化协作，加速科技成果的应用和普及，进一步激发创新活力与潜能。

4. 人才支持

中国政府高度重视人才在创新发展中的核心作用，并深入贯彻人才强国战略，不断增强对人才的培养与吸引力度。通过实施一系列重大人才工程，引进和培育了一批国内外杰出的科技创新人才。为了进一步激发高层次人才的创新活力，政府提供了一系列优渥的待遇及福利政策，致力于营造一个有利于创新人才施展才华的环境，从而有效推动了国家创新能力的整体提升。

5. 国际合作支持

在数字经济时代，中国政府积极开展国际合作，加强与不同国家和地区在科技创新领域的交流与合作。通过签署双边和多边科技合作协议以及建立科技创新合作基金，政府推动了中国与国际科研机构和跨国企业之间的深度协作。这些举措加强了技术研发和市场拓展等关键环节的支持，有助于科技成果的国际转移与资源共享，从而加快了科技创新的全球化步伐。

综上所述，在数字经济的大背景下，中国政府对国内创新模式的支持是全面的。政府在政策引导、资金投入、创新平台构建、人才引进以及国际合作等方面采取了多项举措，共同营造了有利于创新的生态环境。这些全方位的支持措施有效地推进了中国式创新的进程，同时在国际上树立了中国重视创新与科技发展的积极形象。

（二）数字经济时代中国政府支持的新特征

在数字经济时代，中国政府对经济发展的支持呈现出新的特征，这些新特征不仅是对国家宏观经济政策的调整，也是对全球化背景下信息技术革命的积极回应。下面将深入分析在数字经济时代中国政府对创新支持的新特征，并讨论其在推动数字经济发展中的领导作用。

1. 政策重心的转移

随着数字经济的崛起，中国政府已将政策重点从传统工业、基础设施建设、高新技术产业转移到信息技术、互联网基础设施、大数据和人工智能等领域。政府为了积极应对数字化转型的挑战，制定了一系列前瞻性政策，包括“互联网＋”行动计划、“双创”计划和“新一代人工智能发展计划”等，旨在推动数字经济的进一步发展。这些政策明确了数字经济发展的蓝图，并为企业提供了坚实的政策支撑。

2. 资金投入的支持

在资金支持方面，中国政府建立了众多专项投资基金，旨在扶持数字技术创新与应用。例如，国家创新驱动发展投资基金、国家新一代人工智能开放创新平台项目以及国家大数据（云计算）创新发展项目等，均为数字经济的壮大提供了坚实的财政支持。这些基金的设立，有效地促进了创新创业的热潮，并协助企业解决了发展阶段的资金难题。

3. 社会资本的参与

中国政府积极引导社会资本投入数字经济领域。通过政府引导基金和风险投资基金等机制，激励更多社会资本对数字经济进行投资。这种政府与市场的协同作用显著增强了数字经济的发展活力，并加速了其快速增长。

4. 服务精准的提升

在数字经济时代，中国政府的数字治理体系得到不断完善，政策服务的精准度显著提高。政府运用数字技术和数据资源，积极推进电子政务的建设，从而加强了与公众、企业及社会的互动。通过数字化技术手段，政府能更准确地把握社会需求和民意，制定更加精确的政策措施，提供更加个性化、定制化的服务。

因此，在数字经济时代，中国政府支持体现出新特征：政策重心的转移、资金投入的支持、社会资本的参与以及服务精准度的提升，共同推动了中国特色创新的发展。

（三）数字经济对政府支持的影响

在信息技术不断创新的驱动下，政府的支持策略正面临着前所未有的挑战与机遇。政府角色由传统的监管者和服务提供者，逐渐转变为创新的引导者和数字化转型的推动者。这一变化不仅反映了政策制定的灵活性，也昭示了治理模式的根本转型。因此，理解数字经济对政府支持的影响，对于构建现代经济治理体系至关重要。

1. 创新政策的制定和调整

数字经济的快速发展对政府创新政策的制定和调整提出了新的要求。政府需要根据数字经济的特点和发展趋势，及时出台相关政策，以促进创新活动的开展。例如，政府可以制定税收优惠政策，鼓励企业增加研发投入；加强知识产权保护，提高创新者的权益保护程度；建立创新基金，支持创新项目的孵化和发展等。这些政策的制定和调整将为创新提供更好的环境和条件。

2. 创新资源的配置和整合

数字经济的快速发展使得创新资源的种类和规模都发生了深刻的变化，这要求政府积极介入资源的配置和整合过程。政府的支持可以通过以下方式来实现：首先，政府可以积极倡导并支持创新平台和创新中心的建设，以提供必要的创新基础设施和技术支持，从而为创新者创造更便捷的工作环境和资源共享机会；其次，政府应鼓励高校、科研院所和企业之间的合作，以促进创新资源的共享和优化配置，从而提升创新活动的效率和质量。这些举措将有助于政府在数字经济时代更好地促进创新和推动经济可持续增长。

3. 创新人才的培养和引进

数字经济时代对创新人才的需求非常迫切，政府需要加大对创新人才的培养和引进力度。政府可以通过改革教育体系，加强创新教育的内容和方法，以培养具有跨学科综合能力和实践能力的创新人才。同时，政府还可以积极引进海外杰出人才，鼓励国内人才的国际流动，以提高创新团队的多元性和国际化水平。通过采取这些举措，政府能够更好地应对数字经济时代对创新人才的需求，推动科技创新和经济发展的良性循环。

4. 创新合作的推动和支持

数字经济时代强调合作创新的重要性，政府需要积极推动和支持创新合作。政府可以通过组织创新竞赛和展览，搭建创新交流平台，促进不同主体之间的合作和交流。同时，政府还可以提供资金支持和政策扶持，鼓励企业之间、企业与高校、科研院所之间的合作，形成创新联盟和创新生态圈，共同推动创新的发展。

5. 创新环境的营造和改善

数字经济的发展对创新环境提出了更高要求，政府需要积极营造和改善创新环境。政府可以加大对知识产权保护的力度，提高创新者的合法权益保护水平；简化创新项目的审批程序，减少创新者的行政成本；加强对创新成果的评价和认定，提高创新者的获得感和荣誉感等。这些举措将为创新提供更加稳定和可持续的发展环境。

6. 创新文化的培育和弘扬

数字经济时代需要培育和弘扬创新文化，政府在其中扮演着重要角色。政府可以通过宣传和教育活动，加强创新理念和创新精神的普及，激发广大人民群众的创新潜能。同时，政府还可以加强对创新成果的宣传和推广，树立创新典型和榜样，引导社会对创新的关注和支持。

7. 创新投资的引导和支持

数字经济时代创新投资的方式和规模都发生了变化，政府需要积极引导和支持创新投资。政府可以通过设立风险投资基金、引导社会资本进入创新领域，为创新项目提供资金支持。同时，政府还可以加大对科技型企业和创新团队的财税政策支持，降低创新投资的风险和成本，吸引更多的投资者参与到创新活动中来。

8. 创新服务的变革和提升

数字技术的广泛运用已经彻底改变了政府公共服务的提供方式，政府正在充分利用数字技术，为民众提供更高效、更便捷、更个性化的公共服务。以政务服务为例，政府通过建设电子政务平台和推广网上办事等举措，简化了办事流程，提升了办事效率，激发了创新创业热情。

总之，数字经济对政府支持的影响是多方面的，政府需要根据数字经济的特点和发展需求，完成创新政策的制定和调整，加强创新资源的配置和整合，培养和引进创新人才，推动和支持创新合作，营造和改善创新环境，培育和弘扬创新文化，引导和支持创新投资，变革和提升创新公共服务，多措并举，为中国式创新提供有力的政府支持。

（四）实践案例：中国“互联网＋政务服务”政策

中国的“互联网＋政务服务”政策是指利用互联网和信息技术手段，提高政府部门的服务效率和质量，更好地满足人民群众的需求。这一政策旨在推动政务服务的数字化、网络化和智能化，提升政府效能，增强人民群众对政府的信任度和满意度。

1. 背景

中国政府积极推动“互联网＋”行动计划，将互联网技术与各个行业相结合，实现数字化转型。其中，“互联网＋政务服务”政策旨在借助数字技术提升政府治理效能，优化公共服务体系，并为中国式创新提供支持。

2. 内容

“互联网＋政务服务”政策集中关注以下几个方面。

（1）开放数据共享。鼓励政府部门将数据资源进行整合、共享和开放，让企业、创新者和民众能够充分利用数据创新。

（2）政务服务平台。建设统一的在线政务服务平台，提供全面、便捷、高效的政务服务，使民众和企业能够更便捷地办理各类政务事项。

（3）电子政务建设。通过发展电子政务系统，实现政府内部信息化、数字化管理，提升行政效能和服务质量。

（4）创新创业支持。为创新创业企业提供政策支持、资金扶持、孵化器建设等，促进创新创业生态的形成与发展。

3. 影响

"互联网＋政务服务"政策的实施，对中国创新产生了积极的影响。

（1）提高政府治理效能。通过在线政务服务平台和电子政务建设，政府机构能够更加高效地处理公共事务和提供服务，提升政府治理效能。

（2）促进信息共享协同。政府开放数据共享，使得更多的企业和创新者能够获取公共数据资源，促进信息共享和创新合作。

（3）支持创新生态发展。政府对创新创业提供支持，鼓励创新创业企业的发展，并通过政策和资金扶持推动中国式创新项目的孵化和落地。

（4）优化公共服务体系。在线政务服务平台的建设使得民众和企业可以线上办理各类政务事项，提高公共服务的便利性和效率。

4. 总结

中国的"互联网＋政务服务"政策旨在提升政务服务水平，为人民群众提供更加便捷、高效的服务体验。通过信息技术的应用，使政府工作更加开放透明，提高决策的科学性和精准性。这一政策的推行将进一步促进政府治理的现代化和数字化发展。

六、创新生态的日益优化

（一）创新生态系统建设现状

创新生态系统是数字经济时代的重要组成部分，它是促进创新的关键机制和平台。在中国，创新生态系统正在迅速发展，取得了显著的成就。创新生态系统包括资源、环境、资金、合作等部分，下面将对中国创新生态系统现状进行翔实描述。

1. 创新资源丰富

中国拥有庞大的人口基数和高素质的人才队伍，这为创新提供了丰富的人力资源。此外，中国还拥有全球最大的互联网用户群体和移动支付市场，为数字经济的创新提供了广阔的市场需求和数据资源。根据中国国家统计局的数据，2022 年底，中国人口总数超过 14 亿人，其中高等教育毕业生人数破千万。中国互联网网络用户总人数超过 9 亿人，移动支付用户总人数超过 8 亿人。

2. 创新氛围浓厚

中国政府高度重视创新创业，出台了一系列支持政策和措施，包括减税降费、简化注册流程、优化创业环境等。这为创新者提供了更加友好和有利的创业环境，激发了创新创业的热情。根据中国国家发展和改革委员会的数据，截至 2022 年底，中国已有超过 1 亿家注册企业，其中大部分是小微企业和创业公司。

3. 创新集群众多

中国各地区积极构建创新产业集聚区，形成了一批具有国际竞争力的创新集群，如北京的中关村、上海的张江高科技园区、深圳的南山科技园等。这些创新集群聚集了大量高科技企业、科研机构和创新人才，形成了创新生态系统的核心区域。根据中国科学技术部的数据，截至 2022 年底，中国已建设了近 300 个国家级高新技术产业开发区，涵盖了各类创新产业。

4. 创新投资激增

中国的创新投资呈现出快速增长的态势。政府鼓励社会资本参与创新投资，同时加大对创新项目的资金支持力度。创新创业企业也受到风险投资和私募股权投资的青睐，吸引了大量投资资金。根据中国创新创业投资联盟的数据，截至 2022 年底，中国创新创业领域的投资总额超过 1.5 万亿元。

5. 创新合作频繁

中国积极参与国际创新合作，与世界各国分享创新成果和经验。同时，国内企业之间、企业与高校、企业与科研机构之间的创新合作也日益频繁，形成了资源共享和协同创新的良好局面。根据中国科技部的数据，截至 2022 年底，中国已与全球 100 多个国家和地区签署了科技合作协议，开展了大量的科技合作项目。

综上所述，中国的创新生态系统正处于快速发展阶段，具备了丰富的创新资源、浓厚的创新创业氛围、显著的创新产业集聚效应、持续增加的创新投资以及频繁的创新合作交流。这些现状为中国式创新提供了坚实的基础和有力的支持。在数字经济时代，创新生态系统将发挥更加重要的作用，推动中国在全球创新舞台上取得更大的成就。

（二）数字经济时代中国创新生态的新特征

创新生态包括创新的环境、机制以及各种要素等，对于培育创新企业、促进科技进步和推动经济转型具有关键意义，成为数字经济时代推动中国经济发展的重要因素之一。以下将深入探讨中国数字经济时代的创新生态特征，以更全面地理解中国式创新。

1. 创新资源共享机制加快形成

1）网络化的创新交流合作

中国数字经济时代的创新生态注重开放合作，倡导共享创新资源和知识。通过建立创新平台、孵化器和联合实验室等机制，促进企业、高校、科研机构之间的合作与交流，提升创新效率和质量。中国政府鼓励网络化的创新合作，通过网络平台、远程协作等方式，实现了创新资源的全球共享。这种合作模式，使创新活动不再受到地域和时间的限制，大大提高了创新的效率。

2）全员化的创新驱动思维

创新生态在中国数字经济时代以创新驱动为核心，鼓励全员参与。一是政府方面，鼓励企业加大研发投入，推动科技成果转化，培育高科技产业；二是人员方面，创新创业者受到社会的认可和支持，创新成果得到更多的市场机会和资源支持；三是企业方面，以阿里巴巴、腾讯、百度等为代表的中国科技巨头在数字经济时代崛起，成为全球领先的创新企业，他们在创新生态的培育、技术研发和商业模式创新等方面积极参与，相互分享，共同发挥了重要作用。

3）智能化的创新驱动过程

在人工智能和大数据的支持下，中国正在推动创新全过程的智能化。人工智能、大数据分析等技术的运用，使数据资源共享覆盖创新全过程，数据更加精确、流程更加高效，提高了创新的质量和效率。

4）数字化的创新基础设施

在数字经济时代，中国正在推动创新基础设施的数字化建设。大数据中心、云计算平台、5G网络等设施的建设，为科技创新提供了强大的技术支持，使创新活动更加高效、便捷。

2. 创新集群生态系统不断优化

1）资本支持力度较大

创新生态在中国数字经济时代得到了资本市场的广泛关注和支持。风险投资、创业投资等资本运作方式的发展，为创新企业提供了充足的资金支持，帮助其实现快速成长和扩张。

2）多元发展趋势形成

创新生态在中国数字经济时代呈现出多元化的发展趋势，除了互联网和科技领域的创新，还涵盖了传统产业的创新转型和数字化升级，推动各行各业的创新发展。

3）创新集群成果显著

中国的创新生态建设取得了显著的成果。在全国范围内，形成了一批具有国际影响力的创新集群，如北京中关村、上海张江、深圳南山等。这些地方汇聚了大量的高新技术企业，取得了显著的创新成果，并形成了良好的产学研结合的创新氛围，为科技创新提供了良好的环境。

中国数字经济时代的创新生态呈现出新特点，创新资源共享机制加快形成、创新集群生态系统不断优化。创新生态的形成和发展对经济社会产生了深远的影响，推动了创新企业的崛起、国家的科技创新能力的提升和数字经济的全面发展。在未来，中国式创新生态将继续发挥重要作用，为中国经济的高质量发展提供强大动力。

（三）数字经济对创新生态的影响

数字经济作为全球经济的重要组成部分，正在以前所未有的速度和方式改变着世界。随着数字技术的深入发展和应用，数字经济对创新生态产生了深远的影响。下面将探讨数字经济对创新生态的影响，包括对创新资源、创新网络、创新模式等方面的影响。通过对这些影响的深入分析，我们可以更好地理解数字经济对创新生态的推动作用，为未来的创新发展提供有益的参考。

1. 丰富创新资源的共享

数字经济时代，大量的数据和信息被生成和传输，为创新提供了丰富的资源。企业和研究机构可以通过数字技术获取和分析大数据，挖掘潜在的创新机会。同时，开放科学的理念也促进了创新资源的共享，研究人员可以共享研究成果、数据和方法，推动创新的加速发展。

2. 推动创新网络的形成

数字经济推动了创新合作网络的形成。通过互联网和在线平台，创新者可以跨越地域和组织的限制，与其他创新者进行合作。众包、开放创新和跨界合作等模式得到了推广，促进了创新网络的形成。

3. 促进创新模式的变革

数字经济为创新孵化和融资提供了新的方式和工具。数字技术和在线平台使得创新孵化器、科技园区等创新支持机构能够更加高效地发现和孵化创新项目。同时，众筹、互联网金融等新型融资模式为创新企业提供了更多的融资渠道，降低了创新项目的融资成本。

4. 重构创新生态的模式

数字经济对传统产业和商业模式的冲击，重构了创新创业生态。新兴的数字技术、互联网平台和社交媒体等，催生了许多新的创新领域和商业模式。共享经济、在线教育、智能物联网等新兴产业迅速崛起，为创新创业提供了新的机会和平台。

5. 变革创新评估的方式

数字经济改变了创新管理和评估的方式。传统的创新管理更加注重研发过程和知识产权保护，而数字经济时代，创新管理更加注重用户需求、市场反馈和数据驱动的决策。同时，数字技术的应用也促进了创新评估的自动化和智能化，提高了对创新项目进行筛选和评估的准确性和效率。

6. 助力创新园区的建设

中国各地建设了大量的创新创业园区，为创新企业提供了场地、资金、政策等全方位的支持。例如，北京中关村、深圳前海等园区已成为中国数字经济时代创新生态的重要代表。

总体而言，数字经济对创新生态产生了广泛而深刻的影响，丰富了创新资源，促进了创新合作，改变了创新项目孵化和融资模式，重构了创新创业生态，引领了创新管理和评估的变革。随着数字经济的不断发展，创新生态将继续受到数字技术的推动和创新模式的颠覆性影响。

（四）实践案例：中国深圳南山创新生态区

创新生态系统作为数字经济时代中国式创新的重要组成部分，对推动创新、培育创业精神和激发创新活力具有重要意义。中国深圳南山创新生态区作为一个充满活力的创新生态系统，被视为中国的硅谷和科技创新中心。下面将以南山创新生态区为例，探讨数字经济时代下创新生态系统的构建和运作机制。

1. 背景

深圳南山创新生态区的发展历程可以追溯到改革开放初期，已有几十年的发展历史。作为中国改革开放的试验区之一，深圳在政策支持和经济特区优势下，迅速崛起为全球知名的科技创新中心。南山作为深圳市的核心区域之一，在创新生态系统的构建中发挥了重要作用。

2. 核心要素

1）产业集群

南山创新生态区聚集了大量的科技企业和创新机构，形成了完整的产业链和创新生态圈。例如，华为、腾讯、大疆等知名企业在南山设立了总部或研发中心，带动了周边产业的发展。

2）科研院所

南山区拥有多所高水平的大学和科研机构，如深圳大学、哈尔滨工业大学（深圳）、中山大学（深圳）等。这些高校和科研机构不仅为南山提供了丰富的人才资源，还与企业合作开展科研项目和技术创新，推动了创新生态的形成。

3）服务平台

南山区建设了一批创新创业服务平台，如南山科技创新中心、南山国家自主创新示范区等。这些平台为创新企业和创业者提供了创新项目孵化、融资等全方位的支持和服务。

3. 创新引擎

1）人才的引进与培育

南山区通过引进和培养高层次人才，以满足科技创新和产业发展的需求。政府在税收、住房、福利等方面给予优惠政策，吸引优秀人才落户南山。同时，高校和企业之间也开展了人才培养和交流项目，提高创新人才的培养质量。

2）金融生态系统的搭建

南山区搭建了创新金融生态系统，为创新企业提供了风险投资、创业融资、股权激励等多样化的金融服务。这些金融工具和服务促进了创新项目的孵化和发展，为创业者提供了资金支持。

3）政策和法规的支持

南山区通过出台有利于创新创业的政策和法规，为企业提供了稳定和可预见的发展环境。政府积极推动简政放权、优化营商环境，提供便利和支持，激发创新创业的活力。

4. 总结

深圳南山创新生态区作为一个成功的创新生态系统案例，在数字经济时代的中国式创新中具有重要的意义。其产业集群、高校与科研机构和创新创业服务平台等核心要素，以及人才引进与培育、创新金融支持、政策和法规支持等创新引擎都起到了关键作用。这些要素和引擎相互配合，形成了协同创新的良好环境，为南山区的科技创新和创业发展提供了有力支撑。

七、民族精神的传承弘扬

（一）中华民族精神培育现状

中华民族精神的核心在于爱国主义，深植于中华民族卓越的传统文化之中。习近平总书记将其总结为伟大创造精神、伟大奋斗精神、伟大团结精神和伟大梦想精神。中华民族精神作为中国式创新的关键要素，在数字经济时代具有深远意义。从爱国主义精神、伟大创造精神、伟大奋斗精神、伟大团结精神、伟大梦想精神五个方面来看，中国的民族精神正在广泛的培育和弘扬。

1. 爱国主义精神

爱国主义精神是中华民族精神的核心，中国高度重视爱国主义精神的培育。中国政府通过教育、宣传和纪念活动等多种途径，积极宣扬爱国主义思想，激发人们对国家和民族的热爱之情。十四届全国人大常委会第六次会议通过、2024 年 1 月 1 日起施行的《中华人民共和国爱国主义教育法》，从法律层面加强新时代爱国主义教育，传承和弘扬爱国主义精神。每年举行的“爱国主义教育月”活动，旨在通过各类教育活动，加深人们对国家历史、文化和发展的认知，培养民众的爱国情感。中国青少年研究中心数据显示，中国青少年对国家的认同感和爱国情感显著增强，超过 90% 的青少年表示自己为祖国感到骄傲。文化产品中也体现了强烈的爱国情感，一些电影作品在全球范围内取得了巨大成功，凝聚了民众的爱国热情。

2. 伟大创造精神

伟大创造精神是中华民族精神的动力之源，中国对伟大创造精神的培育十分重视。付坤龙(2020)提出，创造精神是国家和民族得以不断发展、进步的动力源泉，是中国式创新的重要组成部分。政策上，中国政府高度重视创新驱动发展战略，推动科技创新和创业创新，鼓励人们勇于探索、勇于创新。例如，中国在科技领域取得了许多突破性的成就，如 5G 技术、人工智能等，这些成就彰显了中国人民的强大创造力和创新精神；资金上，政府不断加大科技创新投入，相关数据显示，中国高技术制造业投资连续增长。此外，创新企业数量也在快速增长，中国在创新指数排名中跃居全球前列。据麦肯锡全球研究所统计数据显示，2020 年底，中国大陆拥有超过 2000 家独角兽企业，位居世界第一，这些企业在数字经济领域取得了显著的创新成果。

3. 伟大团结精神

伟大团结精神是中华民族精神的发展之要，中国把伟大团结精神的培育放在重要位置。当前中国注重合作精神的培养，激励人们善于运用合力，并呼吁构建人类命运共同体。相关数据显示，中国是世界上最主动寻求伙伴关系的国家之一，与许多国家签署了科技合作协议。中国积极参与全球性的科研项目和合作，例如“一带一路”科技创新合作行动计划，为推动全球科技创新合作贡献力量。

4. 伟大奋斗精神

伟大奋斗精神是中华民族精神的兴盛之本，中国始终坚持做好伟大奋斗精神的培育和传承，奋斗精神是中国民族精神的重要体现。中国历史上的艰苦奋斗和革命精神为中国人民树立了奋斗的榜样，这种精神已经融入国家建设和个人发展中。中国人民以坚定的意志和不懈的努力，开创了中国的发展奇迹。例如，在扶贫领域，中国不断加大力度推动脱贫攻坚，通过积极的政策和行动，帮助数以亿计的贫困人口实现了脱贫致富，展现了伟大奋斗精神的力量。

5. 伟大梦想精神

伟大梦想精神是中华民族精神的方向之引，中国给予伟大梦想精神的培育充分重视。正是有了梦想，才有了努力的方向；有了梦想，才有了奋斗的动能。对于蓝天的向往和渴望鼓舞人们研制飞机，对于“一步不出门、尽知天下事”的梦想促进了互联网的快速发展。“实现中华民族伟大复兴”正是我们当前的梦想，激励我们一代代中华儿女为之拼搏。中国政府提出的“中国梦”号召全国人民共同奋斗和努力。这一概念鼓励个人和国家立志追求伟大目标，不断实现自身价值和国家发展的目标。

当前，中国的民族精神在数字经济时代扮演着重要角色。陈玉佳(2021)提出，伟大民族精神是中华民族精神在中国特色社会主义新时代的时代注解，支撑着中国人民战胜一切艰难险阻。中国的民族精神在爱国主义、伟大创造、伟大奋斗、伟大团结和伟大梦想等方面得到了积极培育。中国政府和全社会一直致力于传承和弘扬这些精神，以推动中国式创新的发展和民族复兴伟大梦想的实现。

（二）数字经济时代中华民族精神的新特征

中华民族精神在数字经济时代的新特征已成为近年备受瞩目的研究领域。随着数字经济的快速崛起，中华民族精神也呈现出崭新的面貌和内涵。深入探讨数字经济时代下中华民族精神的新特征，以凸显其强大生命力和独特魅力。通过对中华民族精神在数字经济时代的深入剖析，我们能更全面地理解和把握这一时代精神的内涵和价值，为推动数字经济的健康发展提供坚实的思想支持。

1. 创新精神的强调

在数字经济时代，中华民族精神突出了创新的重要性。创新被视为推动数字经济发展的核心动力，中华民族精神中的创新精神得到了更加广泛的重视。创新精神体现在人们对新技术、新模式和新产品的追求，以及对创新思维和创新能力的培养。中华民族精神鼓励人们勇于尝试、不断创新，为数字经济的发展注入了活力。

2. 开放包容的态度

在数字经济时代，中华民族精神呈现出开放包容的态度。数字经济的发展需要各方面的合作和交流，中华民族精神鼓励人们拥抱多元文化、接纳不同观点，并与世界各地的人们进行合作。中华民族精神强调开放的思维和包容的心态，推动数字经济在全球范围内融合和发展。

3. 追求卓越的精神

在数字经济时代，中华民族精神体现出对卓越的追求。数字经济竞争激烈，要想在这个领域取得成功，需要具备卓越的能力和素质。中华民族精神鼓励人们追求卓越，追求高品质的产品和服务，追求在数字经济领域的领先地位。这种追求卓越的精神推动了中国企业和个人在数字经济时代的创新和发展。

4. 责任担当的意识

在数字经济时代，中华民族精神强调责任担当的意识。数字经济的发展对社会和环境带来了深远的影响，中华民族精神强调人们对社会责任和环境保护的担当。中华民族精神鼓励人们在数字经济领域中积极承担社会责任，推动数字经济的可持续发展。

5. 乐观进取的态度

在数字经济时代，中华民族精神体现出乐观进取的态度。数字经济的发展充满了机遇和挑战，中华民族精神鼓励人们以乐观的心态面对困难和挫折，勇于迎接新的挑战。中华民族精神强调人们要有积极向上的精神状态，不断进取，不断超越自我，为数字经济的发展作出贡献。

6. 合作共赢的理念

在数字经济时代，中华民族精神体现出合作共赢的理念。数字经济的发展需要多方合作，中华民族精神鼓励人们在数字经济领域中形成共赢的合作模式。中华民族精神强调人们要摒弃零和游戏的思维，通过合作实现共同发展，推动数字经济的繁荣。

7. 社会价值的追求

在数字经济时代，中华民族精神呈现出追求社会价值的意识。数字经济的发展不仅仅追求经济效益，还要关注社会效益和人民福祉。中华民族精神鼓励人们在数字经济领域中追求社会价值，关注社会问题，推动数字经济与社会发展相协调，实现人民的美好生活。

综上所述，中华民族精神在数字经济时代呈现出了创新精神的强调、开放包容的态度、追求卓越的精神、责任担当的意识、乐观进取的态度、合作共赢的理念以及追求社会价值的意识等新特征。这些新特征体现了中华民族精神在数字经济时代中的积极作用和重要价值。

（三）数字经济对中华民族精神的影响

在数字经济时代，中华民族精神受到了深刻的影响和塑造。数字经济的快速发展和广泛应用，为中华民族精神的传承和发展提供了新的机遇和平台。

1. 自主创新意识的激发

数字经济时代的快速变革和不断涌现的新技术、新业态，激发了中华民族精神中的创新意识。民族精神鼓舞着中国人民对创新的自信和不懈的努力。中国拥有悠久的历史和独特的文化传统，这种传统的骄傲和自豪感激发了中国人民追求自主创新的动力。中国企业在技术创新、商业模式创新和品牌建设等方面积极探索，以获得在国际市场上更具竞争力的地位。数字经济的发展要求人们不断适应新技术和变革，勇于尝试新的创新模式和商业模式。这种创新意识的激发对中华民族精神的传承和发展具有重要意义。

2. 自主创新能力的提升

数字经济时代的发展，对中华民族精神中的自主创新能力提出了更高的要求。数字经济的快速发展需要不断推动科技创新和对自主知识产权的保护，这对中华民族精神中的自主创新能力提升具有重要意义。数字经济时代的中国企业和创新者在自主创新方面取得了显著成就，进一步推动了中华民族精神的传承和发展。

3. 文化创意产业的发展

民族精神对中国式创新在文化创意产业方面起到了重要作用。数字经济时代，中国本土的文化创意产业蓬勃发展，以传统文化和历史故事为基础，创造出大量具有中国风格和特色的原创作品。这些作品通过数字平台传播，推动了中国文化的传播，也为中国式创新提供了广阔的创作空间。

4. 创新创业氛围的形成

在数字经济时代，创新与创业成为中华民族精神的重要体现，而这一时代为其提供了宽广的展示平台。数字经济的迅猛发展孕育了众多创业机遇，激发了创业者的热忱，碰撞出创新精神的火花。中国的创新型企业和创新者在全球舞台上取得了显著成就，不仅推动了经济的飞速增长，也促进了中华民族精神的传承与充实。

5. 共享经济理念的树立

数字经济时代的共享经济理念对中华民族精神产生了积极影响。共享经济的核心是资源共享和价值共创，强调资源的高效利用和社会的共同参与。中华民族精神中的团结精神与共享经济的理念相契合，数字经济时代的共享经济模式进一步推动了中华民族精神的传承和发展。

6. 开放包容思维的发展

数字经济的发展促使中华民族精神中的开放包容思维方式的发展。数字经济的特点是信息共享、合作共赢，需要多方的参与和合作。中华民族精神中的开放包容思维方式与数字经济的发展需求相契合，通过开放合作实现互利共赢，促进中华民族精神的传承和发展。

7. 文化认同观念的引导

民族精神对中国式创新在塑造企业文化和员工价值观方面发挥着重要作用。民族精神强调集体主义、努力奋斗、追求卓越等价值观念，这些价值观念在企业创新过程中起到引导作用。企业在数字经济时代注重培养团队合作精神、勇于尝试、不断进取的价值观，以推动中国式创新的实现。

8. 绿色发展理念的追求

数字经济时代的发展对中华民族精神中追求绿色可持续发展产生了积极影响。数字经济的发展要求在经济增长的同时实现资源的高效利用和环境的可持续发展。中华民族的生态文明观念与数字经济时代的绿色可持续发展理念相契合，数字经济的发展进一步推动了中华民族精神对绿色发展的追求。

9. 传统智慧与现代科技的结合

民族精神鼓励中国人民将传统智慧与现代科技相结合，实现突破性创新。中国拥有丰富的传统智慧和技艺，数字经济时代的创新可以将传统技艺与现代科技相结合，开拓新领域和新市场。例如，在数字经济时代，中国文化艺术、中医养生等领域的传统智慧得以与科技应用相结合，创造出更具竞争力的产品和服务。

综上所述，数字经济对中华民族精神产生了积极的影响。数字经济促进了中华民族精神在自主创新意识、自主创新能力、文化创意产业、创新创业氛围、共享经济理念、开放包容思维、文化认同观念、绿色发展理念、传统智慧与现代科技结合等方面的进步，这些进步推动了中国式创新的蓬勃发展。

（四）实践案例：中国传统文化的数字化保护和传播

随着信息技术和数字经济的迅速发展，数字文明建设成为中国社会发展的重要方向。在数字经济时代，如何传承和弘扬中华民族精神，成为数字文明建设的重要内容之一。

1. 背景

中国政府在数字经济时代积极推动数字文明建设，旨在利用数字技术推动社会进步和文化传承。数字文明建设不仅关注经济发展，还注重中华民族精神的传承和弘扬。中国政府着眼于传统文化的保护和创新，通过数字化手段与中华民族精神相结合，引导人们更好地理解、学习和传承中华民族的优秀传统文化。

2. 措施

中国传统文化的数字化保护和传播是中国数字文明建设的一个典型案例。中国政府通过数字技术的应用，将传统文化资源数字化，使其更好地被保存、传承和传播。

1）整合数字文化

中国政府投入大量资金和人力资源，建设了数字化文化遗产数据库。该数据库收录了大量的传统文化经典著作、艺术品、音乐、戏剧等，通过数字化手段，将这些资源保存在数字化媒体中，确保其长期留存和传承。

2）应用数字技术

中国政府倡导数字技术与传统文化的融合创新。通过数字技术，传统文化得以通过更加生动和互动的方式呈现给民众。例如，通过虚拟现实技术，人们可以身临其境地参观古代建筑、观赏传统艺术表演，增强了民众对传统文化的体验感和理解。

3）推广数字教育

中国政府鼓励数字技术在传统文化教育中的应用。通过数字化教育平台，传统文化知识可以以更加便捷和灵活的方式传授给学生。政府与学校合作，既将中华民族精神的内容和传统文化知识融入学校的课程中，又通过互联网平台提供在线学习资源和互动交流的机会，学生可以通过课堂学习、线上课程、数字图书馆等方式学习传统文化，提高对中国传统文化和中华民族精神的认知和理解。

4）建立数字社群

政府鼓励社会各界积极参与数字文明建设，形成一个共同的传承弘扬氛围。组织各类线上线下互动活动，例如中华民族精神主题的演讲、展览和比赛等。同时，政府利用社交媒体和短视频平台，扩大传统文化和民族精神的传播范围，让更多人参与其中，积极传承和弘扬中华民族的精神文化。

3. 影响

通过数字文明建设，中国政府成功地将传统文化与现代科技相结合，实现了传统文化和民族精神的传承和弘扬。数字化保护和传播传统文化不仅促进了文化传承，也为中国的创新和发展提供了源源不断的灵感和动力。

4. 总结

数字文明建设与中国传统文化的弘扬和传承相辅相成。通过数字化手段，传统文化得以更好地传承和传播，同时也为中国的创新和发展注入了新的活力。中国政府在数字文明建设方面的努力为世界各国提供了一个成功的范例，展示了数字经济时代对文化传承和创新的重要意义。

本章小结

本章旨在探讨数字经济时代下中国式创新的七个要素，即制造能力、市场基础、科研水平、创新人才、政府支持、创新生态和民族精神。本章分七节分别对七个要素的现状、在数字经济时代表现出的新特征、数字经济对其影响等进行了分析，并结合每一个要素撰写典型案例。数字经济时代的中国式创新七要素相互作用、相互促进，共同推动了中国在数字经济时代的创新发展。

第四章 数字赋能中国式创新的理论基础

数字经济时代，以大数据、5G、人工智能、区块链等为代表的新兴技术迅猛发展，为数字经济插上了腾飞的翅膀。数字经济和实体经济深度融合，释放了经济增长的潜能，同时也为中国式创新注入了强劲的新动能。数字经济已然成为推动我国经济稳步增长和高质量发展的关键引擎，成为继农业经济、工业经济之后的第三种主要经济形态。中国如何顺应数字经济发展潮流，有效发挥我国数字经济独有优势，充分释放数字红利和创新红利，以此来激活经济发展的潜在能量，是建设"数字中国"过程中亟须解决的问题。在"数字中国"战略背景下，我国能否抓住创新机遇，最大限度地挖掘数字技术的潜力，并充分发挥其赋能作用，促进中国式创新的繁荣发展，成为国内外学者关注的重要课题。

本章对数字赋能、中国式创新、数字经济与中国式创新的关系等议题的相关文献进行了梳理，旨在总结数字经济赋能中国式创新的核心理论。从创新前因、创新机制与创新产出三个方面出发，初步构建了数字经济赋能中国式创新的理论框架，为数字经济助推中国式创新高质量发展提供理论参考。

第一节 相关研究进展

一、数字赋能的研究进展

“赋能”，顾名思义，就是赋予某种力量，首先出现在教育学、心理学、管理学等领域，强调赋予弱势个体或者群体、处境不利或被压迫的群体更大的控制权、效力和社会正义感。例如，教师为学生授课，教授学生知识与技能；经理授权给下属，培养下属的工作能力。这种赋能通常被称为“授权赋能”，主要是人的一种主观行为。根据赋能的不同特征，具体分为结构授权、心理授权和领导授权三种赋能类型。随着知识经济的发展，授权赋能研究得到更深入的拓展，由此延伸出赋能的概念。潘善琳、崔丽丽(2016)根据研究发现，所谓“赋能”是指信息系统或信息技术工具赋予使用者或者组织某种以前未曾拥有的能力，从而使其实现以前未能达到的目标。苏中海(2022)认为，“赋能”更加强调被赋能者的主观能动性，如赋能主体提供平台、机遇与资源，而被赋能者需要主动吸收和合理运用这些财富，才能获得新的力量或者提升原有能力。由于赋能的概念太过广泛，难以深入研究。近几年，国内一些学者结合赋能内涵与时代发展，提出了数字技术赋能、数字经济赋能、大数据赋能、“互联网＋”赋能、电子商务赋能、人工智能赋能等新概念，对于这些概念的系统性研究已扩展到各个行业。其中数字经济赋能是发展较为迅速的领域。

当前，许多学者基于可查证的资料，从微观、中观、宏观三个层面深入探讨了数字经济赋能。

在微观企业层面，数字经济对企业价值创造的赋能作用主要体现在加快新基建建设、推动关键资源有效配置以及实现数据资产变现等过程中所产生的动态能力，包括但不限于数据采集与预测能力、数字化管理平台服务能力等。陈一华等(2021)运用案例分析法系统剖析了数字经济的赋能机制，主要包括连接赋能、管控赋能和解释赋能，并通过构建互补导向、效率导向和新颖导向的数字商业模式，推动了制造企业商业模式的重塑，实现了数字创新与价值提升的目标。张国胜等学者(2021)的实证研究表明，数字赋能在推进研发合作、减少创新成本和优化人力资本等方面对企业创新产生积极作用，从而促进了企业的数字化转型。

基于中观产业层面，随着数字经济的深入发展，产业链生态体系日益完善，平台组织逐渐成为连接生产端与消费端的主导模式。这种以产业平台为基础的关系网络，不仅可以降低新产品或新服务的传播成本，还为产业链上下游提供了更为精准的信息匹配与资源获取渠道。此外，在数字技术的助力下，产业链创新集群生态圈正在加速形成，这是数字经济时代构建“共创、共生、共赢”产业使命共同体的关键组织形式。对于产业链来说，数字技术解放了传统特定地理区域集中的联系群落，增强了跨空间、跨行业的联系，形成了产业链的横纵向延伸；在价值链方面，各价值主体间的高度关联性将企业的生产经营活动如研发、制造、销售和售后服务等有机地串联起来，实现了价值链的高效集成、传递与转化；从供应链视角来看，供应链数字化能够促进供应链的整体优化，提升供应链管理的柔性、品质与效率，从而有效降低总成本、减少资源浪费；从创新链视角来看，基于数字技术的赋能效应，构建合作创新联盟，建立技术研发与人才交流平台，并将消费者、供应商、政府、合作方、研究机构等外部主体纳入创新体系，可形成高效互动的开放式创新系统。除此之外，从具体产业发展情况来看，“资源优化”“降本增效”“创新驱动”已然成为数字经济赋能制造业转型升级的三条路径。吕铁、李载驰(2021)根据价值创造和价值获取理论，提出了以“连接—挖掘—优化—管理—增效”为核心的数字经济赋能机制，并指出此机制可推动制造业蓬勃发展。夏显力等学者(2019)系统分析了利用数字技术推动农业产业深度融合、实现生产智能管控和经营决策便捷化的路径机制。

基于宏观经济层面，数字经济赋能是将数据视为新型生产要素，将创新视为主要驱动力，通过提升资源配置效率、扩大规模效应和提高全要素生产率等途径，推动经济实现量的飞跃增长和质的有效提升。关于“数字经济如何赋能经济高质量发展”的问题，最早可从“索洛悖论”中找到答案。20 世纪 80 年代，世界进入个人计算机时代，计算机技术开始规模化推广与应用，人们普遍意识到计算机技术对生产效率提升的重要性。但索洛(1987)却对此提出了质疑，他认为生产率并未随着信息技术投入的增加而提升，信息技术投入与生产率之间并没有明显的关系。针对索洛的观点，一些国外学者认为技术投入具有时滞性，研究信息技术对经济绩效的影响需要将时间因素纳入考察范围。另外，信息技术对绩效的增长还需考虑具体环境(如研究区域的经济发达程度)与组织资源、能力和特征等因素。国内学者荆文君、孙宝文(2019)着眼数字经济赋能经济高质量发展议题，认为新兴数字技术有助于促进具备规模经济、范围经济和长尾效应的经济环境的形成，从而提供更加优化的供需和价格匹配机制。他们认为，数字经济的自增长模式可从三个方面推动经济增长，即增加要素投入、提高资源配置效率与全要素生产率。任保平(2020)在谈到数字经济赋能经济高质量发展的作用机理时，认为主要体现在三个方面，即以创新为动力实现效率的可持续发展，发展新兴产业并为传统产业注入新的活力，以产品与服务质量为导向实现质的有效提升。同时，学者们也从多个角度研究了数字经济对经济高质量发展的赋能作用，主要观点如下：一是激活改革创新活力。闵路路、许正中(2022)认为,数字经济引领经济高质量发展更多地依赖于产品与服务创新、生产模式创新、目标市场定位创新和组织架构创新。二是培育创新创业风潮。根据赵涛等学者(2020)的观点,数字经济通过拓展创新创业范围、丰富创新创业资源和激发创新创业动力等方式来助推经济高质量发展。三是加快产业结构调整优化。张蕴萍等学者(2021)明确提出,数字经济催生了以新产业、新业态及新商业模式为主要内容的"三新经济",而在此过程中产业结构的优化升级是实现经济高质量发展的必要途径。四是高效配置创新要素。李宗显、杨千帆(2021)认为,数字经济通过有效配置创新要素,促进经济从高速增长向高质量发展转变。

二、中国式创新的研究进展

自改革开放以来,中国在科技创新领域取得了辉煌成就,科技实力伴随经济发展同步壮大,中国综合国力的提升提供了重要支撑。特别是党的十八大以来,中国坚持把创新作为引领发展的第一动力,全面实施创新驱动发展战略,持续深化科技体制改革,加大多元化科技研发投入,加强创新型科技人才队伍建设,推动我国科研实力跃上新的台阶。世界知识产权组织发布的《2023 年全球创新指数》报告显示,中国位居世界第十二位,是全球创新指数前 30 名中唯一的中等收入经济体,这标志着中国已成为具有全球影响力的科技创新大国。

作为后发国家的代表,中国的创新成果得到了世界的广泛认可,"中国式创新"成为业界和学界的热门话题,吸引了众多学者的关注。本节将聚焦"中国式创新"议题,探究中国式创新的内涵,分析中国式创新的特点与驱动要素,阐述中国式创新面临的新机遇,旨在为后续章节的研究提供理论基础。

(一)中国式创新的内涵

现有研究从多维度界定了中国式创新的内涵。《牛津创新手册》指出,中国创新活动主要依赖于开发,而非专注于研究。破坏性创新的提出者 Christensen(2013)认为,中国式创新是一种具有破坏性的低端创新方式,它并非致力于为现有客户提供优质产品,而是为新客户提供更简单便捷的产品,以满足其基本需求。根据英国国家科技艺术基金会的观点,中国具备快速吸收全球先进创意与技术的能力,并能够迅速消化,进而改进自身技术与产品质量。因此,他们认为中国式创新是一种快速跟随式的创新。麦肯锡全球研究院在《中国创新的全球效应》中提出,20 世纪 90 年代以来,中国很大程度上通过"汲取创新"这一模式来实现经济的增长,该模式需要主动学习先进知识,并对国际上最新科技与实践进行吸收与改进,以达到赶超领先国家的目的。麦肯锡研究院出具的这份报告将各行业的创新分成科学研究型、工程技术型、客户中心型和效率驱动型，并运用一系列指标详细分析了这四种类型，指出中国式创新是一种以客户为中心、效率驱动型的创新。浙江大学吴晓波(2018)认为，中国的比较优势得益于人口红利，而后发优势则是在引进技术的基础上进行的再创新，并据此提炼出中国式创新的基本特征，即“二次创新”。二次创新主要是指在借鉴国外先进知识与技术的基础上，融合本土市场需求、生产要素等特征进行的一种新型改良式创新。他还指出，我国经济已由最初的粗放式增长逐步转向“新常态”阶段。随着中国经济社会发展阶段的变化，中国式创新也正发生着深刻变革。总之，过去的“中国式创新”是追赶、学习过程中的创新，“新常态”下的中国式创新对原创性与高标准提出了更高要求。笔者在总结归纳国内外学者研究成果的基础上，创新性界定了中国式创新的内涵：中国式创新是综合集成了不断崛起的制造能力、强大的市场、不断提升的研发能力、不断集聚的创新人才、政府的强有力推动、创造生态系统的不断形成、中华民族吃苦耐劳奉献牺牲的精神而形成的综合集成创新。

（二）中国式创新的特点及影响要素

不同国家的基本国情和发展阶段存在差异，因而创新的模式和路径也不尽相同。深入分析中国式创新的特点以及影响要素，探究中国式创新的逻辑，探索中国式创新的规律，以中国式创新为牵引，推动经济高质量发展，已成为实现中国式现代化的必由之路。苏楠、陈志(2017)在对“中国式创新”相关研究成果进行梳理的基础上，总结了“中国式创新”的几个主要特征。首先，中国式创新的主要技术路径为“引进—消化吸收—再创新”；其次，中国式创新主要是利用集成创新获得竞争优势，通过整合不同领域的技术、资源和创新成果，实现跨界融合，创造出具有独特竞争力的新产品、新服务和新模式；再次，中国式创新是以需求为导向的创新，中国注重根据市场需求和用户反馈，及时调整创新的方向和重点，以适应民众的新需求，赢得市场青睐，这种以需求为导向的创新能够更好地适应市场变化，提供有针对性的解决方案；最后，原始创新是“中国式创新”的薄弱环节，尽管中国在引进、消化、吸收、再创新和集成创新方面取得了一定成就，但在原始创新方面仍存在不足。

部分学者着眼于中国独特的情景对中国式创新的影响要素展开了探讨。中欧国际工商学院管理学教授叶恩华(2016)指出，三大要素的合力推动了中国式创新的发展，即成熟的生产制造能力、规模庞大的本土市场以及迅速崛起的科技水平。麦肯锡研究中心指出，中国式创新的推进得益于以下几个因素：第一，以大学为中心的创新生态系统；第二，日益提升的知识产权保护意识；第三，高速成长的创新人才。高志前(2018)则强调，任何形式的创新发展都不可避免地会受到政治及制度环境的影响，中国式创新的快速发展同样离不开政府的大力支持。党的十八大以来，我国科技事业发生了历史性的重大变化。在创新体系的建设方面，我国加大了对科技创新的支持和投入，建立了更为完善的创新体系，为科技创新提供了强有力的支撑和保障；在重大专项的布局上，我国积极推动重大科技项目的实施，重点支持战略性新兴产业、前沿技术研究和关键核心技术攻关。这些重大专项的实施推动了科技创新的突破和进步。

在市场经济对创新的支撑作用方面，我国逐步完善了市场环境和创新政策，鼓励市场主体参与科技创新，推动科技成果转化为生产力。市场经济的发展为创新提供了更加广阔的舞台和机遇。焦若水(2017)指出，中国式创新具有得天独厚的优势，一方面，中国超过 14 亿人口的巨大市场，形成了其他经济体无法比拟的巨大内需，为中国的科技创新提供了广阔的市场空间和机会；另一方面，中国积极推动“一带一路”倡议，进一步扩大了市场容量，重构了产业发展格局。通过与沿线国家的合作，中国可以借助“一带一路”倡议的机遇，进一步拓展国际市场，促进技术、资本和人才的流动，推动科技创新的国际合作与交流。

此外，笔者带领研究团队运用因子分析法对可能影响中国式创新的各类因子进行了探索性分析，深入挖掘出影响中国式创新的主要因素，即成熟的生产制造能力、良好的市场基础、崛起的科研水平、创新人才的成长、政府的大力支持、创新生态系统的成长这六个要素，并通过与管理学领域的专家及若干企业家的深度访谈，发现除了这六个影响要素外，中国式创新还受到独具中国特色的精神层面因素的影响，即民族精神(中华民族吃苦耐劳奉献牺牲的精神)，并据此构建了中国式创新七要素体系。

(三) 中国式创新的新机遇——数字创新

中国式创新的内涵与特征十分丰富，而随着新一轮技术革命的深入推进，数据作为一种新的生产要素正在全面地影响创新活动，数字经济为中国式创新提供了全新的发展路径和广阔的发展前景。国内外学者针对数字创新展开了深入研究。数字创新的内涵最初是由国外学者提出的。Boland(2007)从创新过程视角出发，指出数字创新主要通过应用先进的数字技术和数据分析等手段来优化业务流程，提升生产效率，改进产品和服务，从而优化创新过程，创造更好的业绩表现。Yoo 等学者(2010)认为，数字创新是指企业通过数字化技术的应用，开展更高水平的创新活动，打造丰富的创新成果，如新产品与服务、新业务流程与数字平台、新商业模式及新客户体验等。余江等学者(2017)指出，数字创新的关键在于充分发挥数字基础设施、数字平台和数字生态系统的优势，对企业内部和外部价值链中的数据进行深度挖掘，并通过外部技术和知识的整合来提高企业的整体绩效。刘洋等(2020)梳理了数字创新方面的研究成果，进一步将数字创新细分为数字产品创新、数字过程创新、数字组织创新和数字商业模式创新四个方面。

除此之外，学者们普遍认同数字创新具有多样化的特征。在组织属性方面，数字创新具有收敛性，它使产品、部门、组织甚至产业的边界变得更加模糊。例如，当前广泛使用的智能产品通过先进技术和物理实体的整合，产品边界已经不再明晰。数字创新还具有动态性，数字技术不断更迭，创新模式也不断变化，使得创新过程变得不容易被预测。在技术属性方面，数字创新具有自生长性。相较于传统创新，数字创新开始的节点和实现的空间变得更加不可预测，增加了企业的管理难度。在管理属性方面，数字创新具有平台化、分布化和组合化的特征。

三、数字经济与中国式创新关系的研究进展

现有研究表明数字经济对创新的影响是多维复合的。一方面，数字经济具备跨时空信息传播、数据共享等特征，直接影响创新活动；另一方面，通过“数字＋”赋能传统经济，间接影响创新活动。

（一）数字经济的直接效应

数字经济对创新的直接影响效应体现在以下几个方面。

一是数字技术为新产品、新业态、新模式、新产业的迭代升级提供了创新动力。新兴数字技术与生产制造的深度融合使得生产过程更加智能化和高效化，提高了产品的生产效率，加强了企业对生产的实时监控，同时也促进了产品供应链的优化和整合，进一步提升了生产的规模效应和经济效益。不仅如此，数字化技术为企业生产经营提供更多的数据和信息支持，帮助其进行更精准的市场分析和预测，从而及时调整生产经营计划，更好地适应市场的动态变化。而且，数字技术还搭建了数字平台，促进创新资源的共享和协同，推动创新主体之间的合作与交流，进而提高整体的创新绩效。数字经济为后发企业、地区和国家提供了迎头赶上的机会，对构建“大众创业、万众创新”的创新驱动发展新格局具有重要意义。谢康等学者(2021)指出，随着新兴数字技术的深化发展，组织经营决策的方式以及内部组织结构将会发生改变，传统的科层制组织结构逐渐被网格制替代。这种变革不仅能提高组织对环境的适应性，还能促进组织进行多元性创新。戚聿东、肖旭(2020)认为，数字经济的发展为企业创新提供了便利和机遇，它颠覆了传统技术应用模式，使企业创新更加依赖不可复制和独特的资

源，同时也帮助企业增强整合资源和匹配市场需求的能力，有助于企业提升创新能力和市场适应性。

二是数字经济的发展使得信息传播更加快速和广泛。通过数字技术的应用，信息可以实时传播和共享，不受地域和时间的限制，使得创新主体和创新活动的参与者可以更方便地获取来自全球范围的信息，包括市场需求、竞争动态等，从而更好地把握创新机遇和市场趋势。数字平台的运用进一步提高了创新资源供需的匹配效率，为创新提供更为精准的服务，有助于降低创新成本与风险，提升创新成功率。祁怀锦等学者（2020）指出，企业通过运用新兴技术能够轻松地收集和分析用户数据，更精准地洞察用户需求与喜好。除此之外，数字经济的发展使创新主体更好地利用数字技术和互联网的力量，实现信息的共享协同，特别是由区块链技术打造的“去中心化”创新模式可以跨越组织和地域的限制，汇集多方资源，推动创新生态系统的整体变革。这种模式不仅有助于促进创新的跨界合作，还为创新活动注入了更大的灵活性和包容性。

三是新型数字创新要素加速了传统创新要素的转换升级，推动了传统创新要素与新型创新要素的融合发展，优化了创新要素的便捷性与可得性。Biswas 和 Kennedy（2014）通过调查发现，数字经济使得传统生产要素能够以数字化的方式集成和转化，要素整合后不仅更易于流通和配置，还能突破传统市场的藩篱。Litvinenko（2020）深入探讨了数字经济与技术创新之间的关系，并得出结论：数字经济的发展有助于提升技术创新要素的配置水平。

（二）数字经济的间接效应

数字经济推动了人力资本与产业结构的变革，对创新活动产生了间接影响。

1. 人力资本

数字经济从根本上改变了传统经济的生产方式和商业模式，对人力资源提出了更为迫切的要求，即市场亟须具备数字技术学习和应用能力以及跨学科综合能力的数字型人才。为了顺应数字经济发展浪潮，企业积极调整战略，优化人力资本积累，全面提升人力资本水平，而这一举措又将推动企业技术创新能力的有效提升。阎世平等（2020）研究发现，在数字经济时代，随着全新的数字化生产方式、数字化业务流程的出现，人工智能对低技能劳动者的替代效应愈发凸显。新一轮科技革命和产业变革将促使低技能劳动者不断学习，积极参与各种技能训练，以提升自身核心竞争力，从而将有助于社会总体人力资本水平的提升。人力资本作为知识、技术、经验、能力和智慧的综合体现，是科技创新投入的核心要素，提升人力资本水平是实现高水平创新的必由之路。上述分析结果表明，随着数字经济的发展，人力资本水平不断提高，有助于推动创新的高质量发展。

2. 产业结构

数字经济将重塑传统产业。首先，随着数据、数字技术等数字生产要素的应用，数字经济将重塑企业的生产、管理、销售等各环节。数字化的生产方式和智能化的设备应用促使生产质量与创新效率大幅提升。其次，发展数字经济有利于实现规模经济，即通过高效的数字化生产运营，可降低生产成本并提高产能。同时，发展数字经济还能实现范围经济，即通过数字平台和网络的连接，扩大经营范围，实现更广泛的销售和服务。最后，发展数字经济还可实现长尾效应，即通过数字技术推动个性化市场的发展，满足消费者多样化需求，从而提高产品和服务的附加值。

数字经济将催生数字产业的发展壮大。首先，数字经济通过吸引、集聚、整合创新要素，催生了一批新兴数字产业，成功打造了数字产业集群。这些数字产业以数字技术为核心，具有较高的创新性和增长潜力。数字产业的兴起不仅为经济增长提供了新动力，也为创新提供了新的平台和机会。其次，数字产业提供了多样化的数字产品和服务，创造了新的商业模式和产业生态，促进了创新的跨界融合。

（三）数字经济发展对创新影响的非线性溢出效应

根据“梅特卡夫定律”，创新投入的增加不一定会线性地提高创新绩效，相反，增加创新投入可能会导致创新绩效的递减。数字经济对创新的作用机制是一个动态、非线性的过程。在数字经济的探索阶段，技术发展水平并不稳定，信息通信基础设施还未完善，网络覆盖率较低，终端渗透缓慢，搜集信息代价较大，此时开展创新活动需要投入大量的资金和人力资源。随着数字经济规模的扩大，技术发展水平逐渐提高，收集和获取信息的成本下降，此时开展创新活动的门槛也相应降低，创新研发的边际成本随之下降，创新收益开始积累。在这一阶段，数字技术的进步使得数据的获取、处理和分析更加高效和准确，还提供了新颖的创新工具和平台，为创新提供了更广阔的空间。随着数字经济规模的持续扩大，搜索、获取信息的成本继续降低，创新活动的开展将更加便捷和高效，创新溢出效应也将显现。同时，还会吸引一些企业、投资者和政府投入到创新领域，创新主体可以更容易地获得资金、技术和市场支持。

第二节　数字赋能中国式创新的理论分析

一、数字经济核心理论

数字经济作为一种新经济形态，迫切需要对与之相关的一系列经济新形态和新模式加以理论阐释和分析，以便厘清数字经济的发展规律，并为其发展提供理论指导。当前，数字经济的理论研究主要集中在新古典经济学领域、新制度经济学领域以及与管理学的交叉领域。下面将着重探讨经济增长理论、产业组织理论、网络效应理论、长尾理论及创新管理理论对数字经济发展的支持作用。

（一）经济增长理论

经济增长理论提出经济增长的核心要素为土地、资本与劳动。1776年，亚当·斯密（Adam Smith）发表了《国富论》，指出劳动生产率的提高是经济增长的关键要素；劳动力数量的增加对经济增长起重要作用；资本的积累可以促进经济增长。让·巴蒂斯特·萨伊（Jean Baptiste Say）于1803年首次提出了“生产要素三元论”（the law of markets），这一理论与亚当·斯密的思想相似，都强调劳动、资本、土地在经济增长中的重要地位。19世纪末期，马歇尔在其著作《经济学原理》中首次将“企业家才能”作为独立的生产要素引入经济学中，并提出了“生产要素四元论”，拓展了经济增长理论的研究。20世纪中叶，经济学家弗里德里希·哈耶克（Friedrich Hayek）观察到信息对经济增长的促进作用，故将其作为新的生产要素。数字经济时代，数据成为了重要的生产要素。数据要素即生产经营过程中数字化信息、数据和知识的集合，具有非稀缺性、强流动性、非排他性等特征。数据要素还可与土地、资本、技术等传统生产要素深度融合，加速知识的积累和传播，扩大市场规模，从而催生更多新的经济增长点。

（二）产业组织理论

产业组织理论的研究在发展中衍生出不同的学派，主要包括哈佛学派、芝加哥学派和新产业组织学派等。哈佛学派和芝加哥学派主要研究产业内部的市场结构，试图探索企业之间的关系，例如不同企业及不同行业之间的利润差异成因等。20世纪70年代后期，以施瓦茨、沃特森为代表的学者将信息经济学理论与垄断竞争的博弈模型有机融合到新产业组织理论中，形成了统一的方法论，为市场结构和企业行为的研究提供了全新的视角和分析工具。20世纪80年代，迈克尔·波特等学者通过理论模型和实证研究在产业组织理论中引入了产业融合、产业集聚等概念。产业融合是指不同产业之间的交叉融合，形成新的产业集群。产业融合是由技术、市场和组织等要素的交互作用所驱动的，通过改变产业竞争格局和企业组织形式，从而实现经济效益；产业集聚是指一定地理区域内，同一产业的企业和相关机构相互聚集，从而实现规模经济。数字经济时代，产业融合和产业集聚是重要的经济现象和趋势。数字技术的快速发展和广泛应用，推动了不同产业之间的融合和集聚，使传统产业与数字经济产业之间的联系更加紧密。此外，产业集聚在数字经济时代呈现出虚拟集聚的新特征。通过数据信息融合和网络空间的紧密耦合，不同产业实现了线上与线下的深度融合，打破了传统产业边界和地理空间限制，推动了创新能力的提升。

（三）网络效应理论

网络效应理论（network effect theory）是由以色列学者 Michael L. Rohlfs 于 1974 年提出的，他在当年的一篇论文 *A Theory of Interdependent Demand for a Communications Service* 中首次提出了网络效应的概念。网络效应指的是，用户或消费者从某种商品或服务中获取的效用与该网络中的用户或消费者数量相关。网络中用户或消费者数量越多，商品或服务对个人的效用和网络价值越高。网络效应理论不仅解释了用户人数对网络价值的影响，还揭示了数字经济中的市场竞争格局，并在一定程度上解释了数字经济中的价值增长机制。数字经济时代，很多产品和服务都是基于网络构建的，例如社交媒体、电子商务平台等。这些产品和服务的价值往往取决于用户数量和用户交互。随着用户规模的扩大，用户间的交流也会增加，产品或服务的价值也随之提升，从而吸引更多用户的参与，形成良性循环。网络效应理论也揭示了垄断和寡头的发展规律。在数字经济中，"赢者通吃"现象普遍存在，领先者往往能够稳定地占据市场主导地位，而后来者很难逆袭。随着用户规模的增长，网络产品或服务的价值相继增加，用户的黏性也持续增强，对后来者进驻市场的接受度也持续走低。而此时领先者形成了市场上的垄断或寡头竞争，能够享受更大的规模经济和网络效应带来的优势。

根据上述特点足以证明网络效应理论有助于指导数字经济时代的创新发展。在数字经济时代，创新往往是基于网络平台和生态系统进行的，通过不断优化和延展网络效应，能够实现产品和服务的创新和升级。要想在数字经济中取得成功，除了需要拥有创新能力外，还需要充分利用和发挥网络效应，构建良好的用户生态。因此，在数字经济时代，理解和应用网络效应理论对把握数字经济发展的趋势与规律，促进中国式创新的发展具有重要意义。

（四）长尾理论

长尾理论最早由 Chris 于 2004 年提出，该理论认为，在互联网时代，由于数字化和网络化的特点，市场上的产品和服务的需求呈现出一个长尾分布的特征。传统经济学中，市场需求主要集中在少数热门产品上，而长尾理论则认为，在特殊时代，消费者更容易获得各种各样的产品和服务，因此市场需求会逐渐从热门产品向长尾产品延伸。尽管长尾产品单个销量不大，但由于其种类繁多，累加起来的销量却可与热门产品媲美甚至超越，这便是“长尾效应”的核心。在数字经济时代，长尾效应的出现概率更加显著。这是因为数字经济时代，厂商的营销活动不再受到时空限制的束缚。数字化网络中的信息在时间维度不断积累，在空间维度不断扩张。同时，数字化网络能够准确捕捉到消费者个性化需求。产品与服务营销的便利性以及对消费者个性化需求的捕捉，拓宽了市场中产品种类的边界。定制化生产与服务所占市场份额不断扩大，更多长尾需求得到满足。

总之，长尾理论为数字经济提供了理论支持，其揭示了在数字化时代，通过降低销售门槛和成本，可以让更多的长尾产品得以销售，从而实现市场的多样化和个性化。这种多样性和个性化的供应能够更好地满足消费者的需求，提高市场的效率和促进整体经济的发展。因此，长尾理论帮助人们更好地理解数字经济中市场的运作机制，并为企业和消费者提供了更多的机会和选择。

（五）创新管理理论

创新管理理论为数字经济赋能企业绩效提供了一个全新的解释性框架。创新的定义最早起源于约瑟夫·熊彼特，他认为创新是建立一种不同于以往生产要素与生产条件结合方式的新型生产函数的过程。随后，以达夫特为代表的学者扩展了熊彼特的思想，提出了创新“双核心”理论，并将企业的创新分为技术创新和管理创新。其中技术创新通常涉及研发新产品、改进生产工艺、引入新的生产设备等方面。管理创新则专注于企业的组织和管理方式，具体包括改进企业的组织结构、工作流程、人力资源管理、市场营销策略等。随着数字经济的迅速发展，创新管理理论也在不断演进和适应新的挑战。数字经济时代，企业组织结构向平台化和生态化转变。企业不再是孤立的创新主体，而是通过网络节点和数据实现与其他企业和用户的实时信息交互和合作。开放创新理论提供了合作伙伴选择、知识共享和价值共创等方面的支持，帮助企业建立和管理创新生态系统，实现创新的加速和优化。此外，在数字经济环境下，个体用户也成为创新的重要参与者。用户通过数字技术和社交媒体可以直接参与到产品和服务的创新中，形成以用户为中心的创新模式。用户参与创新理论提供了用户协作、用户反馈和用户体验的思路，帮助企业更好地与用户进行互动和合作，以充分发挥用户创新的潜力。总而言之，合理运用创新管理理论，有助于企业更好地适应数字经济环境的特点和挑战，提高创新的效率和质量。

二、赋能理论

赋能理论最早可追溯到行为科学和管理学领域。它在 20 世纪 80 年代末和90年代初受到广泛关注，被视为一种新的管理范式。与传统的科学管理理论相比，赋能理论强调的是通过权力下放、让渡或委托等一系列管理行为，实现组织的绩效提升。Wilkinson(1998)将赋能描述为组织内部权力的转移和再分配，通过组织结构的调整赋予员工在决策和权力上的自主性。Perkins和Zimmerman(1995)将赋能概括为通过组织实践活动提升效能，使个体和组织拥有对客观条件和环境更强的掌控能力。赋能理论应用于企业和组织管理，旨在摆脱层级结构和自上而下模式给组织成员带来的限制，鼓励成员建立信任关系，增强归属感和成就感，并在权力和决策上给予更多自由，推动共同治理，有利于集众人所长，群策群力。这种新型管理模式满足了马斯洛需求层次理论中人们对尊重和自我实现等高层次价值需求，通过激发内在动机提升个人效能和组织绩效。赋能理论在实践中具有诸如共同治理、参与式管理、价值共创、职场民主化等多重定义和描述，共同强调的内涵是权力的扁平化和成员的自主性。

随着赋能理论研究的深入，诸多学者将赋能划分为结构赋能、心理赋能和资源赋能三个关键维度。其中结构赋能强调组织内部成员在权力分配和决策制定中的参与，鼓励各级员工群策群力，加强组织协调和沟通。通过改变外部情境条件(如社会、经济、文化、组织等)来给予民众采取行动的力量。心理赋能关注改善社会心理和内在动机等主观感受，从而提升成员对工作的满意度和积极性。资源赋能聚焦于资源的获取和管控，使资源能够被高效整合与利用。根据研究情境的差异，赋能概念同时也被划分为顾客赋能、平台赋能、数字赋能、员工赋能、产品(服务)赋能等维度。

提炼上述学者的研究发现，赋能理论强调通过提供资源、能力和机会，促进个体或组织的发展和创新。在数字经济中，赋能理论可以帮助中国企业和创新者充分利用数字技术的优势，提升创新能力和竞争力。首先，赋能理论提供资源支持。数字经济的发展需要大量的技术、人才和资金等资源，而赋能理论通过提供投资、培训和合作等方式，帮助中国企业和创新者获取所需资源，推动创新发展。其次，赋能理论提供能力支持。数字经济的发展需要具备数字技术和管理能力，而赋能理论通过知识传授、技术支持和管理咨询等方式，提升中国企业和创新者的能力，使其能够更好地应对数字经济的挑战和机遇。最后，赋能理论提供机会支持。数字经济的发展充满机遇和变革，而赋能理论通过创业孵化、市场拓展和政策支持等方式，为中国企业和创新者提供更多的机会，激发创新活力。

总之，赋能理论对数字经济赋能中国式创新的支持作用不可忽视。通过提供资源、能力和机会支持，赋能理论助力中国式创新在数字经济中蓬勃发展。

三、数字赋能中国式创新的核心理论

数字经济作为新时代经济发展的新动能，对经济社会产生全方位和深层次的影响。数字经济时代，中国式创新需牢牢把握数字经济所具备的创新性、开放性、敏捷性、适应性和融合性等技术-经济特性，充分发挥数字经济的赋能作用，以数字创新为核心驱动力，实现蓬勃发展。下面将分别从创新前因、创新机制及创新产出三个方面分析数字赋能中国式创新的理论基础。一是数字经济赋能中国式创新的前因，主要包括内部驱动因素和外部驱动因素。其中，内部驱动因素包括数字化转型战略、组织资源、组织能力、组织特征等与组织本身特性相关的因素，外部驱动因素包括数字技术和市场需求等外部环境因素。通过梳理相关文献，笔者总结了与数字赋能创新前因相关的理论，如数字化转型战略理论、数字技术可供性理论、动态能力理论、数字平台理论、组织学习理论、高阶梯队理论、资源编排理论等。二是数字经济赋能中国式创新的机制，主要与以下理论有关：数据要素市场化配置理论、知识管理理论、双元创新理论、价值共创理论、创新生态系统理论等。三是数字经济赋能中国式创新的产出，主要包括技术层面的数字技术范式创新，企业层面的新产品、新服务、新流程、新商业模式，社会层面的数字红利、数字创业、数字政府、数字环境、数字社会等。支撑理论涵盖技术范式理论、破坏性创新理论、商业模式理论、价值创造和价值获取理论等。如图 4-1 所示。

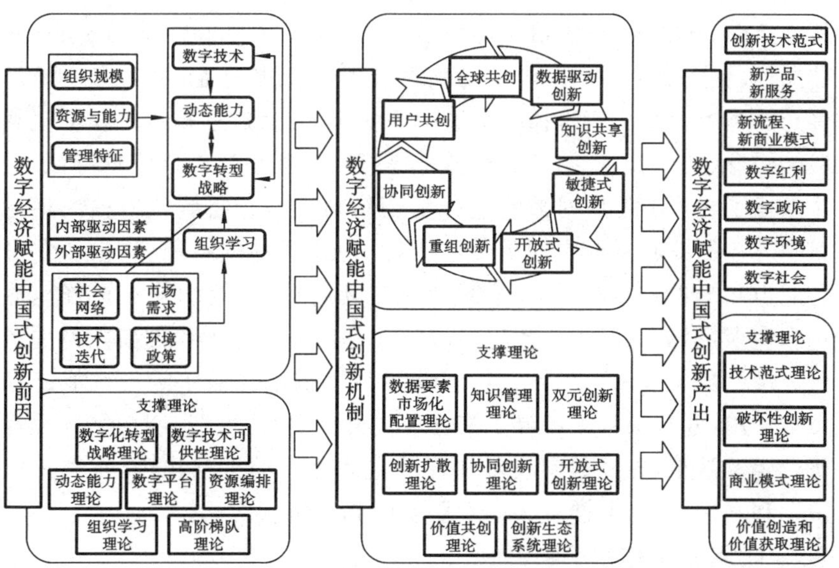

图 4-1 数字经济赋能中国式创新的理论框架

本书遵循“前因—机制—产出”的研究脉络，基于过程视角，从创新前因、创新机制与创新产出三个方面建立了数字经济赋能中国式创新的理论框架，以期为数字经济赋能中国式创新的全过程提供理论依据，保障数字赋能作用的有效发挥。

（一）数字赋能中国式创新前因相关理论

现有研究关于数字赋能中国式创新前因的相关理论主要包括数字化转型战略理论、动态能力理论、资源编排理论、数字平台理论、高阶梯队理论、组织学习理论、数字技术可供性理论等。数字化转型战略理论强调数字化行为和战略活动在数字经济赋能过程中发挥着自觉、能动、创造的作用。实施独立的数字化转型战略，有利于更好地应对数字经济的机遇和挑战。动态能力理论揭示了企业与组织的竞争优势不仅仅源于其拥有的资源和能力，更重要的是其如何利用和整合这些资源和能力来适应不断变化的市场环境。在数字经济时代，市场的变化速度更快，竞争更加激烈，因此企业与组织需要具备更强的动态能力来适应这种变化，而动态能力理论为数字经济赋能中国式创新提供了强有力的支撑。资源编排理论认为，数字技术连接了众多组织和个人，释放了异质性主体作为创造价值的资源（例如数据）潜力。而且，在数字技术的驱动下，资源编排组合与动态变化的有机统一，创造出多样化、规模化的解决方案，扩大了创新可以利用的资源组合和类型。数字平台理论认为，数字平台是建立在数字化技术基础上的，以其灵活性、开放性、可供给性等特点，正逐步成为创新活动的核心，并渗透进汽车、航空航天、媒体、电子与信息技术等众多行业，可为客户提供多维整合的解决方案。高阶梯队理论主要从认知能力、感知能力和价值观等心理结构，以及年龄、任期、职业、教育等可客观度量的人口背景特征出发，具体阐述了管理者特质对战略选择和创新的影响。组织学习理论阐述了组织学习在创新和发展中的重要性，通过持续观察创新环境，主动学习所需的能力和知识，并调整创新模式或制定新的战略，组织能够更好地适应变化和实现目标，这对于在数字经济时代中具有竞争力和创新能力的组织十分关键。数字技术可供性理论强调了数字技术在数字经济赋能过程中的关键作用，并从根本上解释了其在业务升级、价值创造、新产品开发等方面所产生的效果，以及数字技术和行动主体之间的交互作用，有利于机会的识别和利用，从而创造更多的发展空间和竞争优势。

1. 数字化转型战略理论

数字化转型战略理论作为数字经济赋能中国式创新前因的理论基础，为企业及其他相关组织提供了从传统经济向数字经济转型的思路和方法，帮助企业及组织把握数字经济带来的机遇,并以创新为核心驱动力,通过引入新的技术、业务模式和管理方式,完成企业及组织的内部驱动转型和升级,实现可持续创新发展。

数字化转型战略理论,简而言之,可概括为一种内部运作机制,通过技术变革、组织结构和外部环境等必要条件,结合创新机制和集成机制,推动商业模式、组织架构和业务模式的全面转变,以提升企业及组织的创新绩效。Andrew McAfee(2017)在其著作《机器、平台和大数据:数字化转型的力量》中提供了关于数字化转型战略理论的洞察和思考。从战略视角来看,产品和服务的数字化将超越企业边界和供应链的范围,扩展到跨越传统行业边界的生态系统。而多平台的网络效应创造了快速扩张的潜力。在信息丰富的条件下,数字化转型的战略规模将越来越大。此外,数字化转型战略的价值创造和获取的来源主要通过多元化商业模式创造价值,通过网络中的协同业务模型获取价值,最后通过控制数字产业架构来实现价值分配。还有学者认为,数字化战略相对传统 IT 战略更趋向于如何构建公司未来的产品与服务,促进企业内部流程改造与效率提升;如何更好地参与或组织整个行业生态,推动创新高质量发展。

2. 动态能力理论

动态能力理论为数字经济赋能中国式创新前因提供了坚实的理论支撑。首先,动态能力理论强调组织的适应和学习能力,能够快速识别和适应市场需求和技术创新的变化,对数字经济中快速变化和不确定性的环境具有重要意义。其次,数字经济时代的创新需要快速迭代和持续优化,动态能力理论向组织提供了敏捷创新和快速学习的指导,使组织能够不断适应市场需求和技术变革,实现资源的整合和协同创新,从而作为内部驱动因素赋能组织,推进中国式创新。

动态能力理论起源于 20 世纪 90 年代,在企业资源观的基础上强调了企业的动态能力和变革能力,认为企业需要具备适应变化和创新的能力,不断调整和更新资源的能力,以适应快速变化的市场环境和技术发展。Teece 等学者(1998)认为,在快速变化的市场环境中,企业的竞争优势来源于其独特、难以模仿的整合知识、技术、创新资源、品牌声誉、人才队伍、合作伙伴关系等资源的能力,而这种动态能力能够创造新的价值。数字经济背景下,关于动态能力理论的解释观点主要有两种,即“能力说”和“惯例说”。其中,“能力说”强调在数字经济中企业应该培养和发展敏捷性、灵活性和创新性的能力,以应对日新月异的市场环境。企业培养动态能力,不仅需要企业对现存的能力与资源进行评估与优化,还需积极获取和扩充新的资源,以便取得持续的竞争优势。而“惯例说”则强调企业应在稳定的组织惯例和流程中寻求效率,通过标准化、规模化和流程优化来提高生产力。

尽管不同学者对动态能力的定义和解释存在差异，但这些观点都强调了动态能力在数字经济时代背景下的重要性。企业需要具备适应变化、学习和创新的能力，以应对快速变化的竞争环境，并持续提升自身的竞争力。

3. 资源编排理论

资源编排理论作为数字经济赋能中国式创新前因的理论基础，通过整合资源推动创新、满足个性化需求和构建平台经济，为中国式创新提供重要支持和保障。Sirmon 等学者(2011)基于资源基础观与动态能力理论的思想，提出资源编排理论，即通过对企业已有的资源进行整理编排、捆绑资源，提高企业能力并利用能力实现企业最大价值，提高企业竞争力。资源编排理论强调，通过合理的资源配置和整合，实现资源的最优利用和协同效应。在数字经济时代，大量的数据和信息需要被整合和利用，通过资源编排可以将各种资源进行有效整合，提高资源利用效率，为创新提供更好的支持。此外，数字经济时代，个性化需求和定制化服务成为重要趋势。资源编排理论可以通过对个体需求的准确识别和资源的个性化配置，实现更好的定制化服务。通过资源编排，可以将不同的资源按照个体需求进行组合和配置，提供更加个性化的产品和服务，满足用户的多样化需求。通过资源的编排和整合，还可构建良好的生态系统，促进各种资源的互动和共享，实现平台经济的良性循环和可持续发展。

4. 数字平台理论

数字平台理论强调，资源整合、网络效应、创新生态系统的构建、用户参与和需求互动，为数字经济赋能中国式创新前因提供了理论基础。数字平台作为内部驱动因素打造组织持续创新的能力，进而推动中国式创新的快速发展。第一，在数字经济时代，信息和数据的价值变得极为重要，平台可以通过整合各种资源，包括技术、资金、用户等，实现资源的高效利用和共享，从而为创新提供更好的条件。第二，平台具有网络效应，随着平台用户数量的增加，平台的价值会呈指数级增长。这种网络效应可以促进创新的快速扩散和传播，使得创新更具规模效应和影响力。第三，平台可以建立一个开放的创新生态系统，吸引各类创新主体参与其中，包括企业、创业者、研究机构等。通过平台的协同作用，不同主体可以共同创造和分享价值，推动创新的发展。第四，在平台经济中，用户是创新的重要参与者和驱动力量，他们的需求和反馈可以直接影响创新的方向和内容。平台可以通过用户参与和需求驱动，实现创新的个性化和定制化，提供更符合用户需求的产品和服务。

当前，学术界针对数字平台理论的研究呈现出跨学科交叉的趋势。数字平台作为数字经济的核心组成部分，引起了不同学科领域的学者的广泛关注和研究。例如：Gawer 等学者(2002)分别从经济学视角与工程设计视角对数字平台展开了研究。在经济学视角中，数字平台被看作是一种市场机制，即连接供应商和消费者的中介角色，主要关注平台的市场结构、市场动力和市场效率，研究平台如何塑造产业生态系统、影响市场竞争和创新。在工程设计视角中，数字平台被视为一种技术架构，主要关注平台的技术组成、架构设计、功能特性等方面，以及如何通过技术设计和实现来支持平台的运作和发展。随着学者对数字平台特性的研究持续深入，越来越多的平台从单一的交易属性向创新属性转变，以及兼具交易和创新双重功能的复合型数字平台也在不断涌现。

基于管理学视角，Gawer 和 Cusumano 所著的《平台领导》(2002)为数字平台理论研究提供了深刻的洞见。首先，他们将数字平台视为一种特殊的组织架构，强调了平台的模块化特点和“核心-边缘”架构。这一观点强调了数字平台如何通过构建和管理不同模块，以实现高效的合作和创新，从而在数字经济中获得竞争优势。其次，他们探讨了平台领导的实现所需的决策领域，如“范围”“产品技术”“与互补企业的关系”“内部组织”等，为数字平台取得在创新生态系统中的核心地位打下坚实的基础。再次，他们对数字平台的治理与创新展开了深入研究，并认为平台的治理形式逐渐从集中到分散、从封闭到开放，这反映了平台内部和外部合作关系的变化。而这种变迁对数字经济时代企业的治理和创新机制有着重要启示，促使企业更加开放和灵活地与其他参与者合作。最后，他们强调了平台生态系统的构建和管理，平台通过提供开放的技术接口、共享的资源和丰富的生态系统，吸引和激励各方参与者进行创新活动，共同创造更大的价值。

5. 高阶梯队理论

高阶梯队理论作为数字经济赋能中国式创新前因的理论基础，强调了培养高素质人才、推动协同创新和加强合作的重要性，并阐述了具有高素质管理特征的数字人才作为内部驱动要素能帮助企业及组织在数字经济时代实现创新发展。在数字经济时代，技术创新和创业需要具备高水平的人才支持。高阶梯队理论认为，人才是推动创新的核心力量。数字经济时代，中国需要培养更多高素质的人才，并促进跨界融合，打破创新壁垒，形成创新生态系统，进而赋能中国式创新的蓬勃发展。

高阶梯队理论是由 Hambrick D. C. 和 Mason P. A. 于 1984 年正式提出。他们将有限理性应用于组织管理和高层管理团队领域。高阶梯队理论认为，随着市场竞争越来越激烈，企业不能再靠企业家个人单打独斗，必须以高效的团队方式进行运作，高层管理团队作为连接企业内外部的关键角色，他们的心理特质(认知能力、感知能力和价值观等)会影响企业战略的制定和执行，进而影响企业的行为。随后，学术界涌现了大量关于高层管理团队与企业绩效、企业变革以及企业创新等方面的研究。这些研究探讨了高层管理团队在决策制定、战略规划和组织管理等方面对企业绩效的影响，以及其在推动企业变革和促进创新发展的作用。Carpenter 等学者(2001)提出了高层梯队理论的修正模型，并指出高层管理团队是指处于企业领导层，负责制定和具体实施企业发展战略的管理者所构成的团队。同时，高层管理团队的特质和企业的成长是互相影响的非线性关系，并首次用高层管理团队的认知、技能和行为等代替了高层管理团队的人口统计学特征。

通过文献梳理可以发现，起源于国外的高层梯队理论经过了一系列演变过程。最初的研究是聚焦在企业家或者领导人个体的人口统计学特征对企业绩效产生的影响方面；随着数字经济时代的发展，针对高层管理团队的管理与数字特征结合对企业绩效的影响也展开了研究。部分学者揭示了高层管理团队特征对企业创新产生的影响，引入并检验了高层管理团队的外部网络联系在高层管理团队多样性与企业创新的关系中所起的作用。

6. 组织学习理论

组织学习理论作为数字经济赋能中国式创新前因的理论基础，通过强调企业及组织内部的知识积累和共享、组织学习能力的培养和提升以及跨越组织边界的合作与协同的重要性，为企业及组织在数字经济时代实现创新提供了理论支持和指导。

组织学习理论认为，在企业的全部资源中，知识是潜藏于技能中的宝贵资源，正是知识和与知识密切相关的学习为企业带来了竞争优势，这一点是对资源基础论忽视资源或者能力创造过程的较好补充。从根本上讲，企业是凝聚知识的关键载体，其知识储备决定了其资源配置与创新活动的投入，最终在产量与市场份额中显示出核心竞争力。因此，知识的创造和学习过程是企业获取竞争优势的首要资源，而组织学习泛指组织为谋取和保持竞争优势，从而不断搜寻、获取、整合、利用及创新知识的能力。组织往往很难获得特定的市场知识，因为这些知识往往是隐性的，难以明确表达、传授和估价。学术界对组织学习的现有研究大多侧重于学习的认知和行为特征等方面，主要关注如何获取、传播和整合知识，以及如何克服组织学习的障碍。组织学习的程度主要由组织的学习意愿和能力、组织对新知识和新学问的接纳能力以及将个体知识编码和整合，并将其转化为可共享和复制知识资产的能力这三方面来决定。Hamel(1991)认为，对于组织学习而言，组织内部的合作和协调能力比传统的管理结构更具有价值。随着组织学习的深入，企业能够整合并利用现有知识，同时积累新知识和经验，从而为产品开发、技术采用和流程改进等创新活动提供动力。此外，有学者研究发现，组织学习是企业提升创新能力的关键过程。

7. 数字技术可供性理论

数字技术可供性理论强调了数字技术的普及性、易获得性、开放性和共享性，以及降低创新门槛和成本的重要性。这些理论观点在中国的创新实践中得到了验证和应用，推动了中国式创新在数字经济时代背景下的蓬勃发展。

可供性(affordances)的概念由心理学家詹姆斯 J. 吉布森(James J. Gibson)在 20 世纪 60 年代提出。可供性是指环境中物体或场景所提供的行动和使用的潜在可能性。吉布森认为，人类的感知不仅仅是对物体的感知，还包括对物体的功能和使用方式的感知。此外，物体的可供性是基于物体的属性和人类感知能力之间的互动。物体的形状、大小、纹理等属性可以向人类传达关于如何操作和使用它们的信息。例如，一个椅子的形状和结构暗示着它可以被坐在上面，这是它的可供性之一。可供性不仅仅是物体本身的属性，还取决于人类感知能力和经验。可供性的概念强调了环境和行动之间的关系，它深刻地阐述了环境不仅仅是被感知的，还是可以与之互动和利用的。通过感知环境中的可供性，能够快速识别和选择适当的行动，并与环境进行有效的交互。

随着时间的推移，可供性的概念在不同领域的研究中得到了广泛的讨论。Markus 和 Silver(2008)参考社会技术理论引出了技术可供性这一概念。他们认为，技术工具的设计应该考虑用户的需求和能力，并提供明确的功能示范性和符号表达，以便用户更好地理解和使用技术。这些研究扩展了可供性的内涵和应用领域，并为技术采纳和使用的研究提供了有益的理论视角。而在数字经济背景下，技术可供性还反映了数字技术对经济活动和价值创造的潜在影响。具有高度可供性的技术可以促进创新和提高企业的竞争力，并提供全新的商业模式、较强的数据分析能力和高效的生产流程；技术可供性可以帮助企业在数字经济中获得竞争优势。而在数字化转型的过程中，技术可供性还可通过优化业务运营和市场决策的方式最大化地发挥企业和组织的创新潜力。总之，借助这一理论视角可以有效剖析数字经济时代企业价值创造的过程，同时也为揭示数字技术对数字创新及其企业绩效提供了新的参考。

(二) 赋能中国式创新机制相关理论

结合创新前因分析发现，数字经济赋能中国式创新是一个复杂的多维现象，要求站在整体角度全盘考虑，利用内部驱动因素与外部驱动因素全面推进技术、产品、服务、流程、商业模式和组织等数字创新发展，而在此过程中，数据驱动的创新、知识共享创新、敏捷式创新、开放式创新、重组创新、协同创新、用户共创、全球共创等创新机制的赋能作用显得尤为重要。

纵观数字经济赋能中国式创新机制的文献研究发现，这些机制背后所涵盖的理论来源在于数据要素市场化配置理论、知识管理理论、双元创新理论、创新扩散理论、开放式创新理论、协同创新理论、价值共创理论、创新生态系统理论等，具体分析如下。

数据要素市场化配置理论认为，数据作为数字化转型的核心驱动要素，具有高度流动性，可以在不同的系统、平台和组织之间自由流动，庞大的数据存量只有通过流动才能发挥最大作用。而数据要素市场化改革旨在通过市场机制和合作模式，促进数据的流通和共享，从而推动数字经济的发展和创新。知识管理理论认为，在数字经济时代，随着 5G、物联网、云计算等数字技术的不断发展，组织不仅可以更好地管理和利用知识资产，还能获得更准确、实时的信息和洞察，支持决策制定和业务优化，这些技术的应用使得知识管理过程更加数字化、智能化。双元创新理论从不同方面解释了两种创新方式(探索式创新与利用式创新)对数字创新绩效产生的积极影响。开放式创新理论认为，通过数字赋能，创新过程变得更加开放、多元。创新主体可以通过整合外部资源、利用开放创新平台、借助用户参与和数据驱动等创新模式，创造出更具特色的、可持续的创新价值。创新扩散理论系统地阐明了创新在社会系统内扩散的动态过程及其影响因素。创新扩散是一个渐进式时间序列过程，遵循特定的扩散模式和规律性，受到创新本身特征、传播渠道、社会系统结构等多重因素的综合影响。尤其在数字经济时代，数字技术通过重塑创新扩散的关键影响因素，为创新扩散注入新的动力。具体而言，数字技术赋能创新产品的核心属性和功能特征，优化创新信息的传播渠道和方式，重构社会系统的网络拓扑结构，从而加速和促进创新在整个社会系统内的高效扩散。协同创新理论揭示了在数字化时代，知识、技术、资金、信息和人才等创新资源如何通过数字化手段，在不受时空限制的情况下，高效地汇聚、充分整合并实现共享。这种协同创新的方式能够促进资源的优化配置，并实现不同产业、平台和组织之间的能力互补，从而推动深层次的创新合作。价值共创理论强调了创新主体如何通过共享资源、知识和技术，共同创造出更高的价值，从而实现互利共赢的局面。创新生态系统理论提供了一个全新的视角，强调了创新过程中多个参与者之间的相互作用和互动关系。通过建立开放合作的创新生态系统，为创新效能的提升提供了良好的土壤，有利于推动数字赋能创新的发展。

1. 数据要素市场化配置理论

数字经济时代，数据成了最重要的生产要素之一。数据的获取、处理和利用对于创新具有重要意义。数据要素市场化配置理论作为数字经济赋能中国式创新机制的理论基础，强调数据的价值和流动性，通过市场机制实现数据的高效配置，真正地让数据要素流通起来，最大程度地发挥数据要素的价值，创造最佳的经济效益。

数据要素市场化配置理论是指将数据要素（如数据资源、数据技术、数据服务等）视为一种经济要素，并通过市场机制进行配置和交易。李直和吴越（2021）认为，由于数据要素具备独特的使用价值和存在形态，导致其与普通商品和生产要素呈现出三种不同的特征：一是数据在原始状态下是一种抽象的符号表示，需要经过适当的技术处理和算法分析，才能转化为有用的知识和智慧，进而指导决策和优化生产过程；二是与传统的生产要素（如劳动力、土地、资本等）不同，数据要素可以在几乎不耗费成本的情况下进行无限复制和传播，这种特性使得数据要素具有很高的可扩展性和重复利用性；三是多个实体可以同时使用相同的数据，而不会互相排斥。此外，数据的价值和效用往往会随着使用的规模扩大而增加。

在理论层面上，陶卓等学者（2021）提出的数据要素市场化配置的理论框架涵盖了四个维度，即数据要素、数据主体、数据载体和制度机制。郑国强等学者（2023）研究发现，数据要素市场化可以通过加强其溢出、示范和协同效应，推动企业技术创新升级，进而产生“1＋1＞2”的协同创新效应。

2. 知识管理理论

知识管理理论将知识视为一种重要的战略性资源，对提升组织的竞争力具有关键性作用。在数字经济时代，信息技术的快速发展和数字化的转型使得大量的知识可以被快速获取和传播，而知识管理理论提供了有效的方法和工具来处理这些知识，从而为数字经济时代的创新提供了发展基础。

知识作为一种独特且难以仿效的资源，具备推动技术、产品或战略创新的潜力，故其可为组织带来长久的、可持续的竞争优势。如何有效地实施知识管理以提升自身创新能力和核心竞争力成为学术界关注的焦点问题之一。Von Krogh（1998）强调知识管理是通过识别和利用共享知识来促进组织竞争；Alavi 及其团队（2001）将知识管理看作是一项复杂流程，涵盖了内部知识的创造、外部知识的获取、知识的有效存储、知识的实时更新和跨越壁垒的知识共享等，只有对上述流程进行全面监控与综合管理，才可提高组织的创新和绩效，从而使其在竞争中占据优势。

随着人工智能、云计算等数字化技术的迅猛发展和广泛应用，数字化知识管理已成为企业不可或缺的战略性和竞争性管理手段，其所带来的巨大价值不容忽视。因此知识管理理论也逐渐向数字化转变，引起了学术界、企业界的广泛关注。现有文献将数字化知识管理定义为利用数字技术和工具来获取、搜索、共享和应用知识的过程。它将传统的知识管理方法与现代的数字技术相结合，以提高知识管理的效率。数字化知识管理理论还搭建了由数字化资源、数字化信息及数字化服务组成的数字化知识体系来支撑整个知识管理系统，使组织能够更好地利用知识资源，进而实现对知识管理流程的自动优化，从而显著提升组织的决策和创新绩效。

3. 双元创新理论

双元创新理论提出的探索式创新和利用式创新是数字经济时代赋能中国式创新发展的重要机制。探索式创新有助于利用数字化搜寻和把握新机会，通过试错、快速迭代、学习和调整的方式来探索新的想法和解决方案，从而提高竞争优势和创新能力。利用式创新有助于利用数字技术优化和改进现有的资源、方法和模式，从而提高组织的效率、降低成本、增加价值，并推动创新的可持续发展。

双元创新这一概念最早是由美国学者 Duncan 在 1995 年引入，他主张组织应同时拥有两种不同的创新能力，并将同时拥有两种创新能力的组织形象化为“双元性组织”；Benner 和 Tushman(2003)在其研究中，首次将这种双元概念运用于创新理论，提出了探索式创新和开发式创新(或利用式创新)的概念，并且发现这两种不同的创新方式在流程管理中所发挥的作用不同。

双元创新理论认为，创新主体为了适应环境变化的需要将两种存在对立关系的创新活动进行有机融合，其中一种是基于现有知识和资源的利用式创新，其风险相对较低，但在一定程度上会影响创新主体的短期生存；另一种是探索新想法和把握新机遇的探索式创新，其风险相对较高，且对创新主体的未来发展具有重大影响。对于企业这样的创新主体而言，要想在激烈的市场竞争中取胜，并获得长久的竞争优势，就必须同时具备上述两类创新能力。利用式创新强调对现有知识的深度挖掘和利用，主要表现为通过不断改进以实现更卓越的成果；探索式创新以勇于冒险、不断尝试、坚持探索为特征，强调在实践中的独特性及对新知识的追求，主要表现为在突破中实现创新价值最大化。因此，在数字化转型对创新的赋能作用机制中必须积极推动双元创新活动的展开。

4. 创新扩散理论

创新扩散这一概念泛指创新传播和应用的过程，以及创新在社会和市场中影响和改变的重要过程。数字经济时代，创新扩散行为的主体和流程发生了显著变化，创新扩散模式不断涌现，创新扩散的领域也越来越多元，此时创新的发展也达到了前所未有的高度。因此，通过对创新扩散理论所揭示的演化规律和赋能机制展开深入研究，可为中国式创新实践提供理论参考。

熊彼特是创新理论的奠基人，他率先将扩散引入到创新领域的研究中，并提出了“创新扩散即为企业间广泛的创新模仿行为”这一观点。在此基础上，学者们进一步探讨了创新扩散的内涵以及创新扩散的机理。Rogers(2003)将创新扩散定义为“在特定时间和渠道下，创新在特定社群中传播的过程”，这一观点凸显了创新不仅仅局限于技术创新层面，还需关注其主观传播与扩散。Schults T W(1990)认为，创新的传播渠道包括市场和非市场两个方面，它们共同促进了创新的扩散。他还指出，企业创新扩散的关键就是要解决好如何将企业所拥有的各种资源转化为有效知识。根据 Stoneman(1983)的观点，创新扩散被视为持续学习和推广新技术的过程。Kumar 等学者(2000)的研究表明，创新扩散的实质在于对引入技术的深入领会和新技术创新能力的形成和提升，并据此提出了创新扩散理论视角下的创新绩效研究框架。总而言之，创新扩散理论认为，在数字技术的创新驱动下，各个领域都迎来了更加快速的发展，产业组织壁垒逐渐被打破，资源、技术、模式等在不同行业间的流动、共享日益频繁，生态型组织和竞争模式不断涌现，在这些创新要素的共同作用下创新发展、价值共创和利益共享的步伐不断加快。

5. 开放式创新理论

开放式创新理论提倡通过开放、合作和共享的方式进行创新，强调与外部合作伙伴进行知识共享、资源整合和风险共担，联结各种创新主体，促进创新要素的流动和交互，从而实现中国式创新的快速迭代和持续发展。

开放式创新理论最初由 Henry Chesbrough 于 2003 年在其著作《开放式创新：为什么传统的商业模式已经过时》中提出。该理论强调了通过与外部合作伙伴共享和交换创新资源、知识和技术，以及将内部创新与外部创新相结合，可实现创新的成功和商业价值的创造。West(2006)认为，开放式创新是一种认知模式，它鼓励组织之间互相合作、共同创造研发成果，从而促进创新和发展。

开放式创新理论自问世以来，经过多年的演进，获得了诸多学者与创新理论研究者的广泛认同。该理论所提出的开放式创新也逐渐取代传统的封闭式创新，成为一种全新的创新研究范式。传统的内源式封闭创新主要依赖于内部高强度的研发，以获取技术垄断的优势。在相对稳定的环境中，组织采取这种模式主要依靠规模经济实现可持续增长。随着知识经济时代的到来，尤其是数字经济的兴起，封闭式创新已经无法适应新时期社会发展的需求。由于各种资源和生产要素的自由流动以及大数据、物联网等数字化技术的不断进步，交易成本持续降低，组织边界日趋模糊，使得组织获取所需知识和资源变得更加容易，这也为开放式创新模式提供了发展空间。在开放式创新模式下，组织通过与外部合作伙伴共享、交换创新资源，形成创新网络。通过跨边界的知识转移和合作将外部的创新知识和内部的创新能力相结合，使快速创新成为可能，为组织带来更大的创新潜力和竞争优势。

6. 协同创新理论

协同创新理论是指在创新过程中，不同的个体、组织或实体之间通过合作、共享资源和知识，以及相互补充的方式共同参与创新活动的一种复杂的理论框架。它强调通过合作和协同，将各种不同的专业知识、技术、经验和资源整合在一起，从而促进创新的实现。协同创新理论涉及多方面的合作，包括跨组织、跨行业、跨学科等多个维度。它可以发生在不同组织之间，也可以在同一组织内部的不同部门之间。这种合作可以是短期的项目合作，也可以是长期的战略合作。协同创新的目标是通过整合不同的知识和资源，加速创新的步伐、降低创新的风险，并产生更具创新性和竞争力的成果。这一创新机制不仅能满足数字经济时代的创新需求，还有利于提高科技创新能力的高效性、促进创新资源的融合性、增强创新能力的可持续性，是赋能中国式创新的有效方式。

协同创新理论由彼得·葛洛在继承、发展前期学者理论的基础上于2006年提出，主要融合了贝塔朗菲的系统论、哈肯的协同学理论以及熊彼特的技术创新体系，它们彼此之间一脉相承。首先是系统理论奠基阶段。系统论由贝塔朗菲于1932年首次提及，又于1976年进行了深化发展。贝塔朗菲认为，系统论是阐述系统、要素、结构、功能之间内在规律性的理论，强调任何系统都是一个具有特定结构形式的有机整体，是诸要素保持有序性的集合体，不是各要素的简单罗列或相加，每一个要素在其相应的位置上发挥其特定的价值。其次是协同学理论发展阶段。协同学理论是系统学的重要分支，继承和深化了系统理论。哈肯强调，产生协同效应必须发生在整个开放的系统，各个部分不断地进行物质交换和信息交流，才能产生非线性关系，从而使系统进行自组织的有序运转，产生巨大的能量。最后是协同创新理论形成阶段。协同创新概念是在协同学的基础上，融合了创新理论，顺应创新系统构建形成的。目前，协同创新理论定义主要从两个方面阐述。一是协同主体方面，协同创新是科研机构、企业主体、各级政府、服务中介、消费群体五元主体为实现创新驱动而形成的一种资源跨度整合组织模式。这种组织模式具有开放性，为系统外部的创新资源和系统内部创新要素的融合优化提供了可能性，便于突破创新主体间的壁垒，从而使各创新资源相互碰撞，实现系统叠加的深度合作。二是在创新内容方面，协同创新是在创新要素、创新环境、创新资源的共同作用下形成的创新方式。因为系统中的诸多要素在原始状态下处于一种无序的混乱之中，通过协同创新可以使创新系统从无序向有序态势发展，产生单独要素无法完成的整体协同效应。

7. 价值共创理论

数字经济时代背景下的价值共创理论在于利用大数据、海量资源的最优组合，实现价值创造的方式，并且在企业、消费者、供应商与服务商之间搭建起价值生态圈，令各方市场主体参与到价值创造中，通过核心技术与能力的提升满足市场的多样化需求，以此为未来创新发展贡献出一分力量，这一理论也为推动中国式创新提供了强有力的支撑。

步入 21 世纪后，新兴市场不断出现，科学技术快速发展，Prahalad (2000)根据现代化企业竞争的实质提出了价值共创的概念，改变了传统的价值创造观点。不同于传统意义上的企业创造价值，该理论将消费者视为创造价值的主体，赋予消费者价值创造的权利，将企业从单纯地利用交换把产品交付给大众的价值创造者，定义为价值促进和合作的创造者，而消费者则扮演着价值使用、价值创造、价值合作的多重角色。消费者参与企业运营活动并利用知识技能在消费端为自己带来更高质量的体验，这充分表明价值并非源自生产者，更需要消费者加入其中，也就是消费者与各方市场主体共同创造价值，但价值的最终决定权掌握在消费者的手中。由价值创造的演变历程可知，价值共创的本质在于通过利益相关主体的价值共创共享，进而实现价值最大化，而这也可以认为是数字化背景下价值共创理论的最新发展。

在数字经济赋能中国式创新的过程中，价值共创与共享实际上就是对利益相关主体资源的整合与优化过程。其共创机制可以理解为，在数字化时代，通过核心的创新平台，突破内部各要素的束缚，基于市场需求达到价值共创的目的；通过转变传统的沟通方式，强化利益相关主体之间的连接，提升生态系统的效率；整合各利益相关主体的资源，进行多元交互，为其创造更多价值的同时，也能够帮助创新平台做大做强，使各方主体共享创新价值。

8. 创新生态系统理论

作为数字经济赋能中国式创新机制的基础性理论，创新生态系统理论涵盖了系统科学、生态学及最新的创新理论研究成果，为推动中国式创新发展注入了全新的动力。其基本内涵是以“知识为基础”，一个开放互联、协同进化的有机创新生态，有助于实现资源要素的优化配置，促进区域经济社会全面协调可持续发展。不仅如此，创新生态系统还凝聚了生态平衡、生态多样性、种间相互作用以及渐进演化等生态学特征，为赋能中国式创新发展提供了新的思路和方法。

美国经济学家詹姆士·摩尔 1993 年首次基于企业生态观视角正式提出了“商业生态系统”的概念。企业不再是孤军奋战的经营体，而是商业生态系统有机体的一部分。同时，每个商业生态系统之间还可能发生交互和共演，并嵌入更广泛的经济生态系统中，这种变化影响着企业经营管理的方方面面。例如，商业生态系统的形成离不开通信技术的持续发展，而消费者多样化的需求也对这一过程产生影响；商业生态系统模糊了领域的边界，使得不同领域的企业汇聚在一起，从而为共创共赢的市场机遇增添了新的可能性。此外，超分工整合的发展促使企业更关注自己的生态位，以及如何使用和从超出组织边界资源中获益。

随后阿德纳(2010)在商业生态系统的基础上提出了“创新生态系统”这一新概念，认为创新生态系统实际上是一种协同机制。在此机制下，资金、设备、人力资本、知识储备、专业技能等资源的互通共享成为常态，创新主体之间可以相互学习，优势互补，共同打造一个互利共赢的新局面。国内学者张超等(2021)系统地梳理了创新生态系统的相关理论，并以数字创新发展和数字化赋能为切入点，构建了数字创新生态系统的概念和理论框架，以此为基础进行深入分析，从多个维度对数字创新生态系统进行了探讨。数字创新生态系统被视为一个复杂的适应性系统，由数字要素、数字要素提供者和数字要素使用者等异质性数字主体及其复杂关系构成，通过数字主体之间的互动，可以提高系统效能、促进信息共享、增进主体内和主体间的合作以及推动系统创新。总而言之，创新生态系统作为一种创新机制，通过协同合作、资源整合、创新导向、知识共享等方式，推动创新活动的开展，提高创新的效率和质量，为推动中国式创新的高质量发展创造了良好的环境和条件。

（三）赋能中国式创新产出相关理论

当前的数字经济时代，在创新前因与创新机制共同驱动下，中国式创新产出无论是总量，还是质量都有了大幅度提升。技术层面，我国前沿数字技术创新日益活跃，创新技术范式不断演进和扩散；企业层面的新产品、新服务、新流程、新商业模式等创新表现不仅为企业创新效率及绩效带来正向影响，还为企业的长期发展注入源源不断的活力；社会层面的数字红利、数字政府、数字环境、数字社会等为优政善治、惠民便民、兴业利企、经济高质量发展带来前所未有的赋能效应。上述这些基于数字经济下形成的中国式创新产出又会影响组织变革、价值创造和数字社会，进而形成周期循环，共同推进数字经济下中国式创新的发展。这些产出背后所涵盖的理论来源在于技术范式理论、破坏性创新理论、商业模式理论、价值创造和价值获取理论等。

技术范式理论发现，在创新愈加复杂、创新主体逐步多元化、组织规模日渐庞大的背景下，由科学认知革新所引出的创新技术范式不仅能克服对特定技术领域的忽视，还能将技术全面、深度扩散到经济结构的各领域中。

破坏性创新理论认为数字经济时代，消费者可以更容易地展示需求，形成需求相似的群体，这一部分群体没有被满足需求，很容易催生出新的市场，此时现有技术无法满足市场需求，而赋能后的中国式创新将会催生出新的、简化的技术市场。商业模式理论认为随着数字技术不断演进和发展，传统的产品服务、制造流程、商业模式难以满足市场需求，先前的经验也不符合当前的中国式创新发展，企业的商业边界被逐层打破，新产品、新服务、新流程、新商业模式等创新表现应运而生。价值创造和价值获取理论认为，数字经济赋能中国式创新的过程将会改变资源的本质属性，创造出全新的价值制造范式，从而为企业层面与社会层面提供新的重要战略资源。

1. 技术范式理论

技术范式最早由经济学家克里斯蒂安·弗雷德里希·冯·多西(Christopher Freeman)在1974年提出。多西在其研究中指出，技术范式具体指的是一种共同的技术思维方式和创新模式，它在一定的时间里对技术创新的方向和路径产生影响。他还提到，技术范式的演化是一个非线性过程，由技术创新的突破和积累所驱动。此外，部分学者主张，技术范式是一个具有社会约束力和影响力的科学技术共同体，还可看作是一个完整的技术系统，能够体现当前技术的最佳选择。从系统工程的视角来看，技术范式也是一种社会建构，具有系统的整体性和开放性特点，受政治、经济和文化等因素的制约，是科学认知的理论发展和实践结果。

随着技术革命的推进，技术范式将会经历一次深刻的变革。这种变革的影响不可小觑，通过范式优势的持续累积所产生的正向反馈效应，能够以几何倍数递增的方式提高生产效率和产生创新价值。

2. 破坏性创新理论

破坏性创新理论最初起源于克莱顿·克里斯坦森(Clayton Christensen)于1997年提出的破坏性技术，他在分析磁盘行业的例子中发现，传统的大型硬盘驱动器企业主要关注满足高容量和高性能需求的市场，而忽视了小容量和低成本需求的市场。新进入者通过推出低容量、低成本的固态硬盘(SSD)技术，满足了那些对容量和成本更为敏感的非主流消费者的需求，由此得出了破坏性技术的概念。破坏性技术指的是一种新的技术或产品，通常在市场的边缘出现，能满足低端市场或非主流消费者的需求。它与传统技术或产品相比，在性能、价格、便利性等方面可能存在差距，但具有其他优势，如更小巧、更便携、更简单易用等。随着破坏性技术的不断改进和提升，最终可能取代传统技术，引发市场的重大变革。后续研究表明，破坏性技术在商业模式创新中扮演着先驱的角色，因此，对“破坏性”这一概念进行了拓展，将技术、产品和商业模式等方面的创新纳入“破坏性创新”这一术语的范畴。而这些创新仍然符合破坏性技术的特征，即率先关注非主流市场的需求，从低端市场或边缘市场向主流市场打入。综上所述，“破坏性技术创新”是数字赋能中国式创新的一种重要产出，强调通过重新组合要素，创造新的价值属性，其作为一个新的增长点能够通过引入新的产品、服务或商业模式，打破传统行业的规则和常规，引发行业结构的变革。

3. 商业模式理论

随着数字技术的蓬勃发展和其在各个领域的广泛渗透，数字经济已成为当前经济社会发展的主导趋势和全新的动力源泉，并深刻影响着人们的生产方式、消费习惯、商业模式以及社会治理等方面。数字技术的不断进步和数据的广泛普及，催生了数字商业模式的兴起和演进，同时数字商业模式的内核也在不断丰富。目前国内外学术界对数字商业模式的研究主要集中于对其概念的界定与分类上。Frankenberger 等学者(2013)认为，数字商业模式具体指的是由数字技术带来的创新商业模式。根据 Mihova 和 Chukalov(2019)的观点，数字商业模式是云计算、大数据等相关数字技术为产品或服务创造价值发挥着关键作用的一种创新模式。总的来说，数字商业模式是数字经济赋能创新所带来的企业经营模式的重要产出。

4. 价值创造和价值获取理论

对于价值创造的概念，不同学者从各自独特的视角出发，对其进行了不同的诠释。从经济学视角来看，价值创造是指在既定条件下，为了获取最大化价值而采取一系列行动的过程。从用户视角来看，Lepak 等学者(2007)认为，价值创造是指让用户意识到产品和服务的价值攀升，但仍愿意为其支付的过程。从价值链视角来看，Porter(1985)认为价值创造就是通过优化和管理价值链中的各个经营活动环节，使其协同协作，从而实现价值增值。在不同历史阶段，价值链的内涵与外延都发生了变化，但价值创造始终贯穿于整个价值链之中。从生产要素视角来看，价值创造是由劳动、资本、土地等多种生产要素共同作用于生产过程所产生的。在数字赋能的作用下，包含产业、企业、政府等主体在内的经济运行体系发生深刻变革，价值创造面临的问题也逐渐增多。从价值共创视角来看，Adner(2006)主张通过独特的数字创新以及生态系统的协作，可实现持续的创新价值。

价值获取，是对其价值的一种体现，具体指在创造价值过程中获得的价值。Lippman 和 Rumelt(2003)的研究表明，价值获取表明可通过创造价值来实现其盈利目标，而最大化创新产出可提高其价值获取能力。张敬伟和王迎军(2010)主张，企业获得价值的前提是要向消费者提供价值。随后，Teece(2018)探究了数字经济时代下平台、生态系统、技术和商业模式等因素对价值获取能力的影响,并得出结论:数字赋能创新机制可进一步提升价值获取能力。

当前,数字经济蓬勃发展,并与中国式创新深度融合,在探索和解决新问题的过程中,新的价值创造和获取特征开始显现:价值创造模式发生深刻变化,能帮助组织进一步深挖用户价值;价值创造要素的相对地位明显改变,提高了要素的价值创造效率,催生出全新生产要素;价值创造的载体得到扩展,从而形成价值网;开发出全新的商业模式,增强了组织的价值获取能力,有利于中国式创新的实现。

总之,本章在梳理了数字经济、赋能以及中国式创新管理的研究进展基础上,初步提出了"创新前因—创新机制—创新产出"的数字经济赋能中国式创新的理论框架。尽管存在许多不足,但本章更重要的意义在于为数字经济时代中国式创新的发展提供智力支持。

本章小结

本章首先对数字赋能、中国式创新、数字经济与中国式创新的关系等相关文献进行了梳理,其中从微观、中观、宏观三个层面对数字经济赋能进行了较为深入的探讨,并对中国式创新内涵、特征以及新机遇(数字创新)等相关研究进展进行全面分析,然后分别讨论了数字经济对创新的多元影响。其次,根据数字经济及赋能核心理论初步构建了"创新前因—创新机制—创新产出"的理论体系,试图为我国数字经济赋能创新提供先进理论依据,以此来推动中国式创新的蓬勃发展。

第五章 数字赋能中国式创新的逻辑分析

第一节 数字经济助推中国式创新高质量发展

一、中国数字经济的发展

数字经济的兴起深刻影响世界经济社会的发展进程，也给中国经济的发展带来了史无前例的发展机遇。党的十八大以来，“数字中国建设”迈向战略推进、积极部署的崭新阶段。自 2017 年起，“数字经济”一词已被多次写入国务院政府工作报告，2022 年的国务院政府工作报告对数字经济及相关内容的阐述篇幅最长、着墨最浓，信息量巨大。各地加大数字经济布局力度，2022 年，共有 31 个省（自治区、直辖市）在其政府工作报告中提出数字化发展的目标和举措。国家“十四五”规划重点阐述了“加快数字化发展，建设数字中国”的相关内容。2023 年，由中共中央、国务院印发的《数字中国建设整体布局规划》确立了数字中国建设的总体战略与布局，明确数字中国建设的“2522”框架布局。根据国家统计局的数据，2002—2022 年，数字经济总量从 1.2 万亿元增加到 50.2 万亿元（图 5-1），增长了 40 余倍，稳居世界第二。数字经济占 GDP 比重高达 40% 以上，数字经济作为国民经济的重要支柱，其地位更加凸显。数字经济总量增速已连续 11 年显著高于 GDP 增速（图 5-2），数字经济持续发挥经济“稳定器”“加速器”

作用。

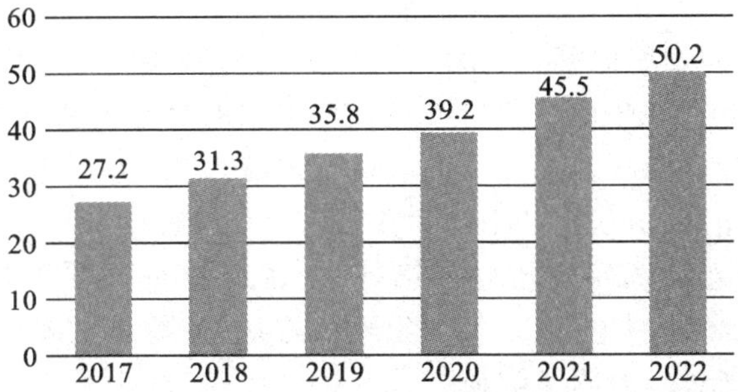

图 5-1　2017—2022 年我国数字经济规模(单位:万亿元)

资料来源:国家统计局

图 5-2　2016—2022 年我国数字经济总量增速和 GDP 增速

资料来源:国家统计局

数字经济发展呈现新走向,数据已成为重要资源。中国正在推动建立数据产权制度框架,促进数据资源的流通和合理利用。平台化的组织运作方式成为数字经济的主要市场形态,生产方式呈现数字化、网络化、智能化的新格局,多元化的协作模式推动了跨界合作和创新,实现了资源、知识和价值的共享。在数字基础设施建设方面,我国取得了显著成效。5G 网络规模位列世界第一,基本实现城乡的全面覆盖。物联网规模优势显著,万物互联趋势深入推进。在产业发展方面,数字产业集群提速扩容趋势明显,为经济高质量发展注入强劲动力。数字产业集群发展壮大,进一步推动了数字经济核心产业的发展。工业互联网标识解析体系已全面建成,工业互联网的推广应用将成为制造业数字化的重要推动力。数字贸易成为建设贸易强国的新动能,推动中国企业在全球市场中走向更高水平。在政府服务方面,全国一体化政务服务平台基本建成,创新性在线政务服务举措广泛实践。数字化服务正深入满足人民日益增长的美好生活需要,向基层渗透的数字化服务不断推进,智慧社区建设加速,旨在增强人民群众的获得感、幸福感和安全感。

二、“中国式创新”的提出与发展

创新是引领发展的第一动力。党的十八大以来，中国现代创新从全面追赶阶段逐渐走向“并跑”与“超越”阶段，中国的全球创新指数排名连续十年稳步提升；全社会研发投入经费增长超3倍，2022年达3.09万亿元；“中国天眼”“国产航母山东舰”“中国太阳”等重大科研成果加速涌现，PCT国际专利申请量连续四年位居世界第一；中国科技论文数量与质量同步提升，热点论文、高被引论文数量位居国际前列；高等院校科研水平显著提升，企业自主创新能力持续增强。

在此背景下，“中国式创新”成为国内外专家学者的热议主题。英国帝国理工大学商学院叶恩华教授在与其他学者合著的《创新驱动中国：中国的下一个战略优势》中提到，“中国式创新”的形成离不开三大重要因素的合力，即成熟智能的生产制造能力、规模庞大的本土市场和迅速崛起的科研水平，该合力造就了中国的崛起，也将继续推动中国走向繁荣。2018年，意大利经济发展部在“关于中国任务小组成立的声明”中表示：“得益于中国本土规模庞大的市场与民众对高质量产品的需求增长，中国在科技创新领域拥有巨大的发展潜力，世界将共享中国的发展机遇。”2018年美国加利福尼亚州阿罕布拉市市长沈时康在接受《人民日报》采访发言时表示：“近年来中国在科技创新方面取得了举世瞩目的成就，中国的高铁网络就是一个突出的例子。”据欧洲专利局报告(2020)，在锂离子电池领域，中国成为四大创新强国之一。《日本经济新闻》报道称，中国政府强有力支持科技创新的发展，助推中国专利申请数量与质量的提升。《金融时报》分析认为，中国在量子计算研究领域位于国际前列，中国的突破式研究成果引领了全球量子计算研究的浪潮。巴西《圣保罗州报》提到：“在全球科技创新版图中，中国已逐渐成长为了引领者”。据2021年3月8日人民网发布的新闻报道“中国创新引领作用不断增强(国际论道)”，世界知识产权组织前总干事弗朗西斯·高锐曾表示，中国高度重视技术创新的作用，将科技创新作为引领经济发展的动力，科技创新能力不断增强，高新技术企业不断涌现，逐步建立起领先的知识产权体系。2021年英国国家安全局行政总裁林迪·卡梅伦在女王大学演讲时谈到：“中国将以一种比俄罗斯更根本的方式改变我们生活的世界，我认为这是由于中国庞大的国内市场规模以及中国在技术方面持续进行的创新。”

中国专家学者着眼“中国式创新”主题，展开了探索性研究。2016年，清华大学全球产业研究院组织了一场主题为“思辨：创新在中国”的研讨会，各界专家围绕“中国式创新”议题进行了深入探讨。中国技术经济学会原常务副理事长吴贵生教授提到：“中国的创新发展是一个边学边做、迂回前进的过程。同时,基于层次丰富的需求优势,我国对创新的相关探索将在全球其他地区产生可复制的可能性。”中国科学技术发展战略研究院院长胡志坚提出:“中国式创新整体仍处于渐进式追赶的过程中,跟跑、并跑、领跑并存,虽然成就巨大,但中国式创新仍有很大的短板:原始创新不足。”

2020 年,笔者带领研究团队共同撰写出版了《中国式创新导论》,书中对“中国式创新”进行了细致、翔实的理论分析,从特点、要素和趋势等维度对“中国式创新”的形成和发展进行了全面的阐述。笔者提出:“中国式创新是综合集成了不断崛起的制造能力、强大的市场、不断提升的研发能力、不断集聚的创新人才、政府的强有力推动、创造生态系统的不断形成、中华民族吃苦耐劳奉献牺牲精神而形成的综合集成创新。”2022 年,笔者带领研究团队撰写了专著《第三次合力效应》,将合力效应界定为:“在特定的时代背景下,以实现产业升级、提高经济生产率为目标,经济社会中科学技术、人才教育、国内外市场、思想文化、社会制度等内外部要素集成耦合、相互作用形成的变革性爆发式‘合力’,并会对国家战略科技力量和全球经济产生深远影响的驱动效应。”笔者提出:“在新一轮科技革命爆发之际,世界史上第三次合力效应也已箭在弦上,而第三次合力效应的主导国家将是拥有五千年文明的中国。中国既具备第三次合力效应形成的实践基础,又在市场、制造、人才等方面拥有特有的比较优势,加之中华儿女千百年来铸造的吃苦耐劳、奉献牺牲的民族精神所积聚的强大精神力量,中国正以独具特色的集成创新驱动人类历史上第三次合力效应的形成。”

三、数字经济激活中国式创新新引擎

数字经济不仅为中国式创新赋予了新内涵,更为其提供了新动能和培育了新优势,成为推动中国经济持续发展的重要力量。

(一)数字经济赋予中国式创新新内涵

首先,随着数字经济的快速崛起,中国式创新七要素正经历着深刻的变革发展。数字经济为中国式创新七要素提供了新的机遇和挑战,助力中国式创新走向更高水平、更广阔的舞台。制造能力方面,智能制造深入推进,绿色生产方式加快形成。通过数字化技术和智能制造的应用,中国企业实现了从传统制造向智能制造的转型升级。数字化生产、物联网技术、人工智能等的融合应用,提高了制造业的效率和灵活性,进一步提升了中国制造业的核心竞争力。本土市场方面,市场活力不断激发,新业态新模式加速涌现,数字经济扩展了本土市场的边界。电子商务和数字化营销的兴起,使得企业能够更便捷地将产品推向全国乃至全球市场。数字经济激活了本土市场的活力,促进了传统产业的创新和转型。同时,数字经济也推动了新业态和新模式的加速涌现，如共享经济、在线教育、数字文化娱乐等，为本土市场带来了更多的选择和可能性。科研水平方面，科研效率持续提升，科研范式数字化转型深入推进。通过数字化技术，科研人员可以更快速地获取信息、共享数据和交流合作，提高了科研效率。同时，数字经济也推动了科研范式的数字化转型，如数字化实验室、虚拟仿真技术等的应用，使科研工作更加高效和精准。这些科技手段的不断更新，有助于科研水平的不断提升和创新成果的加速落地。创新人才方面，数字人才培育支持力度加快提升。互联网技术的普及使得创新人才的学习和交流更加便捷，同时，数字经济的发展也对创新人才提出了新的要求。政府和企业纷纷加大对数字人才的培养和引进力度，推动人才培养体系的不断完善。政府支持方面，数字治理体系不断完善，政策精准度持续提升。政府能够更加高效地获取信息、制定政策和监管市场，政府的政策精准度不断提升。创新生态方面，创新资源共享机制加快形成，创新集群生态系统不断优化。数字化的合作平台和共享经济模式促进了企业之间的合作与交流，形成了更加开放和融洽的创新生态。民族精神方面，新时代数字文化传承与创新不断强化。通过数字媒体和平台，中国传统文化得到更好的传播和弘扬，同时，也催生了许多新的数字文化形式，为中国式创新提供了持续的文化自觉和自信。

其次，数字经济推动了科技与产业、政府的深度融合。通过人工智能、大数据、云计算等技术，中国企业与政府将传统产业、传统政务与信息技术相结合，实现了数字化转型升级。这种深度融合使得传统产业与传统政务焕发出新的生机与活力，激发了创新的巨大潜能，产生了生态、产业和社会效益。例如，在制造业领域，智能制造、工业互联网的发展，使传统制造业从以产量为导向转向以质量、效率和灵活性为导向。在数字政府建设方面，据《联合国电子政务调查报告》，2012 年以来，中国电子政务发展指数世界排名稳步上升，2022 年排名全球第 43 位，排名提升速度位居世界前列(图 5-3)。2022 年，国务院印发了《关于加强数字政府建设的指导意见》，意见指出要加快数字技术在政府管理服务中的推广应用，推进政府数字化、智能化转型。

再次，数字经济提升了中国式创新的开放性和共享性。在数字经济时代，数据被视为重要资源，而这种数据的共享和开放正是推动中国式创新不断蓬勃发展的动力之一。数据的共享使得创新主体可以更便捷地获取信息，进行多方面的探索和研究，从而更快速地实现创新突破。以共享经济为例，通过共享平台的数据和资源整合，实现了资源的高效利用和共享，为创新主体提供了更为广阔的发展空间。

最后，数字经济加速了创新模式的演进。数字化技术为中国式创新注

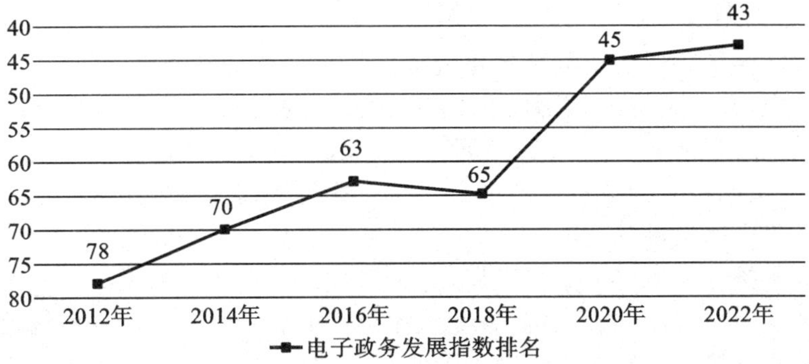

图 5-3　2012—2022 年我国电子政务发展指数全球排名变化情况

资料来源:《2022 年联合国电子政务调查报告》

入了更多的互联网元素,传统产业与互联网的深度融合带动了更加灵活、高效的创新模式的形成,进一步丰富和拓展了中国式创新的内涵。在教育、文化等领域,数字化的应用为创新提供了更多的可能性。例如,在教育领域,数字化技术为教学提供了更为丰富多样的教学手段和资源,推动了教育方式的创新。

(二)数字经济为中国式创新提供新动能

中国式创新的本质是通过学习借鉴外部先进技术和经验,并在此基础上进行融合创新,将科技成果转化为自主知识产权。数字经济为中国式创新提供了新动能,进一步加快了创新的速度和效率。

首先,数字经济的快速发展带来了大量的新技术、新应用和新业态,这为中国式创新提供了更多的借鉴和学习的对象。通过吸收国内外的先进经验,中国式创新的内涵不断丰富和拓展,形成了极具竞争力的自主创新体系。例如,在人工智能领域,中国不断引进和吸收国际先进技术,并融合本土需求,推动了人工智能产业的快速发展。

其次,数字经济为中国式创新提供了广阔的市场和平台,促进了创新成果的转化和推广。在数字经济的支持下,中国企业可以更快速地推出创新产品和服务,并将其快速推向市场,实现从技术到市场的无缝衔接。例如,数字化的营销手段丰富了新产品的推广途径,有助于企业快速提升市场占有率,推动了创新成果的快速落地。

最后,数字经济推动了产业的协同创新,加强了产业链和价值链的整合与协作。不同领域的企业和组织可以借助数字平台进行联动合作,共同推进创新,形成产业生态的优势互补和资源共享。例如,数字化的供应链管理使得不同企业之间更紧密地联系在一起,共同推进产业的创新和升级。

（三）数字经济为中国式创新培育新优势

数字经济为中国式创新的培育提供了新的优势和条件。

首先，数字经济的兴起为中国抢占新一轮科技革命优势创造了新机遇。在人工智能、大数据、云计算、5G 等前沿科技领域，中国逐渐崭露头角，成为全球领先的科技创新中心之一。这些科技创新成果为中国式创新提供了坚实的技术基础和支撑。例如，在人工智能领域，中国在算法研究、数据采集等方面取得了重要进展，为中国式创新提供了强大的技术支持。

其次，数字经济为中国创新主体提供了更加广阔的国际视野和合作平台。数字化的交流与合作打破了时间和空间的限制，创新主体可以更便捷地与国际领先企业、科研院所等进行交流和互动，开拓了国际合作的新空间。例如，在数字经济时代，人们可以通过互联网与全球的科学家和专家进行实时交流，从而更好地了解国际科技前沿，借鉴先进经验，推动中国式创新在国际舞台上更好地发展。

最后，数字经济加速了中国创新人才的培养和聚集。在数字经济时代，对数字人才的需求不断增长，高层次的科技人才面临更多的机遇和挑战。这些高水平的人才为中国式创新提供了强有力的智力支持。例如，中国政府通过各类创新人才计划，吸引了大批海内外的优秀科研人才，为中国式创新提供了智力支持。

总而言之，面对数字经济时代的快速发展、广泛辐射和深刻影响，应把发展数字经济作为中国式创新高质量发展的“新引擎”，正确把握数字经济时代中国式创新面临的问题，引领中国式创新向善向上发展，为中国经济的可持续发展和全球经济的繁荣做出更大的贡献。中国应继续加大对数字经济的支持力度，促进数字经济的高质量发展，充分发挥数字经济对中国式创新的赋能作用，为中国式创新开辟更广阔的发展空间，推进中国式现代化，加速实现伟大复兴的中国梦。

第二节　数字赋能中国式创新的三个维度

数字经济对中国式创新的赋能主要包括三个维度：资源赋能、结构赋能与心理赋能，进而引发了创新要素、创新模式与价值创造的重塑。赋能即赋予某种能力和能量。资源赋能认为获得必要的资源会导致赋能；结构赋能认为提供便利的环境会导致赋能；心理赋能认为改善社会心理和内在激励会导致赋能。其逻辑框架如图 5-4 所示。

一、资源赋能

数字经济时代，数字资源是中国式创新的重要驱动力之一。数字资源

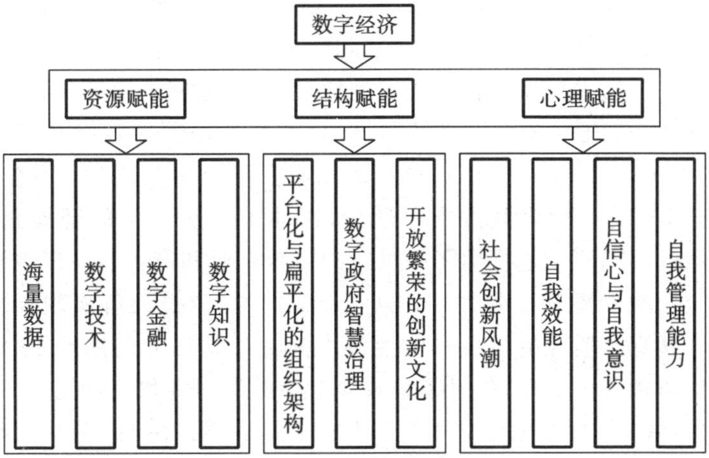

图 5-4　数字经济资源赋能、结构赋能与心理赋能的逻辑框架图

包括数字基础设施、数据资源、数字金融资源、数字知识资源等多方面。这些资源的充分利用和整合将为中国式创新提供强大的推动力，支持中国式创新实践的不断深化。

（一）数字基础设施赋能

数字基础设施是数字经济时代的基石，也是支撑中国式创新的重要基础，为中国式创新提供了强大的技术支持和资源条件。在数字经济时代，数字基础设施的发展已经迅速普及，如 5G 网络、云计算、物联网等。

1. 5G 网络加速创新应用

5G 技术作为第五代移动通信技术，是数字基础设施的核心组成成分，为中国式创新的高质量发展提供新的动力和机遇。5G 技术以超高速率、低延迟、大连接等特点，使得各类数据可以更快速地传输和处理，为中国式创新提供更高速、更稳定的数据传输通道，通过将传感器与设备连接起来，构建了万物互联的智能生态系统，加速了物联网的普及，为创新活动的实时数据分析和决策提供了支持。

在数字化转型的背景下，5G 技术为各类数字应用提供了更强大的支持。在移动支付、移动医疗、移动教育等领域，5G 技术提供了更快速、更稳定的网络连接，推动了数字服务的普及和优化。5G 时代以联合创新为特征，推动传统产业与互联网产业的深度融合。例如，在工业制造领域，通过 5G 网络，智能设备可以实现快速互联互通，推动工业自动化和智能制造的创新发展，提升了生产效率和质量。在医疗健康领域，5G 网络为远程医疗和医疗影像传输提供了更好的条件，促进了智慧医疗的推进，提升了医疗服务的效率和质量。在新型商业模式方面，5G 技术推动了数字化服务的升级。在5G网络的支持下，虚拟现实、增强现实、远程协作等技术得到了广泛应用，为消费者提供了更为丰富和沉浸式的数字体验。

同时，5G技术推动了社会治理的转型升级，加速了数字化社会治理的进程。利用5G技术全面推进智慧城市建设，全面部署智慧政务、智慧出行、智慧能源等领域，提升了城市管理和服务的效率和质量。智能交通通过5G技术实现车辆之间的实时通信，推动了交通系统的智能化和安全性。智慧城市的建设也催生了一批新的创新企业和产业链。5G技术还在公共安全领域发挥着重要作用。通过5G技术，监控设备实现高度互联，提高了公共安全监控的精度和时效性。同时，5G技术还推动了公共安全数据的快速传输和处理，提升了公共安全事件的响应和处置能力。

此外，5G技术的发展优化了人才的培养手段。在5G时代，新的技术和应用涌现，对人才的需求也呈现多样化和复合型的趋势。为了适应新时代的发展需求，各类教育机构和企业积极开展5G技术主题的培训和教育，提高了数字人才的素质和水平。同时，5G技术推动了在线教育的发展，提供了更便捷和高效的学习方式。学生可以通过5G网络参与在线课程，实现异地互动和实时授课，促进了教育资源的优化配置和共享。

2. 云计算提升创新效率

云计算是数字经济时代的重要支撑技术，为创新主体提供了强大的计算和存储能力，开启了创新的新时代。通过云计算，创新主体可以灵活地调配计算资源，摆脱传统硬件的限制，实现了高效的计算和数据处理。这使得创新主体能够更快速地进行试验和模拟，从而加速创新的迭代过程，节省了宝贵的时间和成本。

云计算的优势不仅体现在计算能力上，还为协同创新创造了优质的条件。不同地区和机构的创新团队可以通过共享云平台上的数据和计算资源实现资源共享和协同创新。这种跨地域的协作有助于汇集全球智慧，加快知识交流和技术融合，推动创新的跨越式发展。同时，云计算的开放性和灵活性也为创新主体提供了丰富的软件服务和开发工具，降低了创新的门槛，让更多的创新主体参与到创新的大潮中。

随着云计算技术的不断进步和普及，它在中国式创新中发挥着愈加重要的作用。越来越多的创新项目和创新企业借助云计算平台实现了快速迭代和规模化运营。同时，云计算也催生了一批新的创新业态，如云原生应用、云端人工智能等。国内代表性云计算平台包括阿里云、华为云、腾讯云、百度云、京东云等。云计算平台的发展为中国式创新提供了强大的技术支持和资源保障，为各行各业的数字化转型和创新发展提供了有力的支持。

3. 物联网拓展创新边界

物联网的发展为设备和传感器之间的互联互通提供了可能，推动智能化的网络的生成。这种网络化的特性为创新主体带来了许多有利条件。

首先，物联网的数据采集和分析能力让创新主体获得更加全面和准确的市场信息、用户需求以及产品性能等数据。通过对这些数据的深入分析，创新主体可以更加精准地定位创新方向，了解市场动态和用户行为。这有助于优化产品设计和服务，提升用户体验，从而增加产品的市场竞争力。

其次，物联网连接了来自不同地区和机构的设备和数据，为创新合作提供了更好的条件。创新主体可以通过物联网平台共享数据和资源，促进跨地区和跨机构的合作创新。这种协作模式能够汇聚各方的智慧和资源，加速创新项目的推进，带来更优质的成果和更高的效率。

最后，物联网与产品的智慧融合创造了新的商业模式。通过物联网技术，创新主体可以提供更多增值服务，丰富产品的功能和体验。以智能家居产品为例，除了实现远程控制和自动化，还能通过物联网收集家庭生活数据，为用户提供智能化的家居健康管理服务。这种创新的商业模式不仅能够满足用户多样化的需求，还为企业带来了更稳定的收益和更持久的竞争优势。

4. 区块链保障创新的可信性与安全性

区块链(blockchain)作为一种去中心化的分布式账本技术，为中国式创新赋予了更高的可信性和安全性。

第一，区块链的去中心化特性使得信息传递和交易可以不依赖传统中心机构，降低了交易成本和信息泄露的风险。在金融领域，区块链技术的应用推动了数字货币的发展，加快了支付和结算的速度，并提高了交易的透明度和可信度。同时区块链技术与供应链管理、版权保护、智能合约等领域的融合，推动了这些领域的创新发展，优化了产业链和价值链的协同合作。

第二，区块链的智能合约功能使得交易可以自动执行和验证，减少了中间环节和人为干预，推动了智能经济的发展。在共享经济领域，区块链技术实现了去中介化，为供需双方直接对接提供了便利，创新了供需匹配的模式。此外，区块链技术还激发了社区共治和众包创新的潜力，加速了创新成果的产生和落地。

第三，区块链技术催生了一批新兴产业，为中国创新提供新的经济增长点。中国在区块链技术领域取得了重要进展，催生了一批区块链初创企业和技术研发机构。这些企业在数字资产交易、区块链应用开发等方面取得了突破，为中国经济结构优化和新兴产业发展带来新的机遇。

第四，区块链技术推动了数字化社会治理和公共服务的升级。区块链技术的不可篡改性和透明性使得数据和信息可以得到更有效的保护和管理。在政务管理方面，区块链技术的应用实现了政务数据共享和交换，提高了政务管理的效率和精准性。同时，区块链技术也在物联网、医疗健康等领域提供了更安全和可信的数据交换平台，推动了数字化社会治理的进程。

5. 人工智能驱动创新的智能升级

人工智能作为一种前沿技术，正在深刻地赋能中国式创新，为中国经济和社会的高质量发展提供强大支持。在数字经济时代，人工智能凭借其独特的优势和广泛的应用，为中国式创新注入了新的动力和活力。

首先，人工智能的广泛应用提升了生产力和效率，推动产业升级。在制造业中，智能制造推动了生产效率的提升和产品质量的改善。自动化设备和智能化生产线使中国企业在全球市场上拥有更强的竞争力。同时，服务业也借助人工智能实现数字化转型，智能客服、智能金融等应用提升了服务体验和效率。

其次，人工智能催生了新的创新模式和商业模式。新型商业模式如“互联网＋”得到广泛应用，为传统产业带来全新发展方向。人工智能技术使企业能够更好地了解用户需求，实现个性化定制和精准营销，拓展市场和客户群体。同时，人工智能在创新过程中也充当“创造者”的角色，通过自主学习和生成，创造前所未有的艺术、音乐、文学等作品，推动文化创新。

最后，人工智能推动了人才培养模式的创新。通过人工智能技术，教育资源可以更好地整合和共享，促进了教育资源的平等化和普及化。在线教育、智能教辅等的应用使学习更高效和便捷。同时，人工智能也促进了人才培养模式的创新，为培养具有创新精神和创造力的人才提供更广阔的平台。

（二）数据资源赋能

数字经济时代，“数据”成为驱动中国式创新的关键生产要素，企业能够立足数据生产要素实现企业产品与服务的供给。数据的规模不断扩大，数据的共享和应用也变得更加普遍。数据分析和挖掘成为创新者的有力工具，帮助他们更好地理解市场需求与用户行为，从而实现精准创新。笔者将从大数据驱动精准创新、大数据驱动重组创新与大数据驱动协同创新三个方面，深入探讨数据资源对中国式创新的资源赋能。

1. 大数据驱动精准创新

大数据分析是数字资源赋能中国式创新的重要途径之一。在数字经济时代，大数据的采集和存储变得更加容易和经济，同时数据分析技术的不断进步也使得企业能够深入了解市场需求和用户行为。通过分析海量数据，创新者可以洞察消费者的喜好、购买习惯和行为偏好，从而更精准地定位目标用户。例如，在电商行业，通过大数据分析，电商平台可以对用户的浏览和购买记录进行精准推荐，为用户提供个性化的购物体验。在智能硬件领域，利用大数据对用户数据进行全方位的分析，企业可以优化产品功能和性能，满足用户的实际需求。在金融服务领域，基于用户的信用数据和消费行为，金融机构能够专业化评估风险，提供更精准的金融服务。

2. 大数据驱动重组创新

大数据驱动的重组创新是一种跨界融合的创新模式，通过利用大数据技术分析方法，将来自不同领域、不同来源的数据进行整合和重组，能够创造出全新的创新成果，推动创新价值的重塑。在这种创新模式下，大数据技术可以收集和整合来自传感器、社交媒体、企业数据库、公共数据库等多个来源的大量数据，通过对这些数据进行深入分析，挖掘数据之间的联系和模式，为创新活动提供有价值的信息。这样的跨界融合可以打破传统的学科和产业界限，促进不同领域的知识、资源和技术相互交流，形成全新的产品与服务的组合和应用。大数据驱动的重组创新迸发出开放和包容的创新火花，能够为创新者带来更广阔的视野和更多的创新机遇。通过跨界融合，不同领域的创新要素相互交织，相互促进，形成协同效应，从而创造出更具有竞争力和前瞻性的创新成果。总体而言，大数据驱动的重组创新是数字经济时代的一种重要创新模式，它利用大数据的力量，打破学科和产业的边界，促进不同领域的融合和协作，推动创新的跨越式发展，为经济社会的可持续发展提供强大的动力。

3. 大数据驱动协同创新

大数据驱动的协同创新是一种通过大数据技术促进合作创新的模式。借助大数据的力量，创新者可以收集和整合不同来源的大量数据，实现跨界融合，促进多方合作，形成全新的创新成果和价值。在这一模式下，大数据技术发挥着关键作用。它能够实现数据资源的共享和交流，让不同实体之间的知识、资源和技术得以充分互补。通过大数据分析，为创新者提供更便捷的合作平台，创新者可以发现数据之间的潜在联系，促进资源整合和创新资源的高效利用，挖掘出创新的新契机和可能性。通过共享数据和信息，各方可以更深入地了解市场需求、用户行为和技术趋势，从而更精准地定位创新方向。这种模式也有助于加速创新的迭代过程。通过实时收集和分析数据，创新者可以快速了解创新成果的效果和市场反馈，及时进行调整和优化。

（三）数字金融赋能

数字金融资源是数字经济的重要组成部分，它为中国式创新提供了融资支持和风险管理的工具。数字金融资源的发展激发了创新融资和创新投资的活力，为创新项目的落地和推广提供资金支持。笔者将从“创新融资拓宽创新路径”和“风险管理降低创新风险”两个方面，探讨数字金融资源对中国式创新的资源赋能作用。

1. 创新融资拓宽创新路径

数字金融的不断发展拓宽了创新者的融资途径，丰富了创新活动的发展路径。在传统融资模式受限的情况下，创新项目常常面临融资难题，限制了创新活动的进一步发展。然而，随着数字金融资源的不断完善，互联网金融的兴起为创新者提供了更便捷的融资渠道。首先，互联网平台的崛起为众筹融资带来了新的机遇。创新者可以通过众筹平台发布项目，吸引大量投资者参与，从而迅速筹集资金。这种融资方式不仅为创新者提供了资金支持，还能实现与用户的互动和市场验证，增加了项目的成功概率。其次，数字金融资源的发展有助于提升创新企业的股权融资和债权融资比重。创新者可以与投资者合作，获得更多的资金支持和战略资源，推动创新项目的实施。数字金融资源的发展降低了创新融资的门槛，使得更多有创意和有潜力的创新项目得以实施。同时，创新者也需要深入了解数字金融的运作机制，科学规划融资路径，充分利用数字金融资源的优势，提高融资的成功率。在数字经济时代，充分发挥数字金融在支持创新活动中的重要作用，将为创新者创造更加广阔的发展前景，推动中国式创新获得更广泛的增长空间。

2. 风险管理降低创新风险

在创新过程中，风险管理是至关重要的。数字金融资源的发展使得创新者可以更好地进行风险管理和资金运作，提高创新成功率，降低创新风险。创新项目往往伴随着不确定性和风险，一旦发生风险事件，可能导致巨大的损失。首先，科技保险的发展为创新者提供了更多的风险保障方案。科技保险通过对大数据的分析和风险预测，为创新者提供量身定制的保险方案，帮助其降低项目实施风险，增加投资者的信心。其次，数字金融资源的发展促进了企业信用评估和信贷评估的数字化。在传统金融模式下，创新者往往难以获得充足的信贷支持；然而，在数字经济时代，通过分析创新者的信用数据和项目前景，数字金融可以为创新者提供更精准的信用评估和融资条件。这使得创新者能够更快速地获取资金支持，推动创新项目的顺利进行。

（四）数字知识赋能

数字知识资源是数字经济的关键组成部分，它在中国式创新中发挥着不可或缺的赋能作用。数字知识资源涵盖了电子图书、在线课程、学习网站等各类数字化的知识资源,它们为创新者提供了丰富的学习和知识获取途径,推动中国式创新蓬勃发展。

首先,数字知识资源为中国式创新提供了便利和广泛覆盖的学习渠道。在数字经济时代,人们可以通过在线教育平台,轻松获取海量的教育资源和知识内容。不再受时空限制,创新者可以随时随地进行学习,灵活选择适合自己的课程和学习内容。数字化学习模式为创新者提供了高效率的学习方式,使得知识获取变得更加便捷和迅速,为培养创新人才提供了更为灵活和多样化的途径。创新者可以通过在线课程和学习网站,选择适合自己的学习内容,提升专业技能和知识水平。数字化学习平台也为创新人才的选拔提供了更为公平和开放的机制,有助于发掘更多潜在的创新人才。同时,通过数字化平台,创新者可以获取创业指导、项目评估等方面的知识和资源。在线社区和知识共享平台也为创新者提供了展示自身创新项目、吸引合作伙伴和投资者的机会,加速了创新项目的孵化和落地。

其次,数字知识资源的开放共享推动了中国式创新的博采众长与融会贯通。开放式课程、数字图书馆等平台为知识的传播和共享提供了便利的条件。创新者可以从世界各地的优质知识资源中汲取灵感,借鉴国际先进的创新理念和方法。中国的优秀创新成果也能够通过数字知识资源向世界展示,推动中国式创新与全球创新智慧的碰撞。同时,数字化学习的普及使得创新理念和经验的传播更为迅速和广泛,创新成功案例的分享激励着更多的人加入创新行列。创新文化的培育与弘扬也为中国式创新带来了源源不断的动力。

最后,数字知识资源为知识创新建立了良好基础。在数字经济时代,知识创新成为推动中国式创新的核心动力。通过在线学习和数字化知识资源的积累,创新者可以迅速掌握最新的科研成果和技术进展,不断更新和升级自己的知识储备。数字化知识资源还为创新者提供了开放式合作和共享创新的机会,加速了知识的交流和创新成果的共享,促进了知识创新的不断涌现。

二、结构赋能

结构赋能认为提供便利的环境会导致赋能。笔者将结构赋能分为组织架构赋能、数字政府智慧治理赋能与开放繁荣的创新文化赋能三个方面并展开论述。

(一)组织架构赋能

数字经济的兴起是由信息技术的高速发展和普及带动的。在数字经济时代,数据的爆发式增长和信息传递的快速便捷,使得组织在信息获取和决策执行方面拥有了前所未有的优势。同时，数字技术催生了新的商业模式和产业趋势，要求组织必须适应和应对这种快速变化的市场环境。因此，数字经济的发展对组织架构提出了全新的要求，推动组织架构的优化和改进，以适应数字经济时代的新变化。数字经济时代，组织架构朝着以下几个方向深化发展。

1. 平台化

平台化组织架构是指组织借助数字化技术构建开放性、集成化的平台，将多种资源、服务和功能整合在一起，形成协同合作的生态系统。这种平台化的组织架构在数字经济时代的背景下，为中国式创新带来了多重优势。

第一，平台化组织架构有助于汇集创新资源，激活创新动能。数字经济的发展催生了新的商业模式和产业趋势，要求组织必须适应和应对这种快速变化的市场环境。平台化组织架构使得组织能够与外部合作伙伴进行跨界合作。不同行业、领域的企业、科研机构和创业者可以在平台上汇聚，形成创新生态系统。这种跨界合作打破了传统的行业壁垒，促进了资源的共享和交换，爆发出合力效应，为中国式创新提供了更多元化的创新要素与更广阔的应用场景。

第二，平台化组织架构推动资源共享与协同创新，扩展创新途径。通过资源与信息汇集的平台，组织可以更便捷地获取外部资源与市场信息，实现资源共享与交流。不同企业、科研机构和创业者可以在平台上开展合作，发挥各自优势，共同推进创新项目的实施与落地。这种资源共享和协同创新为中国式创新带来了更多合作机遇。

第三，平台化组织架构增强了组织的灵活性，加快创新响应速度。在数字经济时代，市场需求和竞争格局发生快速变化，组织需要能够快速调整和应对。平台化组织架构通过简化决策层级和强化信息传递，使组织能够更快捷地适应市场变化和创新需求。由于不再受制于烦琐的管理体系，团队成员可以更直接地参与决策和创新活动，激发更多的创新灵感。这种灵活性使得组织能够更迅速地捕捉市场机遇，快速推出创新产品和服务，为企业在激烈竞争中赢得先机。

第四，平台化组织架构加速了中国式创新的国际化进程。通过数字化平台，中国企业和创新者能够更便捷地与全球合作伙伴进行跨境合作。平台化架构打破了地域限制，促进了国际间的资源共享和合作，推动中国式创新在全球范围内的广泛应用。同时，通过数字平台的传播，中国的创新成果能够更快速地走向世界，为中国式创新的国际传播和影响力的提升提供了有力支撑。

总之，数字经济时代的组织架构正朝着平台化的方向发展，为中国式创新提供了有力的支持和推动力。平台化的组织架构增强了组织的应变能力，使其能够更加高效地应对不断变化的市场挑战，激发了创新的潜能。然而，要确保平台化组织架构的有效运作，组织需要加强内部沟通和协作，建立灵活高效的管理机制，并不断提升创新能力和创新意识。只有这样，平台化组织架构才能真正发挥其在数字经济时代的驱动作用，推动中国式创新持续蓬勃发展。

2. 扁平化

在数字经济时代，组织架构朝着扁平化趋势发展，这种趋势成为驱动中国式创新的重要动力。扁平化组织架构是指组织内部层级较少，决策权下放到更低层级，信息传递和沟通更加迅速和直接的管理模式。这种扁平化的组织架构在数字经济时代背景下，为中国式创新带来了多重优势。

第一，扁平化组织架构提高了决策效率，有助于精准定位创新目标。传统的组织结构通常呈现为层级式、刚性的管理模式，决策需要经过多个层级的传递，导致决策效率低下。扁平化组织架构的优势在于减少了决策层级，使得决策能够更加迅速地被执行和落地。由于信息传递更加直接和高效，决策者能够更快地获取市场和客户反馈，从而更准确地定位创新目标。这种敏捷的决策过程有助于组织及时发现市场机遇和挑战，迅速调整创新方向，提高了创新的成功率。

第二，扁平化组织架构促进了信息共享和协作。传统组织中，信息传递存在滞后，不同部门之间信息共享不畅，导致信息孤岛现象。而扁平化的组织架构通过减少层级，打破了信息的隔阂，避免了信息的滞后和重复，实现了信息的自由流通和共享，为创新提供了更全面和准确的信息支持。同时，扁平化组织架构增强了内部团队之间的协作和合作能力。决策权下放到更低层级，鼓励员工参与决策过程，激发了团队成员的积极性。通过共同参与决策和合作，团队成员能够更好地协同工作，发挥各自的优势，形成合力，推动创新项目的实施和落地。

总体而言，数字经济时代的组织架构正朝着扁平化的趋势发展。扁平化的组织架构使得组织能够更加高效地应对市场挑战，实现创新和发展。然而，想要实现扁平化组织架构的有效运作，组织需要加强内部沟通和协作，建立灵活高效的管理机制，不断提升员工的创新能力和创新意识，以确保扁平化组织架构能够真正发挥其在数字经济时代的驱动作用。

（二）数字政府智慧治理

第一，数字经济推动规章制度的创新。数字经济的兴起催生了新的产业和商业模式，涌现出许多新兴企业和创业者。这些新兴企业和创业者的快速发展，为现有的经济体制带来了挑战，也暴露出一些制度缺陷，迫切需要进行制度创新。数字经济时代产生的大量数据，利用大数据技术，有助于相关部门深入把握创新产业的发展趋势、创新企业的发展状况和创新技术的应用情况，更加科学地制定创新政策，从而增强政策的针对性和有效性。为了更好地适应数字经济的快速发展和满足创新发展的需求，中国政府不断进行制度创新。例如，推动创新投资、支持创新科技企业发展以及简化创业注册等政策的出台，为创新提供了更加宽松和便利的制度环境。同时，政府还加强了对知识产权的保护，促进科技成果转化，鼓励技术创新，加强人才培养，为创新提供了坚实的制度保障。

第二，数字经济推动规章制度的调整优化。数字经济为中国创新政策的调整优化提供了丰富的数据和信息资源，使政策制定更科学、灵活和精准。通过大数据分析，政府可以了解创新产业的状况和发展趋势，从而调整和优化创新政策，激发创新活力。同时，数字经济有助于促进产业融合与创新生态建设，引导技术创新与应用，推动创新政策适应快速变化的经济环境，为中国式创新提供有力支持。

（三）开放繁荣的创新文化

社会文化塑造了个体的价值观、信仰体系和思维方式，直接影响人们对新思想、新方法和新技术的接受程度。一个鼓励创新的社会文化能够激发人们的创造力，鼓励他们尝试新的思路和解决问题的方式。这样的文化创造了宽松的环境，让人们更容易跨越传统边界，促进交叉学科合作，从而推动社会的进步和发展。在数字经济推动下，通过开放式创新平台、创新驱动的商业模式、创新教育与人才培养、创新数据支持以及创新合作与共享等方面的赋能，中国创新文化繁荣发展。

开放式创新平台的建设为创新者提供了更多实现梦想的机会，使创新文化趋向包容和多元。数字经济的发展为创新者提供了更多的资源和平台，使得创新不再受限于地域和时间。在线协作、开源软件、众包创新等新模式兴起，人们可以更便捷地分享创新成果，共同探索新的前沿领域。数字经济的开放性使得创新文化更加包容和多元，激发了更多的创新活力。

创新教育与人才培养成为数字经济时代的重要议题，支撑了创新文化的培育。教育是创新文化的重要承载体，数字经济时代的创新教育越来越受到重视。学校教育开始注重培养学生的创新能力和创造性思维，鼓励学生勇于探索和实践。同时，各类培训机构纷纷涌现，为人才提供更多创新培训和创业指导，助力创新者实现梦想。

数字经济的快速发展带来了海量的数据，有助于推动创新文化的传承。通过挖掘并分析这些数据，可以获得有价值的信息来指导实践。例如，借助大数据分析和人工智能技术，可以挖掘出市场需求、行业趋势等有关创新的信息，为企业和个人提供决策参考。数据的应用使得创新更加精准和高效，有利于培育创新文化。

数字经济在推动商业模式创新方面发挥着关键作用，同时促进创新文化的传播，进而推动中国式创新的蓬勃发展。首先，数字经济为商业模式带来了全新的可能性。通过数字化技术的应用，企业能够更高效地整合资源、提供个性化的产品和服务，并拓展全球市场。这种商业模式的创新激发了企业的创新活力，促使它们不断尝试新的商业模式，寻找更加高效、灵活的经营方式。其次，数字经济极大地加速了信息的传播与共享。网络和社交媒体的普及使得知识和信息能够以更快的速度传播，创新文化在此过程中得到了传承与传播。人们能够更容易地了解其他国家和地区的创新实践和思维方式，激发跨文化交流和合作，为中国式创新注入新的元素和灵感。再次，数字经济促进了开放合作的创新理念。在全球数字化的背景下，企业和创新者之间的界限变得模糊，全球范围内的创新资源得以整合。中国积极推动与参与国际创新合作，吸取先进经验，加速本土创新的发展。同时，中国的创新成果也被推向世界舞台，搭建起双向创新交流的桥梁。最后，数字经济时代的开放性为创新合作与跨界交流提供了更广阔的空间。各类创新平台和创新大会层出不穷，吸引了众多企业家、投资者和创新者。不同领域、不同企业之间的合作与交流日益频繁，创新成果得到了更快速的转化和推广。数字经济的开放性促进了国际创新合作，中国与全球范围内的创新者形成紧密合作网络，共同推动创新文化的发展。在此背景下，社会普遍认同创新是引领发展的第一动力，各界创新热情高涨。

三、心理赋能

Thomas 等(1990)指出，心理赋能侧重于改善社会心理或个人的主观意识，使个人感觉到命运掌控在自己手中。数字经济的发展对社会心理和个人内在激励产生了深远的影响，有助于推动中国式创新的跨越式发展。数字经济赋予个体更多的信息和资源，加强了社会参与感和个人主体性，从而促使员工感觉到命运掌控在自己手中。在这样的环境下，创新者拥有强大的自我效能，极大增强了创新潜力。

（一）数字经济改善社会心理

1. 数字经济提供了广泛的创新机会，激发创新意识

数字经济的发展为创新提供了更广阔的发展空间和市场机遇。人们逐渐认识到创新带来的积极影响，对创新充满激情和渴望，因此更多的创新项目不断涌现并得以实施。数字化时代的高速信息传递和全球互联网的普及，加速了创新成果的传播与推广，激发了更多人的参与热情。这种

创新浪潮为社会注入了源源不断的创新动力，推动着各行各业不断迈向新的高度与领域。

在数字经济时代，创新不再局限于少数人，每个人都有机会参与其中。数字化平台为员工提供了更开放、自由的创新机会。更多人接触到前沿科技、新商业模式和创新理念。这种接触激发了人们的创新意识，让他们更加敏锐地发现问题和机遇，并积极寻求解决方案和创新方向。企业内部积极鼓励员工提出自己的创意，并支持将这些点子付诸实践。创新孵化中心和创意工坊的建立为员工提供了资源和支持，让他们能更自由地发挥创造力。

同时，企业积极推动与外部创新者、初创企业开展合作，通过开放创新平台，吸引更多人参与到创新活动中。这种广泛的创新机会激发了员工的创新动力。他们感受到企业对创新的重视和支持，从而有信心尝试新的工作方式。创新意识的增强推动了中国式创新的繁荣，使创新不再受限于特定领域，而成为企业和个人持续追求的目标。在这样的创新氛围中，中国的科技和经济发展呈现出日益向好的势头。

2. 数字经济塑造了开放合作的文化，点燃创新热情

数字经济的迅速崛起塑造了开放合作的文化，同时点燃了人们的创新热情。在数字经济时代，信息技术的高度发达和全球互联网的普及促使各个国家、企业和个人之间更加紧密地联系在一起。通过数字化平台和互联网技术，全球范围内的信息共享、资源整合和技术交流成为可能，促进了国际间互动与合作。数字化技术带来了前所未有的创新机会，每个人都可以成为创新者和创业者。数字经济为人们提供了更广阔的创新舞台，鼓励他们大胆尝试、不断突破，释放出个人创新潜能。这种开放合作的文化和创新热情相辅相成，推动了全球创新活动的蓬勃发展。在数字经济的推动下，各国之间建立了更加紧密的合作伙伴关系，共同面对挑战，共享创新成果。这不仅加速了中国式创新的进步，也为全球社会带来了更多发展机遇和福祉。

（二）数字经济增强个人内在激励

1. 增强自我意识

数字经济的发展增强了个体的自我意识，让每个人都能更好地认识自己的价值和潜力。首先，数字经济提供了更广阔的自我展示平台。个体可以通过互联网和社交媒体展示自己的才华、技能和创新成果，增强了自我认知和自信心。这种自我意识的增强让个体更加敢于表达自己的观点和独特见解，从而在创新领域中勇于尝试新的思路和方向。其次，数字经济促进了个体之间的交流与合作。在数字化平台上，个体可以轻松地与其他

创新者和专家进行交流与合作。这种开放的交流和合作让个体感受到合作的力量，激发了他们参与创新活动的积极性和热情。自我意识的增强推动个体在创新中释放出更大的潜能，进而助推创新活动的蓬勃发展。

2. 增强自信心

数字经济为创新者提供了广阔的创新舞台，让个体更容易展现自己的才能和创意。通过数字化平台，个体可以轻松获取各种信息和资源，了解全球前沿的科技和商业动态。这种信息的畅通让人们对创新有了更全面的认识，增强了对创新潜力的自信。数字经济时代，开放合作和跨界交流成为常态，个体可以与全球范围内的创新者合作。这种合作促进了个体之间的经验分享和启发，激发了更多创新点子的涌现。通过与其他优秀创新者的交流，个体的自信心不断得到增强，创新者打破了传统观念，敢于挑战传统，尝试新的创新路径。在这种积极向上的创新氛围中，个体的自信心不断增强，持续推动中国式创新的繁荣发展。

3. 提升自我效能

在数字经济时代，信息技术的广泛应用和互联网的普及，让人们更容易获取知识、分享成果、参与创新。首先，数字经济为个体提供了更广阔的创新平台。个体可以通过数字化工具展现自己的才华、技能和创意，获得他人的认可和赞赏。这种认可和赞赏提升了个体的自我效能感，让他们更加坚信自己能够取得创新成果。其次，数字经济促进了个体之间的交流与合作。通过数字化平台，个体可以轻松与其他创新者交流合作，分享经验与资源。这种开放的交流与合作激发了个体的自我效能感，让他们相信合作与协作可以带来更卓越的创新成果。总的来说，数字经济提升了个体的自我效能感，让每个人都更有信心参与到创新中。这种自我效能感的增强推动了中国式创新的不断进步与创新成果的不断涌现。在数字经济的推动下，中国将继续增强创新能力，为全球科技与经济发展贡献中国智慧和力量。

（三）数字经济增强个人自我管理能力

数字经济的快速发展提升了个体的自我管理能力，进而推动了中国式创新的蓬勃发展。在数字经济时代，信息技术的普及和互联网的广泛应用，让个体面临更多的选择和挑战，个体需要更加高效地管理自己的时间和资源。首先，数字经济让个体能够更好地规划和安排工作。通过数字化工具和平台，个体可以更加方便地制定工作计划、设定目标，并实时跟踪和调整进度。这种高效的自我管理能力有助于个体更好地集中精力，投入到创新过程中。其次，数字经济促进了工作与生活的平衡。个体可以通过数字化平台进行灵活的工作安排，实现工作与生活的平衡。这种平衡有助于提升个体的工作效率和创新动力，保持更高的创造力和创新活力。总的来说，数字经济提升了个体的自我管理能力，让每个人更好地掌控自己的行动和资源。这种自我管理能力的提升推动了中国式创新的蓬勃发展，激发了更多人开展创新活动的热情和动力。

本章小结

本章总结了中国数字经济的发展历程，梳理了“中国式创新”的提出与发展历程，提出了“数字经济将激活中国式创新的新引擎”重要论断，同时阐述了数字经济赋能中国式创新的三个维度：资源赋能、结构赋能与心理赋能。资源赋能认为获得必要的资源会导致赋能；结构赋能认为提供便利的环境会导致赋能；心理赋能认为改善社会心理和内在激励会导致赋能。

第六章 数字经济赋能中国式创新的路径分析

数字经济赋能中国式创新的路径主要包括三个方面，即创新要素、创新模式与创新价值的重塑。创新要素重塑涵盖新型创新要素的涌现、传统创新要素的变革发展以及创新要素的流动配置三个方面；创新模式重塑涵盖敏捷式创新模式、协同式创新模式、衍生式创新模式与开放式创新模式四个方面；创新价值重塑主要是指创新效率、创新质量与创新绩效的优化与提升。其逻辑框架如图 6-1 所示。

第一节 创新要素重塑

随着新一代信息技术的蓬勃发展及深度应用，大数据、人工智能、区块链等新型创新要素已经成为驱动中国式创新的关键生产要素，人才、技术、制度等传统创新要素正在发生变革重塑，创新要素的流动配置呈现出崭新的面貌，对创新活动产生了深远的影响。

一、新型创新要素的涌现

随着数字化时代的到来，数据已成为支撑和驱动中国式创新的关键要素。大数据技术的迅猛发展和广泛应用，使得企业能够在海量数据中发现有价值的信息，从而更好地洞察市场需求、消费者行为和产业趋势。企业基于数据生产要素，能够准确地把握用户的偏好和需求，因此产品与服务

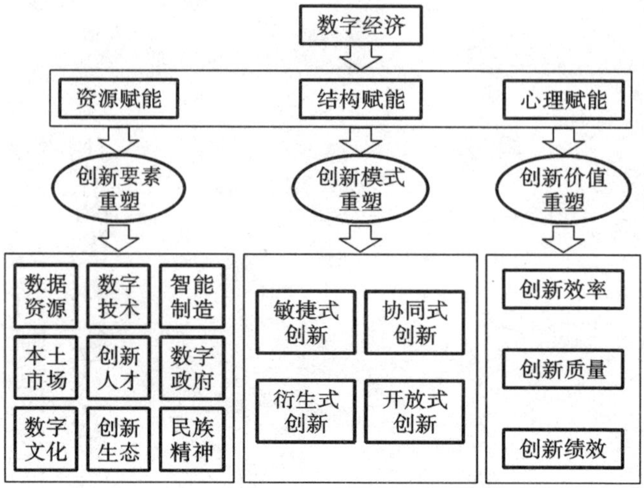

图 6-1　数字经济赋能中国式创新的逻辑框架图

能够更加贴近客户的实际需求，提高用户满意度。同时，大数据还能够优化企业内部的运营管理。借助大数据技术，管理者能够系统把控生产流程的每一个环节，及时发现生产流程的难点与堵点，并进行精细化优化。例如，电商企业可以根据用户的购买历史和浏览行为，推荐个性化的产品，提高用户购买转化率；物流企业可以通过数据分析优化配送路线，提高物流效率。这种数据驱动的管理模式，使得企业能够更加高效地运作，降低成本，提高盈利能力。另外，大数据技术与各行各业的深度融合还推动了跨行业的创新合作。在数字化时代，各行各业都产生了大量数据，这些数据潜藏着巨大的商业价值。通过数据共享和跨行业合作，企业间可以共同开发新产品和新服务，拓展新市场。例如，传统汽车制造商可以与互联网公司合作，共同开发智能汽车产品；医疗健康企业可以与人工智能公司合作，开发智能医疗解决方案。这种跨行业的创新合作，不仅加速了创新要素的涌现，还为企业带来了更多盈利和发展机会。

除了大数据，人工智能也是新型创新要素的重要代表。机器学习、自然语言处理、计算机视觉等人工智能技术的发展，为企业的创新活动提供了算力与算法支持。智能化的系统能够快速处理复杂数据，提供精准的决策支持和预测分析，助力企业更好地把握市场动态，优化资源配置，进一步提升企业的竞争力。人工智能技术的应用为智能制造带来了新的机遇。通过智能化的生产设备和自动化生产线，实现流程的智慧监控和优化，实现效率与质量的兼顾。同时，人工智能技术还可以为企业提供智能化的售后服务，通过分析用户反馈和产品数据，预测产品可能出现的故障，提前进行维护，提高用户满意度和品牌忠诚度。在零售业领域，人工智能技术的应用使得企业能够更好地洞察消费者需求。通过人工智能技术对用户的购买历史和行为进行分析，企业能够实现个性化推荐和定制化服务，提高用户的购买转化率。同时，人工智能技术还可以帮助企业预测市场趋势，进行精准的库存管理和供应链优化，降低库存成本，提高资金周转率。

此外，区块链技术作为一种分布式、去中心化的信息存储与传输方式，推动了新的创新要素的涌现与发展。区块链的特点使得数据无法篡改和伪造，保障了数据的可信度和安全性。这种安全性为跨机构、跨地域的合作提供了可行性，促进了更多新型创新要素的涌现。在金融领域，区块链技术的应用为金融创新带来了新的可能性，通过区块链技术，打造去中心化金融交易，有助于保障交易的安全性和高效率。同时，区块链技术还可以实现数字资产的可信转移，降低交易成本，促进跨境支付和资金流动，使得金融服务更加普惠和便捷，为实体经济的发展提供了更多支持。在供应链管理领域，区块链技术的应用有助于推动供应链的透明化和高效运作。通过区块链技术对供应链信息的记录和跟踪，企业可以实时监控产品的生产和运输过程，减少信息不对称和欺诈行为，提高供应链的安全性和可靠性。供应链的数字化和智能化不仅提高了供应链管理的效率，还降低了企业的运营风险，增强了企业的竞争优势。此外，区块链技术的应用还可以推动知识产权的保护和交易。通过区块链技术，知识产权可以在链上进行登记和验证，保障了知识产权的真实性和有效性，促进了知识产权的保护和创新成果的转化，为创新者提供更多的收益和保障。

二、传统创新要素的变革

随着数字经济时代的到来，中国式创新传统要素正经历着翻天覆地的变革，制造能力向智能制造转型，本土市场向全球化拓展，科研水平显著提升，创新人才需求旺盛，智慧政府支持重要性凸显，创新生态更加开放与包容，民族精神作用日益凸显。中国在数字经济时代应不断适应和引领这些变革，不断优化创新要素，以持续提升创新能力。

1. 智能制造

数字经济的蓬勃发展正深刻地影响着传统制造业，带来了全新的转型机遇。随着数字化技术的广泛应用，制造业正朝着智能制造的方向迈进。在数字经济时代，数字化生产、物联网技术以及大数据分析等成为制造能力的关键要素，为制造业注入了强大的创新动力。

智能制造是数字经济时代的重要产物，它融合了数字技术与传统的制造流程，推动了制造流程的自动化。借助数字技术，制造业能够实现生产过程的精准控制和优化，大幅提高生产效率。传感器、互联设备以及实时数据交互的物联网技术，使得生产线的运行更加智能高效，同时还能帮助企业实现资源的合理利用和节能减排，助力绿色可持续发展。在智能制造中，大数据的应用也扮演着重要的角色。制造过程中产生的大量数据，通过高效的数据分析和挖掘，帮助企业找到制造流程中存在的问题，挖掘生产效率的提升空间。基于大数据分析，制造企业可以进行精准的产品定制，满足不同客户群体的个性化需求，优化用户体验。此外，大数据还能够帮助管理者预测市场需求和趋势，及时调整生产计划和供应链，有效降低库存和成本。

智能制造的兴起，也意味着传统制造业将面临技术升级和转型的挑战。企业需要投入大量资源进行数字化技术的引入和培训，加强人才队伍建设，以适应智能制造时代的发展。同时，智能制造涉及信息安全等新问题，企业需要加强网络安全和数据保护措施，确保生产过程的稳定和安全。

智能制造的推进也必然会带来巨大的效益，将推动中国制造业的转型升级，实现制造业的高质量发展，提升中国制造业在全球市场中的竞争力。更重要的是，智能制造将推动传统制造业由“中国制造”向“中国智能制造”迈进，提升中国制造业的品牌价值和影响力，推动制造能力的中国式创新。

2. 全球化市场

数字经济的崛起将推动本土市场的发展完善，加速本土市场的全球化拓展，进而赋能中国式创新。

首先，数字经济将推动本土市场的全面数字化转型。数字化支付、电子商务、云计算等数字经济工具的广泛应用，让传统实体市场转向线上、线下融合的新模式。电商平台的兴起使得本土企业能够拥有更广阔的销售渠道，消费者可以随时随地购物，大大提高了交易的便捷性和效率。同时，数据分析和挖掘技术帮助高管把握用户的潜在需求，从而调整产品策略和营销推广方案，以赢得市场青睐。数字化转型也使得本土市场的管理更加高效，企业可以实现更精细化的供应链管理、库存管理和营销策略，提升运营管理能力。数字经济的发展也促进了本土市场的多元化发展，新兴产业和服务业不断涌现，进一步丰富了市场的产品和服务供给。多元化的市场需求将为创新提供更多的切入点和发展机会。

其次，数字经济将加速本土市场的全球化拓展。数字化技术打破了地理和时间的限制，让本土企业能够更加便捷地进入国际市场，触达全球用户。通过数字化平台，本土企业可以服务世界各地的消费者，无须设置实体门店或中间代理商，大大降低了进入海外市场的门槛和成本。数字经济时代，一方面，本土企业有机会在国际市场上展示自己的优势，提高品牌认知度和影响力；另一方面，全球化拓展将使得本土企业面对更多国际竞争对手，本土企业亟须不断提升产品质量、创新能力和服务水平，从而在全球市场中取得竞争优势。

3. 科研水平

数字经济的快速发展对科研水平的提升有着深远的影响。数字经济有助于为科学研究提供更多元的信息、更强大的工具与平台、更丰富的合作机会以及更卓越的人才，推动科研创新能力的不断增强。

第一，数字经济为科研提供了更广泛的信息资源。在数字化时代，大量的科研文献、数据和信息被数字化存储和共享。数字图书馆、学术数据库、科学论文搜索引擎等数字化工具让科研人员能够更便捷地获取全球范围内的最新研究成果和知识。这种数字化的信息资源极大地拓宽了科研人员的视野，帮助他们更全面地了解前沿领域和相关研究，为科学创新提供了强有力的支持。

第二，数字经济提供了更强大的计算和数据处理能力。随着大数据技术的不断进步，科研人员可以利用超级计算机和云计算平台，更快速地处理和分析海量的科研数据，从而加速了科研攻关和成果产出的速度。同时，数字经济时代的人工智能技术也有助于为科学研究提供新的思路和方法。例如，机器学习和数据挖掘等技术能够帮助科研人员从海量数据中发现规律和趋势，获取新的研究思路和解决方案。

第三，数字经济促进了科研合作与交流。数字技术使得科研人员能够通过互联网和数字化平台，实现跨地域、跨机构的合作和交流。远程视频会议、在线合作平台等工具为科研人员提供了便捷的沟通和合作方式，使得不同地区的科研团队能够共同协作，集中优势资源，共同攻克科学难题。数字经济的全球化特征还有助于促进国际间的科研合作，科研人员能够与全球的科学家开展交流与合作，共同推动科学技术的进步。

第四，数字经济为科研人员提供了强大的创新平台，促进了科研成果的转化和应用。科研人员可以利用数字经济时代的创新平台和共享经济模式，将科研成果转化为可以实际应用和商业化的产品。众包平台、科技孵化器等创新生态系统为科研人员提供了展示和推广创新成果的机会，帮助科研成果更好地服务于社会和经济发展。

第五，数字经济推动了创新人才队伍建设。随着数字经济的不断发展，数字人才建设迫在眉睫，市场对数字创新人才的需求持续增大。在加快培养与引进数字化人才的时代号召下，高等院校纷纷开设了数字化相关的专业和课程，政府加大了对数字领军人才的支持力度，这些举措强化了创新人才队伍建设，为科研水平的提升打下了坚实的人才基础。

4. 创新人才

数字经济的兴起对创新人才的培养和发展产生了深远的影响，为中国式创新注入了新的活力和动力。

首先，数字经济提供了更广阔的创新平台和机遇。在数字化时代，各类创新平台和科技孵化器蓬勃发展，为创新人才提供了更多展示才华的机会。互联网和数字化技术使得信息传播更加快捷和全球化，创新成果能够迅速在网络上传播，得到更多关注和认可。众包平台和共享经济模式为创新人才提供了与全球顶尖专家和企业家合作的机会，激发了他们的创新潜能。创新平台为创新人才提供了更多的展示和推广渠道，帮助他们更好地将创意转化为实际应用，推动中国式创新从理论到实践的快速转化。

其次，数字经济推动了创新人才的跨界融合，为创新人才提供了更广阔的发展空间和创新思维。数字经济时代强调跨学科合作和融合创新，创新人才不再局限于单一领域的专业知识，而是需要具备多领域的知识和技能。数字经济时代，计算机、人工智能、大数据等前沿技术与其他学科的融合，使得创新人才能够借助多种工具，更加全面地思考和解决问题。例如，数字经济的发展促进了医疗与信息技术的交叉融合，推动了医疗健康领域的数字化转型，这些变化对医学专业人才与计算机科学家、数据分析师等技术人才之间的紧密合作提出了更高的要求。

再次，数字经济提供了丰富的创新人才的培养途径。数字经济时代，创新人才的需求日益增加，各类高校、科研院所和企业纷纷设立创新人才培养计划，通过开设相关课程、组织创新竞赛和项目培训等方式，培养更多具备创新能力的人才。创新人才的培养不再局限于传统的学科知识，而是更注重培养学生的实践能力和团队合作精神。许多高校还与企业合作开设实习岗位，让学生在实际项目中锻炼和应用所学知识，培养创新精神和实践能力。

最后，数字经济时代的创新环境激发了创新人才的创新创业积极性。数字经济的兴起带动了创新创业的热潮，许多创新人才愿意投身于创业的浪潮中。数字经济时代，创新创业的成功案例不断涌现，这些成功故事激发了更多创新人才的积极性和创业激情。同时，数字经济也为创新人才提供了更多创业机会，数字化技术和互联网平台降低了创业的成本和风险，吸引了更多创新人才踏入创业的道路。创新人才积极投身于创业，不仅推动了科技创新的加速，也推动了中国式创新的发展。

5. 政府支持

数字经济在当今社会已经成为推动智慧政府建设的关键力量。随着数字技术的推广与应用，政府加快了数字化转型步伐。智慧政府建设旨在利用先进的信息技术手段和数据资源，优化政府管理和服务，提升行政效率和服务质量，从而更好地满足公众的需求和期待。

数字经济的快速发展为智慧政府建设提供了坚实的基础。数字经济是以信息技术为基础，以数据为核心，以创新为动力的新型经济形态。在数字经济时代，数据被认为是新的生产要素，数据的获取、处理和应用能力成为企业和政府竞争的核心能力。智慧政府建设依托于数字经济的快速发展,政府可以借助大数据、云计算、人工智能等先进技术手段,更好地了解与回应民众的诉求,发现社会问题,精准施策,推动社会资源的优化配置。此外,数字经济还可以为智慧政府建设提供更多元的公共服务渠道,比如智能化的政务服务平台、在线教育平台、健康医疗平台等,可以实现政府信息化和数字化管理,推动政府决策科学化、精细化,提升公共服务的便捷性和智能化水平。

为了进一步推动中国式创新,政府需要制定更加有针对性的政策措施。首先,政府可以加大对科研机构和高校的科研经费投入力度,鼓励他们在解决国家重大需求和民生问题上发挥更大作用。其次,政府可以加大知识产权保护力度,建立更为健全的知识产权保护法律体系,为创新者提供更好的创新环境。同时,政府通过扩展与企业和市场合作的广度和深度,运用政策引导和资源支持,鼓励企业在创新中勇于探索,实现从跟跑者到领跑者的转变。

然而,数字经济和智慧政府建设也面临一些挑战和问题。首先,数字经济的快速发展可能导致数据安全和隐私保护问题的出现。政府需要加强对数据的管理和保护,建立健全相关法律法规,确保数据在合法、安全、可控的前提下得到应用。其次,智慧政府建设需要政府部门加强信息化与人才队伍建设,提高信息技术的应用能力和管理水平。同时,政府需要深化与企业和社会各界的合作,形成合力,共同推进智慧政府建设。

6. 创新生态

随着信息技术的不断进步和数字化转型的深入推进,数字经济创新生态正呈现出多元化、开放式的趋势,数字经济不仅为中国的创新产业带来新的发展机遇,同时也推动中国式创新走向世界舞台。

首先,数字经济为创新生态的发展提供了强劲动力。以互联网、人工智能、大数据等为代表的信息技术不断渗透到经济社会各行各业,推动了传统经济向数字经济转型的浪潮。在数字经济的支持下,创新生态不再受限于传统的空间和时间,数字化的连接和互动加速了各类创新要素的融合和传递。例如,在数字经济的推动下,创新者可以通过在线平台获取全球范围内的前沿技术和知识,打破地域壁垒,共享创新资源。

其次,数字经济创新生态的发展激发了创新主体的活力和创造力。数字经济为创新者提供了更加便捷、高效的创新工具和资源。互联网的普及使得信息获取更加便捷,大数据的应用使得市场需求更加精准可靠,人工智能技术的发展为创新者提供了更多的智能支持。这些数字化的支持手段不仅降低了创新的成本,也激发了创新的潜力。

最后,在数字经济创新生态的发展过程中,平台经济的崛起也为中国式创新的蓬勃发展提供了新的契机。互联网平台以其强大的数据整合和运算能力，成为连接创新主体和用户的桥梁，促进了供需双方的有效对接。通过平台经济，创新者可以更好地了解市场需求，精准推出产品和服务。用户也能够更方便地获取个性化的创新产品，从而形成良性的创新循环。特别值得一提的是，互联网平台的开放性和共享性，为中国式创新提供了更多的参与机会，促进了不同创新主体之间的合作和交流。

然而，数字经济创新生态的发展也面临一些挑战。其一，数字经济的快速发展带来了数据安全和隐私保护等问题，政府和企业需要加强对数据的保护和管理。其二，数字经济的发展也可能加剧了一些产业的失业风险，政府需要制定相关政策，帮助受到影响的群体实现转型和就业。其三，数字经济的发展还可能导致数字鸿沟问题，政府需要加强基础设施建设和提高公民数字素养，确保每个人都能分享到数字经济发展的成果。

7. 民族精神

数字经济不仅是经济形态的演进，更是一个国家文化、民族精神的传承、创新与弘扬的重要载体。数字经济在推动中国式创新的同时，也为民族精神的传承和弘扬提供了新的机遇和平台。

首先，数字经济为传承民族精神提供了全新的方式。随着数字化技术的广泛应用，传统文化和民族精神以更加丰富多样的形式展现在人们面前。例如，通过数字化的手段，我们可以将传统的戏曲、音乐、绘画等艺术形式进行数字化保护和传播，让更多的人了解和体验中华民族的传统文化。数字化的媒介和平台也使得我们可以更好地记录和传承祖辈的智慧和故事，让民族精神代代相传。

其次，数字经济的创新为民族文化注入了新的活力。在数字经济的推动下，许多传统文化元素与现代科技相结合，孕育了许多具有中国特色的创新产品和服务。比如，在数字经济的支持下，传统手工艺可以通过电商平台走向全球市场，让更多的人认识和喜爱中国的手工艺品。又如，在虚拟现实技术的应用下，我们可以身临其境地感受古代名胜古迹的壮丽与历史。这些创新既保留了传统文化的精髓，又使之与现代社会紧密结合，展现出了中华民族文化的独特魅力。

最后，数字经济的发展也为传统文化的弘扬提供了新的平台。在数字经济的支持下，许多传统文化节日和庆典可以通过网络直播、在线互动等方式进行全球传播。这种形式的传播不受时间和空间的限制，让更多的人有机会参与到传统文化的庆典中，增进对中国传统文化的认识和了解。另外，数字经济的快速发展也为传统文化的保护和修复提供了更多的经费和技术支持，使得那些濒临失传的传统文化得以有效保护和传承。

三、创新要素的流动配置

在数字经济蓬勃发展的浪潮下，创新要素加速流动并精准匹配。创新主体之间的边界变得模糊，制造能力、创新人才、本土市场、科研水平等要素的活力充分释放，激活了要素的发展潜力，提升了要素的配置效率。数字化平台在这一进程中扮演了至关重要的角色，为创新要素提供了信息与资源有效共享的机会，同时为创新活动带来了新的可能性。

工业互联网平台是数字经济中的一大亮点，它以其强大的资源整合和信息传递能力，推动构建以需求为引领的高效协同创新机制，助力创新要素高效流动。这些平台汇聚了产业链上下游的丰富资源和信息，将参与者之间的距离缩短到最小，为创新要素的流动提供了全新的机遇。人才、资本、技术等创新要素得以在这一平台上自由交流和碰撞，进而促成了更多的合作与创新。

首先，工业互联网平台为人才的流动创造了更广阔的舞台。在传统模式下，不同行业间的人才流动面临着种种限制，而这些平台的兴起打破了这些限制。人才可以在平台上展现自己的专业技能和经验，同时也能够从其他领域的专家和企业家那里学到新知识，形成跨界创新的合作交流。这种开放性的人才流动，为产业间的合作提供了更多可能，加速了创新要素的相互吸引与匹配。

其次，工业互联网平台为资本的配置提供了新的路径。传统上，投资者在寻找投资机会时往往依赖于个人网络或专业机构，但这种方式有时限制了资本的流动效率。而数字化平台的出现，使得投资者可以更加便捷地找到合适的项目和企业。投资者通过平台上的信息共享和数据分析，能够更准确地评估风险和回报，降低投资决策的不确定性，从而更愿意参与到创新型企业的投资中来。

最后，工业互联网平台也为技术的交流与应用提供了更广泛的机会。各类创新技术在这些平台上得以展示和应用，不同行业的技术专家能够相互交流，从而促成了技术的跨界融合与创新。例如，制造业的先进生产技术可以与物流行业的智能化管理技术相结合，形成全新的智能制造模式。这种技术的共享与整合，为产业的升级和优化提供了更多的可能性。

总的来说，数字经济时代的工业互联网平台为创新要素的流动和精准匹配注入了新的活力。借助数字技术破除了创新要素间的障碍，促进了创新要素的自由流动，从而加速了创新要素的匹配与配置过程。数字化平台的崛起不仅为各行各业带来了新的商机，也为全球经济的可持续发展注入了强大动力。只有继续推动数字化转型，鼓励创新合作，才能更好地释放数字经济的潜力，开创更加繁荣和创新的未来。

第二节 创新模式重塑

数字经济的兴起正在重塑中国的创新模式，推动了一系列新兴的创新范式兴起，包括敏捷式创新模式、协同式创新模式、衍生式创新模式与开放式创新模式。

一、敏捷式创新模式

数字经济正以其强大的推动力，驱动着敏捷式创新模式在中国盛行，并进一步推动了中国式创新的发展。敏捷式创新模式强调快速反应、持续改进和高度灵活性，这与数字经济的快速发展和不断变化的市场需求相契合，成为中国创新生态的重要组成部分。

随着数字经济的迅速发展，企业面临着前所未有的机遇和挑战。市场竞争愈演愈烈，用户需求日新月异，传统的创新模式呈现出不够灵活的弊端，无法适应快速变化的环境。因此，敏捷式创新模式在数字经济的推动下应运而生，成为许多企业应对挑战，及时开展创新活动的有效手段。

首先，数字经济为敏捷式创新提供了强有力的技术支持。信息技术的进步使得企业能够更快捷地收集和分析市场信息，把握市场脉搏。通过数据分析，企业可以更准确地了解用户需求和行为，及时发现市场机会和潜在痛点。此外，云计算、人工智能、大数据等新兴技术的应用，为敏捷式创新提供了更多可能性，使得企业可以更加迅速地开发新产品、新服务或改进现有产品，不断满足用户的需求。

其次，数字经济的开放性和互联互通性为敏捷式创新提供了更广阔的合作机会。在数字经济的背景下，企业之间的边界逐渐模糊，产业链更加融合。企业可以通过开放式的合作模式，积极与供应商、合作伙伴和客户进行合作，共同推动创新。数字化平台的发展，如众包、众创、众扶等，使得企业可以更方便地吸收外部丰富的数据、信息、知识等资源，为企业的创新活动夯实资源基础。

再次，数字经济的用户导向为敏捷式创新提供了坚实的市场基础。数字化时代的用户是高度互联的，信息传递和反馈更加快捷。用户的需求和反馈直接影响着企业的创新方向和产品设计。敏捷式创新模式通过快速的反馈循环，使企业能够更敏锐地洞察用户需求，及时做出调整，确保产品和服务始终符合市场的需求。

最后，敏捷式创新模式的兴起推动了中国式创新的发展。中国式创新强调创新的融合和跨界合作，以集体智慧推动创新的深入发展。在数字经济的助推下，企业更加开放和包容，愿意与其他企业、研究机构和个人共享资源、技术和知识。敏捷式创新的灵活性和迅速响应能力,使得企业能够更好地适应不断变化的市场环境和用户需求,从而更好地实现中国式创新的跨界融合。此外,敏捷式创新模式对中国企业的组织结构和文化也产生了深远的影响。传统的创新模式往往由上至下的线性决策过程所主导,而敏捷式创新模式更加强调团队的合作与自治。这种扁平化的组织结构和开放式的创新文化有助于激发员工的创新热情和创造力,使企业能够更好地应对市场变化和挑战。

然而,敏捷式创新模式也面临着一些挑战。其一,对于传统企业来说,敏捷式创新模式的实施需要改变组织文化和管理方式,要求领导者拥有包容和鼓励创新的意识,也要求员工拥有快速适应变化的能力和创新意识。其二,敏捷式创新模式强调快速反应和试错学习,但这也可能带来一些风险,如果企业在试错过程中处理不当,可能会产生不良后果。因此,企业需要在敏捷式创新的过程中保持谨慎,以最小的代价取得最大的收益。

二、协同式创新模式

数字经济激发了协同式创新模式的强大势能,进而推动了中国式创新。协同式创新模式强调不同创新主体之间的合作与共享,将资源、技术和知识进行整合,以集体智慧推动创新。数字经济时代,信息技术快速发展,企业、政府与社会的数字化转型步伐加快,在这样的背景下,协同式创新模式蓬勃发展,同时也为中国式创新提供了全新的发展机遇。

数字经济的崛起为协同式创新模式提供了强大的技术支持。信息技术的进步使得不同创新主体之间能够更加便捷地进行信息交流和合作。互联网的普及使得全球范围内的企业、研究机构和个人都能够实现高效的沟通与合作。云计算、大数据和人工智能等先进技术的应用,使得创新主体能够更好地收集、分析和共享数据,实现资源和信息的高效整合。数字经济的技术支持为协同式创新提供了强有力的基础,使得创新主体能够更加紧密地合作,共同推动创新。

在数字经济的推动下,协同式创新模式成为中国创新发展的重要方向。传统的创新模式往往由个别企业或研究机构独自推动,而在数字经济时代,这种模式已经不再适应快速变化的市场需求和技术发展要求。协同式创新模式强调集体智慧,将不同创新主体的优势进行整合,形成优势互补,共同推动创新的进程。在中国,政府积极推动协同式创新模式的发展,鼓励企业、研究机构和高校之间进行合作,加强产学研合作,实现资源共享和知识传递,促进科技成果转化和产业升级。

协同式创新模式的发展推动了中国式创新的蓬勃发展。中国式创新强调创新的融合与跨界合作,将不同领域、不同产业的创新要素进行整合,形成创新生态的集合体。在数字经济的背景下，企业更加开放和包容，愿意与其他企业、研究机构和个人共享资源、技术和知识。协同式创新模式的兴起使中国式创新的融合更加深入，创新要素的整合更加广泛，推动了产业链的重构和创新网络的形成。

除此之外，协同式创新模式的兴起也为中国企业的国际竞争力提供了全新的动力。在全球化和数字化的时代，企业面临全球范围的竞争。协同式创新模式助力中国企业更好地与国际企业进行合作，吸收国际先进技术和管理经验，提高自身的创新能力和核心竞争力。

然而，协同式创新模式也面临着挑战。首先，不同创新主体之间的合作和协调需要付出大量的时间和精力。协同式创新模式涉及多方的利益协调和意见调和，需要建立稳定的合作关系，确保各方共同推进创新目标。其次，知识产权和数据安全等问题也是协同式创新模式亟须解决的问题。

三、衍生式创新模式

数字经济的发展推动了衍生式创新模式的兴盛，进而推动了中国式创新。在数字经济时代，信息技术的快速发展和数字化转型为衍生式创新提供了广阔的空间和有利的条件。衍生式创新作为一种基于现有技术、产品或服务的改进和创新，具有高度的灵活性和高效性，成为中国创新发展的重要途径。

数字技术的天生动态性、无限延展性以及可重新编程性为衍生式创新提供了坚实的基础。

首先，数字技术的天生动态性使得创新主体能够更加灵活地应对市场变化和用户需求。随着数字经济的发展，市场需求不断变化，用户需求日益多样化。衍生式创新允许企业在现有产品或服务的基础上快速进行改进和升级，以满足不断变化的市场需求。数字技术使得企业能够更快捷地收集和分析市场信息，及时抓住市场机遇，灵活调整创新方向，提高创新的成功率。

其次，数字技术的无限延展性为衍生式创新提供了更广阔的发展空间。数字经济为企业提供了更多的数据和信息，使得企业能够更好地分析市场和用户反馈，发现潜在的创新机会。衍生式创新允许企业在现有技术、产品或服务的基础上进行多样化组合，形成新的增值服务、产品或技术。数字技术的无限延展性使得企业能够不断拓展创新边界，实现创新的多元化和复合型发展。

最后，数字技术的可重新编程性为衍生式创新提供了灵活的创新方式。在数字经济时代，数字化技术的应用使得创新主体能够更灵活地对产品或服务进行调整和优化。数字化技术允许企业通过重新编程或重新配置,对现有产品或服务进行深度定制,以满足不同用户的个性化需求。这种可重新编程性使得衍生式创新更加符合市场需求,推动了产品和服务的个性化发展。

衍生式创新在中国式创新中发挥着重要的作用。中国式创新强调创新的融合与跨界合作,将不同领域、不同产业的创新要素进行整合,形成创新生态的集合体。在数字经济的背景下,企业更加开放和包容,愿意与其他企业、研究机构和个人共享资源、技术和知识。衍生式创新的灵活性和高效性使得中国式创新的融合更加深入,创新要素的整合更加广泛,推动了产业链的重构和创新网络的形成。

衍生式创新也有助于提升中国企业的国际竞争力。在全球化和数字化的时代,中国企业之间的竞争已经不再局限于国内市场,而是面临全球范围的竞争。衍生式创新使得中国企业能够更好地与国际企业进行竞争和合作。通过在现有技术、产品或服务的基础上进行改进和创新,中国企业能够更加快速地推出具有市场竞争力的产品和服务,提高企业的国际市场份额。衍生式创新的发展也带动了中国式创新的进一步升级。中国式创新不再局限于传统的"自主创新",而更加强调开放、协同和整合式创新。衍生式创新模式为中国企业提供了更多与其他创新主体合作的机会,实现资源共享和知识传递,促进科技成果转化和产业升级。在数字经济的助推下,中国式创新呈现出开放式合作和协同创新的新特点,不同创新主体之间形成了更加紧密的合作网络。

然而,衍生式创新模式也面临着一些挑战。其一,对于传统企业来说,转变到衍生式创新模式需要改变组织文化和管理方式。衍生式创新强调快速反应和持续改进,需要企业建立更加灵活的组织结构和创新文化。同时,衍生式创新也需要企业拥有一定的创新能力和技术积累,这对于一些传统企业来说可能是一项挑战。其二,衍生式创新需要企业保持创新的持续性。在数字经济时代,市场竞争愈演愈烈,创新变得日益重要。衍生式创新模式的成功需要企业始终保持创新动力,持续改进和升级现有产品或服务,以保持市场竞争力。

四、开放式创新模式

数字经济的发展激发了开放式创新模式的活力,开放式创新模式正在成为许多企业和组织开展创新活动的有力策略。开放式创新模式强调利用外部资源和合作伙伴关系来推动创新,以增强企业的竞争力和创造价值。这一模式的兴起为中国的创新发展带来了新的机遇和挑战。

数字经济是一种基于数字技术和互联网的经济模式,它正在全球范围内快速蓬勃发展。数字经济的兴起带来了前所未有的信息交流和资源共享机遇，为开放式创新模式的推广提供了坚实的技术基础。在传统经济模式下，创新主要依赖于企业自身的内部资源和研发能力。然而，随着数字经济的发展，企业可以更加方便地获取外部的技术、知识和资源，通过开放合作推动创新的快速迭代。这种开放式创新模式强调企业与外部合作伙伴的紧密协作，实现资源和优势的互补，共同推动创新的进程。

开放式创新模式具有几个重要特征。首先是开放性和透明性。在这种模式下，企业愿意与外部合作伙伴分享自身的技术、知识和数据，主动与其他企业、研究机构和个人进行合作，形成创新共同体。这种开放的态度有助于吸引更多的创新资源和合作伙伴，促进创新的跨界合作。其次，开放式创新模式强调多方参与和共享成果。在这种模式下，企业愿意主动参与到创新网络中，共享创新成果和价值。这种开放共享的精神有助于形成良性循环，吸引更多的参与者加入创新网络中，推动创新的持续发展。最后，开放式创新模式强调灵活性和高效性。在这种模式下，企业可以及时根据市场发展情况，灵活调整创新方向，实现创新的快速迭代。

开放式创新模式在中国得到了广泛应用和推广。中国作为全球数字经济的领先者之一，正在积极推动创新模式的转型和升级。数字经济给中国企业提供了丰富的创新资源和合作机遇，推动了开放式创新模式的蓬勃发展。中国企业正在逐渐转变传统的封闭式创新模式，主动开放和接纳外部创新资源，加强与其他企业、高校和研究机构的合作，形成开放的创新生态圈。中国政府也积极推动开放式创新模式的应用，通过政策引导和创新支持，鼓励企业加强创新合作，共享创新成果，实现科技成果的转化和产业升级。

开放式创新模式的兴起推动了中国式创新的发展。中国式创新强调创新的融合与跨界合作，将不同领域、不同产业的创新要素进行整合，形成创新生态的集合体。在数字经济的背景下，企业更加开放和包容，愿意与其他企业、研究机构和个人共享资源、技术和知识。开放式创新模式的兴起使得中国式创新的融合更加深入，创新要素的整合更加广泛，推动了产业链的重构和创新网络的形成。

开放式创新模式也对中国企业的国际竞争力产生了积极的影响。开放式创新使得中国企业能够更好地与国际企业进行合作，吸收国际先进技术和管理经验，提高自身的创新能力和市场竞争力。数字经济的发展也使得中国企业能够更加便捷地拓展海外市场，实现全球资源的整合和配置。

然而，开放式创新模式也面临一些挑战。首先，对于传统企业来说，转变为开放式创新模式需要改变组织文化和管理方式。开放式创新强调快速反应和持续改进，需要企业建立更加灵活的组织结构和创新文化。同时，开放式创新也需要企业拥有一定的创新能力和技术积累，这对于一些传统企业来说可能是一项挑战。其次，开放式创新需要企业保持创新的持续性。在数字经济时代，市场竞争愈演愈烈，创新变得日益重要。开放式创新模式的成功需要企业不断保持创新动力，持续改进和升级现有产品或服务，以保持市场竞争力。

第三节　创新价值重塑

数字经济时代重塑了中国式创新的价值。创新效率提升，创新质量改进和创新绩效增强成为数字经济背景下中国式创新的价值创造目标。

一、创新效率的提升

数字经济时代，信息技术的迅猛发展为创新效率的提升提供了强大支持。

首先，数字经济为创新提供了更广阔的舞台。传统的创新往往受限于地域和资源的限制，而数字经济使世界各地的联结更加紧密，创新者可以更便捷地获取跨地域的信息和资源。通过互联网，人们可以实现实时的跨国交流与合作，不仅加速了创新知识的传播，还有助于在全球范围内找到适合的合作伙伴，共同推动创新的发展。

其次，数字经济提供了更多样化的创新模式。在数字化的背景下，创新不再局限于传统的研发和生产模式，而是呈现出多元化和跨界融合的趋势。例如，共享经济、平台经济、虚拟现实等新兴模式的涌现，为企业带来了新的创新路径。企业可以基于数字平台，借助社交网络和大数据分析，更精准地洞察市场需求，推出符合消费者预期的创新产品和服务。

再次，数字经济强化了创新过程的数据驱动。在过去，创新往往依赖于专家的经验和直觉，而数字经济时代，大数据和人工智能的应用使得创新过程更加科学和精准。通过分析海量数据，企业可以深入了解用户消费行为和偏好，预测市场趋势，进而确定创新的方向和内容。数据驱动的创新不仅提高了创新成功的概率，也减少了创新的风险。同时数据的爆发式增长和处理能力的大幅提升，能够帮助企业更加准确地洞察市场需求和用户反馈。通过数据驱动的创新，企业可以更精准地定位创新方向，避免资源的盲目投入，提升创新成功率。

最后，也是最重要的是，数字经济加速了创新的迭代和推广。数字技术的快速发展使得创新周期大幅缩短，企业可以更快地将创新成果转化为实际产出。同时，数字化的传播渠道使得创新成果可以更广泛地传播，迅速赢得市场份额，进而形成良性循环。这种迭代和推广的速度也使得企业更能适应市场的变化，不断调整和优化创新策略。

总之，数字经济的发展正以前所未有的方式推动着创新效率的提升。通过扩大创新舞台、丰富创新模式、强化数据驱动和加速创新迭代，数字经济为企业带来了更多的机遇和挑战。那些能够灵活应对、善于创新的企业，将更有可能在数字经济时代取得可持续的竞争优势，引领产业发展的潮流。

二、创新质量的改进

数字经济的蓬勃发展正深刻地影响着各行各业，其中最为显著的变化之一就是在创新领域带来的质量改进。数字经济为创新提供了更广阔的平台和更强大的工具，从而显著提升了创新的质量。

首先，数字技术为创新提供了更精细化的工具和方法。在数字经济时代，企业可以借助大数据分析、人工智能和模拟仿真等先进技术，更准确地预测市场需求和趋势，评估创新方案的可行性，从而在创新过程中减少风险并提升质量。这些工具使得创新者能够更加全面地考虑各种因素，及时识别市场新需求并作出反应，从而创造出质量更高并且更符合市场需求的创新产品和服务。

其次，数字经济加强了创新过程中的合作与协同。通过数字化平台和互联网技术，企业可以更便捷地与合作伙伴、供应商和客户进行交流和合作，促进了开放创新生态的建立。这种合作可以促进知识和资源的共享，与其他企业、政府、用户等主体形成合作共赢的创新网络，实现信息共享和优势互补，带来跨界融合的机会，丰富了创新的思路和内容，获得更多的创新资源和技术支持，提高了创新的质量。例如在数字经济时代，用户参与式创新得到了推崇。企业通过数字渠道与用户进行互动和交流，了解用户的需求和意见。通过用户参与式创新，企业可以结合用户的想法，优化产品设计，改善用户体验，提升消费者满意度。此外，数字技术使得创新产品和服务可以更快地推向市场，并且可以实时地收集用户反馈和市场数据，从而在短时间内进行调整和改进产品与服务设计。这种快速的迭代过程有助于不断优化创新成果，提高其质量和适应性。

总而言之，数字经济的发展为创新质量的改进提供了全新的机遇和工具。通过精细化的技术、跨界合作、快速迭代和用户参与，企业能够在数字经济时代实现更高水平的创新质量，不断提升自身竞争力，为市场带来更有价值的创新成果。

三、创新绩效的增强

数字经济为创新绩效的增强提供了新的路径和机遇。创新绩效是衡量创新成果商业价值和市场影响力的重要指标，数字经济的发展为创新绩效的提升创造了更好的条件。

首先，数字经济扩展了创新的边界。通过数字化平台和互联网技术，企业可以更广泛地获取外部创新资源，与跨界合作伙伴共同进行创新。这种开放式的合作模式不仅丰富了创新思路，还加速了创新的速度，从而提高了创新绩效。企业可以借助数字技术，将分散的创新能力整合起来，实现优势互补，推动创新的持续发展。其次，数字经济强化了创新过程中的数据驱动。数字技术能够帮助企业更准确地洞察市场需求、用户偏好和竞争格局，从而更精准地制定创新战略和方案。这种基于数据的决策不仅提高了创新的成功率，还减少了创新过程中的盲目性和风险，进一步增强了创新绩效。再次，数字经济加速了创新成果的推广和落地。数字技术使得创新产品和服务可以更迅速地推向市场，同时也可以更好地与用户进行互动和反馈。这种快速的迭代和用户参与有助于优化创新成果，提高其适应性和市场认可度，进而增强创新绩效。最后，也是最重要的是，数字经济提升了创新过程的效率和效益。数字技术使得创新者能够更快地获取信息、分析数据、进行模拟实验，从而在更短的时间内取得更多的创新成果。同时，数字经济也有助于降低创新的成本，使得企业可以更轻松地投入创新活动，进一步提高了创新绩效。

总体而言，数字经济的发展为企业创新绩效的增强创造了有利条件。通过开放式合作、数据驱动决策、快速迭代和效率提升，企业能够在数字经济时代实现更高水平的创新绩效，不断推动自身创新能力的提升，在竞争激烈的市场中保持领先地位。

本章小结

本章指出数字经济赋能中国式创新的路径主要包括三个方面：创新要素、创新模式与创新价值的重塑。创新要素重塑涵盖新型创新要素的涌现、传统创新要素的变革发展以及创新要素的流动配置三个方面；创新模式重塑涵盖敏捷式创新模式重塑、协同式创新模式重塑、衍生式创新模式重塑与开放式创新模式重塑四个方面；创新价值重塑主要是指创新效率、创新质量与创新绩效的优化与提升。

第七章 数字经济时代中国式创新的典型案例

数字经济是未来的发展方向，创新是经济腾飞的翅膀。只有以科技创新和数字化变革催生新的发展动能，社会经济发展才能不断获得科技创新能力加持。可以看到，在政府、社会、产业、个人等多方合力推动下，社会生活被数字化不断渗透，从工业设备到消费产品，产业数字化正不断提高生产效率、打开新的市场；从物理实体到虚拟空间，数据正在帮助物理世界更集约化、更绿色化发展，数据运算极大地降低人类对自然资源的耗费；从物质世界到精神世界，人民群众的生活品质需求逐渐增长、生活水平不断提高。

数字经济的浪潮早已到来，虽然在这个过程中带来了新的问题，但也提出了新的解决方案，自然世界、城市社会正在不断勾勒出数字映射。本章从企业、产业、技术和政府视角，通过系统收集、总结和剖析数字经济下中国式创新的典型案例，为企业、社会、政府、个人充分发挥数字经济的作用、助推经济增长和社会进步提供一定的启示和参考。

第一节　数字经济时代企业创新的典型案例

数字经济与企业创新是相互促进、协同发展的关系，数字经济为企业创新提供了新的技术、平台和机会，深刻地改变了企业的运营方式、商业模式和市场竞争格局，而企业创新又推动着数字经济不断发展和演进，一个地区或城市的数字经济的发展，在很大程度上得益于一大批数字技术创新型企业的贡献。

因此，数字经济时代下，企业需要紧密结合数字技术来积极应对市场变化，通过数字化转型优化创新链、制造链和服务链，推动产业提质增效和行业价值重塑。本节从创新链、制造链和服务链三个方向出发，遴选了多个具有特色、成效显著、可复制、可推广的国内数字经济时代企业创新典型案例，为助力传统企业蝶变、新兴企业腾飞提供重要的参考借鉴。

一、破解企业创新链瓶颈

（一）管理方式案例：数字运营管理平台

1. 案例背景

风险防控一直是银行运营中不可或缺的内容，随着信息技术的飞速发展，风险的形式也愈加隐秘复杂，给银行带来了前所未有的挑战。当前主要存在的问题有：风险管理滞后，无法及时应对新兴的风险类型；风险模型过于简单，无法全面评估各类风险；风险防控手段单一，缺乏灵活多样的应对措施。为了满足目前更高层次的风险防控要求，银行急需采取有效措施来强化风险防控体系。

节能增效是银行信息化的核心目标之一。随着互联网和移动终端的迅猛发展，传统银行实体网点的业务逐渐下降，甚至出现了收入与投入不匹配的问题。而信息化技术可以帮助银行优化资源配置，提高网点业务效率，降低运营成本，从而在激烈的市场竞争中立于不败之地。

线上化和数字化管理是提高银行管理效率的重要手段。然而，目前国内许多商业银行仍然依赖大量的人工管理，许多流程仍然采用手工登记簿进行记录，这导致了严重的管理漏洞，很多重要事务无法溯源，管理流程冗长，效率低下。

2. 主要内容

数字运营管理平台基于大数据技术，采用先进的数据模型和处理方法，旨在提升银行运营管理的水平和效率，服务于运营管理层、中层管理者和普通用户等不同层级的客户。该平台的总体结构由数据治理层、基础平台层、平台服务层和客户端四个层次构成，如图 7-1 所示。数据治理层是平台的基础，负责连接各个业务数据源，并对数据进行提炼、清洗和标准化处理，以确保数据的质量和准确性。基础平台层提供必要的技术支撑，包括处理业务流程的服务、利用影像视频技术进行数据展示以及规则管理技术来约束平台运作。在数据治理和基础平台的支撑下，平台服务层成为方案的核心功能层，划分为四个功能区：基础运营、运营分析、风险预警和人员与机构。

图 7-1　数字运营管理平台

资料来源：北京软协 2022 前沿数字技术创新应用案例集

整个平台的核心技术在于数据处理和计算。由于银行业务数据的分散性和差异性，平台提供了数据获取工具来帮助银行无缝连接各类数据源，并在不影响业务系统使用的情况下快速获取相应数据。同时，平台内置了超过 300 个基于运营风险和运营监控的数据模型，这些模型经过优化和测试，可以在简单的配置后即可上线应用，极大地提高了平台的灵活性和可操作性。

3. 实施成效

实施数字运营管理平台方案取得了令人瞩目的成效。华夏银行、天津银行、重庆三峡银行和山西银行等金融行业客户在该平台的帮助下，取得了以下显著成果。

天津银行作为一家现代化的金融机构，通过采用该方案，成功地适应了精细化管理的要求。平台为天津银行的运营条线提供了科技含量更高的管理手段，使得运营管理更加智能化和精细化。该平台进一步丰富了天津银行的管理形式，帮助管理层更加全面地了解业务动态，及时做出决策和调整，强化了风险控制和合规经营。

对于华夏银行，数字运营管理平台成了战略和执行之间的桥梁。通过平台的数据处理和计算功能，华夏银行构建了科学的管理体系，使得管理变得简单而高效。该平台为中层管理者提供了信息管理平台，帮助他们更好地把握业务的动态和趋势，从而更好地制定战略和执行计划。

重庆三峡银行在采用该方案后，实现了以数据为支撑的绩效管理与运营流程管理。通过统一平台提供的流程和绩效数据，重庆三峡银行能够更好地掌握运营中出现的问题，并进行主动调整。通过对运营指标数据的直接掌握，银行能够持续优化各项运营指标，提高了业务运营的效率和质量。

4. 经验总结

第一，快速实施、持续扩展。该方案能够快速实现业务数据的获取，无须业务系统配合改造，降低了建设成本，同时保障了实施效率。此外，该方案提供了数字化和立体化的风控手段，尤其在电信诈骗和反洗钱领域提供了丰富的风控模型。这些模型的高可配置性和智能调整优先级，使得银行能够更好地预警潜在风险，提升了风险防控水平。

第二，全面监控，保障安全。该方案通过全方位无死角的运营监控，对银行运营全貌进行数字化画像，这使得银行能够实时了解各个角落的运营状况，发现问题并及时进行调整和优化。

第三，线上管理，提高效率。该方案还实现了管理工作的线上化，去除纸质登记簿，使得管理制度系统化，由被动管理变为主动管理，这大大提高了管理的效率和准确性，有利于银行更好地适应市场的变化和挑战。

（案例来源：中国信息通信研究院. 数字孪生城市技术应用典型实践案例汇编[R]. 2022.；天津银行网站；华夏银行网站；重庆三峡银行网站）

（二）商业模式案例：大润发云商转型，一小时到家

1. 案例背景

大润发在中国将大卖场这种现代化的零售业态开到了三四线城市。截至 2019 年 1 月，大润发已在中国大陆地区开设了 408 家综合性大型超市，覆盖全国 29 个省份。

当新零售成为新赛道后，大润发正引领着零售行业的创新实践。早在 2014 年就正式上线了飞牛网布局线上零售，2017 年与淘鲜达合作，主攻生鲜电商市场，大润发全面迈入新零售时代。

2. 主要内容

电商的兴起导致传统商超客流减少，近年来到店客流逐年下降。为了更迅速拓展新用户，大润发决定进行数字化重构内部系统。陈俞安，大润发的 CTO，回忆起当时面临的困境时表示："原有的架构已经无法跟上市场趋势，我们需要对内部系统进行数字化的重构，首要问题是原有系统难以支撑整体业务。"在大促销期间，线上流量达到平时的 2～3 倍，因此迫切需要建构一个能够支持高并发流量的系统架构。而在短时间内建立拥有这样能力的技术团队，其实是非常困难的，陈俞安选择在云上进行重构。

目前，全国范围内已有 408 家数字化卖场初具规模。与此同时，大润发积极尝试多种线上业务模式，其中"一小时达"的淘鲜达，这种线上业务

的蓬勃发展在以前是不可想象的。大润发曾明确指出，考验淘鲜达服务质量的三个关键指标为：1 小时配送准时率超过 99%，页面缺货率低于 3%，出货缺货率低于 0.1%。通过云上重构，大润发成功完成了这三项考验。

完全数字化的新型大卖场具备五个特征要素：商品数字化、会员数字化、空间数字化、营销数字化和支付数字化。在新型卖场中，所有业务流程和用户触点都需要进行数字化升级。然而，零售业依靠自身力量实现这一切的难度极大，大润发在数字化转型过程中面临诸多关卡。

在数据打通方面，大润发首先需要升级原有基础设施。过去，实时交易数据分散在各门店，由各门店独立汇总，然后按日批次传送到总部。陈俞安表示："以前的系统，例如会员系统、商品系统、POS 系统等基础数据和系统我们都有，但数字化程度相对较低，存在许多数据不完备，系统之间相对割裂，因此无法像互联网平台那样通过数据融合产生价值。"

为解决这一问题，大润发决定全力以赴，在云上实现线上线下的全链路业务融合和敏捷实施，将数据沉淀和管理细化。通过上云，大润发成功横向打通了存储在不同系统中的历史数据，并通过云 POS 和自助收银机，将卖场支付环节转变成消费者数字化触点。阿里云提供的弹性后台计算能力和可扩展的网络带宽能力，以及店面无线网络冗余和定制化云 POS 离线方案等，有效保障了大润发业务的稳定运行。

此外，阿里云的"一云多端"使大润发能够同时在线多个渠道，有效推动了业绩的稳定增长。通过使用阿里小程序云服务，大润发能够在全网各小程序平台上提供统一的后端云服务，实现资源管理、数据管理、运营管理和业务管理的统一。正因为线下和线上业务的云化，基于云端的业务中台也得以顺利实现。在云上，大润发与消费者的距离更加紧密。

3. 实施成效

云服务是新零售的基础，这在大润发这家成立 20 多年的传统商超的转型之路上越发清晰。大润发的数字化转型实践起步较早，过程中积累了不少经验，事实证明，上云可以减少试错、降低人力成本，充分利用平台化的能力。

在大润发看来，随着线下业务越来越多地与线上业务交互，新零售商"All in cloud"是不可避免的趋势。"因为线下业务如销售、营销活动、库存等与线上业务有交互，所以这些系统我也会逐渐地把它迁到云上。"两年内将 IT 系统全面迁移到阿里云上，不再自建 IDC。这是大润发拥抱新零售和全面上云的决心。

4. 经验总结

第一，人、货、场三个维度的变革。大润发的数字化转型首先从人、货、场三个维度着手，逐步展开。其目标回归到零售基本功的提升，包括商品力、服务力、营销力和供应链建设等方面的竞争。这个过程中，数字化转型让大润发能够应对市场的变化，提高业务效率，不断提升客户体验，使其在数字化时代中保持竞争力。

第二，业、财融合系统的构建与线上线下整合。大润发在业、财融合系统的构建上，选择利用第三方平台的云计算能力进行重构。这一举措实现了业务的全链路融合，使数据在不同环节畅通无阻。通过长期数字化转型的积累，大润发成功将线下卖场的销售数据沉淀起来，并通过数据中台的建设，将数据全面业务化，从而实现了数据的高效流通，为门店的经营现状提供了全方位的分析。

第三，数据中台提升财务分析能力。大润发通过数字化转型，构建了数据中台，实现了"一切业务数据化，一切数据业务化"的目标。这使得各条业务线的数据能够汇聚到中台上，实现了数据的整合和交互。在财务分析方面，通过对经营数据链路的分析，财务部门能够全面了解门店的经营现状，从而更加精准地制定财务战略和决策，提升了企业的经营效率和竞争力。

（案例来源：阿里云研究中心. 数字化转型与智能创新 100 个案例[R]. 2022.）

（三）产品创新案例：Visual RM 企业级需求管理产品

1. 案例背景

在数字经济新形势下，银行金融产品和服务模式正在经历着颠覆式的变革，业务模式迭代频繁，业务内容和内涵不断丰富。在内外融合双向开放的生态下，银行业务需快速对外部市场变化作出响应，需求数量呈几何倍数增长；作为科技开发的火车头，快速形成高质量需求和高效的需求管理过程，是开发质量和效率双提升的必要条件。

随着银行企业经营规模的扩张和金融产品的丰富，业务部门对于软件系统提出需求的数量和频率也不断上升。但是，一方面，由于缺乏专业的需求管理工具，目前单一需求均以文档方式进行管理，需求文档质量较大程度依赖于需求编写人员素质，需求管理人员数量和能力较大程度制约着需求提出的质量；另一方面，传统的需求管理过程仅实现了流程级管控，随着业务拓展和系统功能迭代升级，针对一项业务、一个系统的需求分散在多个需求文档中，需求变更历史难以追溯，系统得不到最新完整的需求，整个企业的需求全貌难以完整展现，需求可读性和复用性差。因此，针对企业大规模研发过程，急需一款内容级的需求一体化生产协作平台。

2. 主要内容

Visual RM 是一款集"需求协同开发＋需求内容管理＋需求资产化"

于一体的内容级需求生产协同平台。通过需求内容数字化切片，以需求条目为单元实现需求全过程在线协作编制、沟通分享、版本管理、统筹协同、变更管控和资产化，帮助用户快速形成高质量需求、管好需求、控好变更、沉淀并盘活需求资产。

平台通过需求文档的条目化编写和拆解，将需求管理精细化至功能点。基于功能点进行需求的变更、升级，记录变更历史并进行版本管理。将功能点级需求按业务和系统组合，形成企业级需求资产。通过历史需求资产引用、模板和协同编写，提升了需求提出速度和质量，增强了需求管理效能。加速形成高质量需求，实现需求统筹和过程管控，沉淀形成企业级需求资产，提高资产复用能力。

3. 实施成效

客户通过 Visual RM 企业级需求管理产品实现需求管理的两个转变和一个跨越，即由文档级向内容级转变，由单兵作战转向体系化支撑下的协同共创、共享、共治转变，由项目级向企业级跨越。

“Visual RM 企业级需求管理产品”获得人民银行颁发的 2021 年金融科技产品创新奖。其在华夏银行金融科技数字化转型、需求质量提升和构建一体化需求管控体系中发挥了重要作用；在浙江农信新金融、新科技的数字化转型中充分发挥出科技向业务赋能，为全行推广需求内容级管理与协同、需求资产库应用奠定了坚实的技术平台底座；在光大银行新一代银行核心系统建设和构建全行企业级需求资产库中发挥了重大作用，极大提升需求质量、加速需求实现进程的同时，通过需求统筹、需求资产复用降低因需求冲突、重叠交叉带来的开发建设成本。

4. 经验总结

第一，内容级需求管理的突破创新。Visual RM 是一款集“需求协同开发＋需求内容管理＋需求资产化”于一体的内容级需求生产协同平台。这个平台通过创新的方式，将需求内容数字化切片，以需求条目为基本单元，实现了需求的全过程在线协作编制、沟通分享、版本管理、统筹协同、变更管控和资产化。这种内容级的管理方式，使得需求的每个细节都得到精准的管理和追踪，有效解决了传统文档管理的痛点，提高了需求管理的质量和效率。

第二，平台的协同与管控优势。Visual RM 平台不仅仅是一个需求管理工具，更是一个协同和管控的利器。通过在线协作编制，不同部门和角色能够共同参与需求的制定，实现全方位的沟通和共识。版本管理和变更管控功能使得需求的演进过程清晰可见，变更历史得以追溯。

第三，提升需求管理效能与价值。Visual RM 平台在快速形成高质量需求、管好需求、控好变更方面发挥着重要作用。通过将需求内容资产化，企业能够将需求资产进行沉淀和盘活，实现了需求的复用和积累。这不仅加速了需求的实现进程，还降低了因需求冲突和重叠带来的开发成本。

（案例来源：北京软件和信息服务业协会．前沿数字技术创新应用案例集[R]．2022.；中国银行．年度绿色金融（TCFD）报告[R]．2022.）

二、提升企业制造链质量

（一）区块链技术案例：吉利区块链＋供应链可持续溯源

1. 案例背景

钴是三元锂电池的正极材料之一，而全球66%的钴产量都出自政局不稳定的刚果（金），在越来越严峻的政策法规要求下，新能源汽车、电池生产所用原材料的可追溯性是汽车制造商主要面临的可持续挑战之一。同时，欧盟颁布新电池法案，自2024年7月1日起，要求对供应链进行尽职调查实验验证电池全生命周期的各个阶段、建立对供应链的控制和透明度系统，包括监管链或可追溯性系统或识别供应链中的上游参与者。建立全产业链、全周期的供应链溯源已成为新能源汽车可持续发展的必要条件之一。

不少汽车厂商及电池公司正在积极寻找可持续发展解决方案，大众汽车要求对供应链展开可信尽职调查，特斯拉要求对关键矿物进行追踪和供应链尽职调查，沃尔沃要求实现供应链管理可持续性和可见性来确保电动汽车电池原材料的“道德来源”，但在产业转型和现实情况之间存在巨大的能力鸿沟，尤其是汽车产业长久发展依赖的生产关系、合作关系、协作机制和信任基础都面临诸多复杂挑战。

2. 主要内容

GeeTrace吉溯云可持续溯源管理平台（简称TaaS）是依托于吉利自研区块链GeecoChain研发的适用各种溯源场景的大规模商用溯源服务管理平台，将区块链、物联网、云计算和人工智能相结合，为每辆车、每个关键零部件建立唯一身份标识，跟踪记录从矿石原材料、零部件到终端产品的全生命周期数据，实现供应、生产、加工、销售、物流等信息都能被真实记录和存储，允许链上参与企业逆向查询、追根溯源，解决汽车供应链可追溯性、安全监管等问题，帮助企业更有效地管理供应链，实现供应链端到端的可信溯源。

GeeTrace吉溯云可持续溯源管理平台架构分为三个部分：可信区块链、溯源平台、用户终端展示层，如图7-2所示。可信区块链由自研区块链GeecoChain底层构成，包括P2P网络、共识算法、加密算法、隐私计算、隐私交易、多语言智能合约引擎、可信预言机等功能。溯源平台分为两个用户端：企业端和运营端。企业端主要为入驻企业用户服务，包括数据采集、标识管理、溯源服务、通用模块、运营管理等功能，帮助企业快速进行业务主数据采集并为产品创建数字档案，形成一物一码可信溯源服务；运营端主要为平台运营机构服务，包括通用模块、企业管理、参数配置、规则配置、服务中心等，为企业端企业提供运营管理等服务。用户终端展示层包括供应链图谱、产品溯源可视化、区块链浏览器，方便企业通过批号、产品SN码进行溯源查询。同时平台提供开放架构，支持对接多种第三方系统，满足不同企业用户的需求。

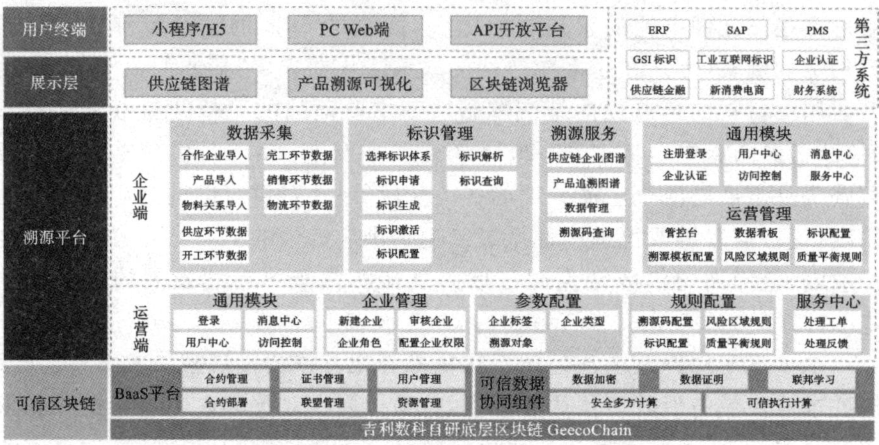

图 7-2　吉利区块链 GeeTrace 吉溯云可持续溯源管理平台架构图

资料来源：无锡吉利区块链科技有限公司

3. 实施成效

基于吉利数科全球合规咨询能力与本土化技术能力，联动汽车等行业上下游场景，打造可持续发展、开放互联的产业溯源平台，减少了企业供应链管理过程中的不确定性，助力企业实现品牌和资本溢价。通过区块链技术的应用，企业有效地提高了供应链管理效能和企业综合竞争力。

4. 经验总结

第一，多环节溯源，实现全生命周期溯源。供应链不再只是生产环节的简单连接，它涵盖了从原材料采购到产品生产，再到后续处理的多个环节。区块链技术为这些环节提供了高效的数据记录和共享手段，确保信息的透明性和真实性。每个参与者都能在分布式账本上追溯到产品或材料的源头，无法篡改的特性保障了数据的可信度，构筑了全生命周期的透明性，这对于确保产品质量和减少风险至关重要。

第二，打造联盟链，形成高效率的多中心追溯平台。基于区块链的供应链可持续溯源管理平台以联盟链的形式展开，将不同环节的参与者连接在一起，形成了一个多中心的追溯平台。这种联盟链模式不仅提升了数据共享的效率，还增加了合作伙伴之间的信任度。各参与者通过共享数据，能够更快速地响应市场需求和变化，从而提高整体供应链的敏捷性和效率。

第三，碳排放评估，助力绿色可持续发展。除了供应链追溯的可信性，基于区块链技术的平台还赋予了供应链环保评估能力。企业可以基于可信溯源数据充分评估供应商的碳排放情况，进而推动绿色可持续发展。核心企业可以更准确地分析产品的碳排放量，制定环保政策并优化能源利用率，为企业实现可持续发展目标提供了实质性的支持。

（案例来源：阿里云研究中心. 数字化转型与智能创新 100 个案例[R]. 2022.；吉利汽车网站）

（二）数字工厂案例：华晨宝马数字孪生工厂

1. 案例背景

位于中国辽宁省沈阳市铁西区的铁西工厂是宝马集团在全球的第 25 家生产厂，也是世界上具备可持续性发展的现代化汽车生产厂之一。在工业 4.0 的大环境下，如何实现高效、稳定地生产，是生产行业在当今急需解决的问题。

2. 主要内容

项目基于数字孪生的能力和特点，将工厂建设规划管理环境下的信息进一步整合，形成了业务与空间两个维度的信息服务，围绕宝马超级工厂的全流程进行试点建设，覆盖了从全流程最前端的进口件堆场物流管理、中间重点的车身车间的生产设备管理到最后的车辆落地的缺陷评审协同三大环节。

项目建设了数字孪生车间，还原了车身焊装车间侧围产线的其中一个站，打通对接西门子仿真系统 Process Simulate 的设备仿真运动数据，同时对接现场设备监控传感器数据并进行设备异常实时告警和数据分析。

除此之外，总装车间缺陷评审协同系统能够实现缺陷数据可视化，让车间负责人可以更直观地看到缺陷统计数据，并且可以让几个工厂在线上协同评审，集中体现了灵活性、高效率、环保和人性化设计，并且帮助制造商降低运营成本，升级质量控制系统，极大地提高了工作效率，助力企业健康、快速发展。

3. 实施成效

华晨宝马数字孪生工厂以信息化推动企业数字化和智能化升级，进一步促进操作控制智能化、危险作业无人化、运维辅助远程化，大幅提高了安全生产的管理、控制和预测水平。同时，工厂加强了企业的实时监测、动态优化、智能决策、超前预警、联动处置、系统评估和全局协同能力，实现了质量和效率的显著提升，并消除了一定隐患。

4. 经验总结

第一，数字孪生：推动泛工业合作的创新引擎。数字孪生产品为泛工业领域的业务合作提供了崭新的可能性，助力各个细分行业实现智能制造的数字化转型。以基础、业务和仿真为核心，数字孪生技术为工业领域提供了全方位的数字化赋能，为未来发展开辟了广阔的道路。

第二，全维度赋能：数字孪生驱动智能制造进程。数字孪生技术在基础、业务和仿真领域的应用为智能制造的演进带来了新的启示。基于可视象限和价值象限，数字孪生服务跨足企业、车间、单元和设备等多维度，从系统层级出发，为工业领域提供了全景式的孪生服务。

第三，智能制造：数字孪生引领全新时代。通过从基础、业务和仿真三个角度提供数字化赋能，数字孪生技术将工业领域的发展推向了新纪元。在智能制造的路上，数字孪生技术为各细分行业的数字化转型和发展提供了持续不断的助力，带领工业领域迈向了更智能、更高效的未来。

（案例来源：中国信息通信研究院．数字孪生城市技术应用典型实践案例汇编[R]．2022．；华晨宝马汽车有限公司网站）

（三）工业互联网案例：星环科技工业互联网平台

1. 案例背景

沙钢集团是中国最大的民营钢铁企业之一，多年来已经建立生产、采购、销售、财务等多个业务系统，并积累了大量业务数据。然而，各业务系统之间缺乏有效技术手段进行对接，导致数据无法实时融合，无法及时发挥作用。作为流程制造业，集团有着众多的生产控制设备与系统，设备故障无法及时发现，现阶段主要通过定期停机进行调试与维护，来保证生产的持续运行，无法实时监控各设备运行状态与趋势。因此，需要构建沙钢的工业互联网平台，利用大数据平台的分布式计算能力、实时流计算能力、机器学习能力，满足行业批量计算、实时计算、机器学习等综合应用需求。

2. 主要内容

沙钢工业互联网平台的构建遵循“一次规划、重点切入、以点带面、分步实施”的原则，以推进整个建设过程。采用先进的 BI 分析、大屏监控和智能分析场景，构建平台的主体框架，并逐渐将其延伸至其他工厂和业务主体。如图 7-3 所示。

星环科技为沙钢提供的工业互联网平台具备多项关键技术能力，其中包括批量计算、实时流计算以及机器学习。在数据接入管理方面，平台采用 ETL 工具与流式计算 Slipstream 引擎，能够实现全类型数据的实时、准实时、定时接入，包括来自沙钢业务系统、传感器和设备的各种数据。通过

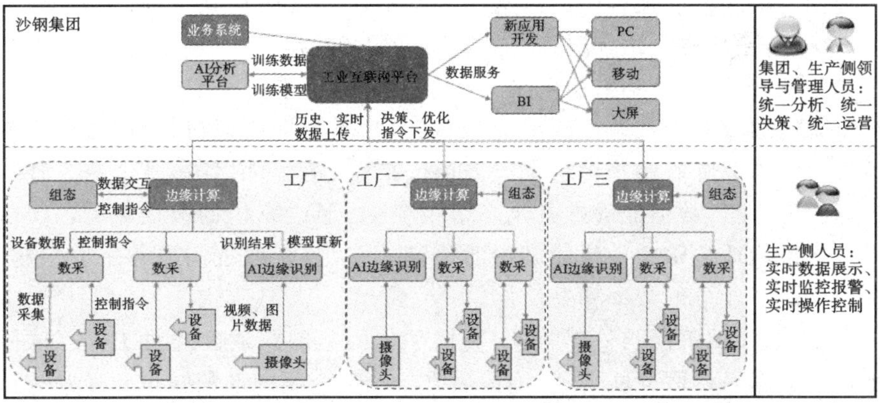

图 7-3 沙钢工业互联网平台逻辑功能架构

资料来源：北京软协 2022 前沿数字技术创新应用案例集

平台的数据接入管理，沙钢可以更灵活地利用不同类型的数据，为业务决策提供更全面的支持。在数据计算方面，平台能够借助 Inceptor 分布式计算引擎实现实时数据的毫秒级计算和全量数据的批量计算。此外，沙钢可以通过 BI 报表工具 Polit 进行可视化展示，直观地分析和理解数据，从而更好地把握业务状况。而在数据挖掘方面，平台将资深人工智能技术专家与沙钢的业务专家联合起来，进行联合建模，构建和标准化生产工业流程的模型，从而提高生产效率和优化业务流程。

3. 实施成效

星环科技“工业互联网平台＋边缘计算”解决方案可满足工业行业批量计算、实时计算、机器学习等综合应用需求。采用星环科技的解决方案，沙钢集团实现了海量业务数据分析与展示；实现了生产现场实时监控和告警；简化了转炉炼钢流程，减少生产操作人员，降低人员投入工时；产品命中率及效率提升，炼钢过程的生产效率提高 5％，钢水的质量比人工经验生产的质量提高 19％～33％。

4. 经验总结

第一，强大动力：沙钢集团工业互联网平台的构建。沙钢集团在数字化转型的道路上，凭借星环科技的 TDH 大数据基础平台和 Sophon 智能分析工具，成功搭建了一个强大的工业互联网平台，为企业的业务数字化转型提供新的动力。通过全工段工艺模型的构建与整合，集团在保证产量和质量要求的前提下，实现了更低的生产成本和能耗。

第二，生产优化与可视化：全工段工艺模型的成功构建。在工业互联网平台的构建中，沙钢集团重点关注了生产优化和可视化。通过全工段工艺模型的构建与整合，集团在生产过程中能够更精确地进行数据分析，以实现低成本和低能耗的生产。这项工作不仅令生产达到了预期的产量和质量标准，还加强了生产过程中的实时监测和控制。

第三，业务整合与数据流程化：打造流程业务化的工业互联网平台。沙钢集团通过对业务系统的整合，实现了业务数据化、数据流程化和流程业务化。工业互联网平台将生产、质量、采购、销售、财务等多个业务环节进行融合，使得数据能够在各个环节中流动，形成有机的数据流程。团队可以更准确地追踪整个价值链中的关键环节，及时发现问题并采取措施，从而提高了业务的效率和灵活性。

第四，知识沉淀与外部服务：数据平台服务的拓展。通过工业互联网平台的数据平台服务能力，沙钢集团成功地将企业内部的知识和经验进行了沉淀。这使得企业拥有了更强大的知识库，能够更好地应对不同挑战和变化。同时，这些沉淀的知识还为企业对外服务提供了基础。通过分享这些知识，企业能够更好地参与行业合作，与合作伙伴共同推动行业的发展和创新。

（案例来源：北京软件和信息服务业协会．前沿数字技术创新应用案例集[R]．2022.）

三、拓展企业服务链空间

（一）数字供应链案例："华能智链"智慧供应链集成服务平台

1. 案例背景

能源供应链行业作为关乎民生、影响国家经济主动脉的重点行业，涉及传统能源及新能源的全流程供应，因能源产品属性特殊、上下游参与方众多，因而交易流程复杂、运输及仓储诸多要求，以及信息流物流不透明、信用建立难等问题，一直都是亟待解决的行业难题。

2. 主要内容

上海华能电商公司聚焦"能"系列平台体系构建，基于区块链等新一代信息技术，打造能源行业"智慧供应链集成服务平台"，面向电力及相关行业，通过互联网平台化思维，为客户提供需求、采购、物流、金融、服务全过程一站式供应链服务体系，打通从前端采购需求获取、采购方案设计、供应商推荐和开发、招投标采购管理、采购订单管理、物流仓储、金融服务、售后服务等全产业链一体化增值服务。

通过应用区块链，云计算、大数据分析和人工智能等创新技术，确保"华能智链"平台的数据准确、流程合规、服务创新，同时采用"大中台、小前台"的架构模式，打破传统企业烟囱式架构的弊端，避免系统间的重复功能建设和维护带来的重复投资，将公共的业务、数据、技术等公共能力进行沉淀，成为独立的中台，从而让前端的业务创新更灵动，把“华能智链”打造成华能集团市场化改革的先行者，如图 7-4 所示。

图 7-4 “华能智链”智慧仓储数据可视化

资料来源：北方公司

3. 实施成效

智慧供应链集成服务平台助力能源供应链物流降本增效。以某风电物资需求客户为例，为了能够提高客户对物流配送的满意度，在承接业务时已做好准备：依托智慧物流平台整合当地承运企业，选取合适线路开展风电物资车辆运营，完成运输仓储配送业务线上化操作，为客户提供物资供应的全程可控、可视以及在途安全风险把控，经过测算通过物资集中运输仓储配送，有效降低管理及沟通成本，实现降低整体物流综合成本 10% 左右。近三年平台营收复合增长率为 84.66%，利润总额复合增长率为 100.22%，各类用户规模超 50 万个，辐射供应链生态规模超 3000 亿元，助力能源电力行业供应链效率提升 10%以上，已在华能系统 251 家基层企业和 1 万余家供应链上下游企业推广应用。

4. 经验总结

第一，技术驱动：智能化供应链服务的创新模式。通过综合利用大数据、云计算、物联网、人工智能、移动互联网、区块链、边缘计算等前沿技术，上海华能电商公司为能源领域的发电企业及上下游企业提供全方位的智能化供应链服务。同时，云计算技术的应用使平台能够弹性扩展，应对业务高峰，实现高效资源利用。物联网技术实现了设备的实时监控和数据采集，使得供应链环节更加透明和可控。人工智能的运用则提升了平台的智能化水平，通过数据分析和预测，优化了物流规划和供应链管理。区块链技术保障了数据的安全性和不可篡改性，为交易提供可靠的基础。这些技术的综合应用，为智慧供应链服务提供了创新的模式和工具。

第二，综合服务：智慧能源供应链的全方位支持。该智慧供应链集成服务平台针对不同类型的能源，提供了多个维度的服务，覆盖了电商交易、物流、金融科技和信息服务等。通过电商交易，能源企业可以便捷地进行能源大宗交易，实现供需的匹配和交易的高效。物流服务的智能化降低了供应链中的各环节的成本，提高了交付的准确性和效率。供应链金融科技的应用则为企业提供了融资的新途径，缓解了融资难的问题。此外，平台还提供了供应链信息服务，使各参与方可以实时获取供应链的动态信息，优化决策。

第三，痛点解决：高效能源供应链的实现。智慧供应链集成服务平台的运用，针对能源电力行业供应链存在的一系列问题，实现了有效的解决。供应链服务分散、环节多的问题得以缓解，平台的一站式服务整合了从采购到物流再到金融的全过程，简化了业务流程。同时，融资难、成本高的问题通过供应链金融科技得以应对，为企业提供了更多的融资选择。

（案例来源：阿里云研究中心. 数字化转型与智能创新 100 个案例[R]. 2022.；李叶. 非凡十年·讲述|供应链也是条责任链[EB/OL]. 新华网，2022-10-08. http://www.news.cn/power/2022-10/08/c_1211691067.htm.）

（二）共享服务平台案例：肺癌患者智能全程管理平台

1. 案例背景

肺癌在我国发病率和死亡率很高，且该病发现时基本都是中晚期，因此对肺癌的早筛早诊尤为重要。基层医疗机构的设备及人员水平较三甲医院还有很大差距，基层医疗机构存在一定的误诊率和漏诊率，医患关系也较为紧张。医疗机构对利用新技术进行早筛早诊的需求较为迫切，希望可以利用新技术辅助完成阅片工作，帮助医生进行重要病灶的筛选，以便于影像科医生将更多精力应用于重要病灶的诊疗。同时由于肺癌早期具有一定的隐蔽性，病灶较小时，即使高水平专家也难以肉眼分辨，因此对新技术的应用需求较为迫切。

2. 主要内容

零氪科技和北京肿瘤医院合作打造“肺癌患者智能全程管理平台”，建立覆盖院内＋院外肺癌诊疗全周期的医疗服务体系，实现肺癌筛查、智能诊断、手术规划、辅助治疗、随访管理等智能化全流程管理，以区域为中心落实加强肿瘤专科医联体建设，以肺癌学科 MDT 为多学科联合查房实施相关检查治疗，评估诊疗效果和病情进展，延长患者生命周期，提高生存质量。

在筛查阶段，“平台”通过胸部 CT 肺结节辅助诊断系统，提供肺癌疑似患者影像检查、跟踪随访、复查提醒等服务，做到早发现早治疗，提升患者诊疗和预后效果；在诊断阶段，以国内外权威临床指南为指导，利用 AI 技术实现多期数据的精准匹配和量化对比，辅助临床医生快速、准确地做出诊断；在治疗阶段，通过对基于 AI 能力的多种数字化技术利用，帮助医生直观、高效评估病灶和周围血管等组织的毗邻关系，辅助制定最佳手术方案；在科研方面，通过在门诊场景、住院场景、院外场景等肺癌全流程沉淀的高质量数据，建立业、研一体化科研平台，支持医生进行数据分析和科研探索，帮助医疗机构及临床专家更好地驾驭科技进展。如图 7-5 所示。

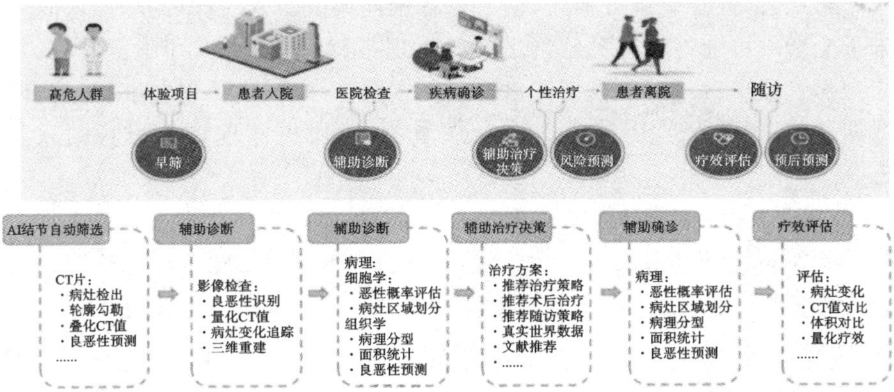

图 7-5　平台主要功能

资料来源：北京软协 2022 前沿数字技术创新应用案例集

3. 实施成效

目前该解决方案已经在北京肿瘤医院、天津市胸科医院、河南省肿瘤医院、中山大学附属肿瘤医院、广州医科大学附属第一医院等全国知名肿瘤医院部署应用，临床应用效果较好。通过该解决方案，医疗机构提高了诊疗效率，降低了漏诊率和误诊率；加速了年轻医生的培养；减少了医疗资源的浪费。

该项目由天津市胸科医院申报并获得了 2019 年国家卫生健康委员会人工智能应用落地优秀案例 30 强，入选 2022 年“国家卫生健康技术推广应用信息服务平台技术备选库”。该院已累计建立包含 333295 例高质量肺结节影像数据的数据库，肺结节检出率为 99.7%，良、恶性判断准确率达 90%以上。

4. 经验总结

第一，提升影像预判准确性，优化手术规划流程。智能全程管理平台结合AI技术，充分利用大量的临床数据，能够准确识别病变特征，帮助医生在手术规划阶段做出更精准的决策。AI技术能够自动提取影像中的关键信息，预测肿瘤扩散情况，为手术提供更准确的定位和范围，最大限度地保留健康组织。

第二，高危因素预测，提供个体化治疗。肺癌患者的病理高危因素对于治疗方案的选择和预后评估至关重要。然而，传统方法在预测高危因素方面常常面临局限，难以全面捕捉病理信息中的潜在规律。通过AI技术，智能全程管理平台能够深度学习和分析大规模病理数据，识别病变的不同特点与高危因素之间的关联。在临床决策中，医生可以根据AI生成的预测结果，更准确地评估患者的风险，制定个体化的治疗计划。

第三，创新功能康复模式，助力患者全面康复。AI技术为功能康复带来了全新的可能性。通过监测患者的生理指标、运动数据和康复进程，智能全程管理平台可以生成个体化的康复方案。AI技术不仅能够根据实时数据调整康复计划，还能为医生提供参考，以便更好地评估患者的康复进展。

（案例来源：北京软件和信息服务业协会.前沿数字技术创新应用案例集[R].2022.；中国信息通信研究院.人工智能白皮书[R].2022.）

（三）个性化定制案例：海尔卡奥斯——“私人定制”让用户成为创造者

1. 案例背景

当前，数字经济正蓬勃发展，个性化定制是实现网络化生产的全新生产模式，是增强制造企业创新活力和转型动力的重要手段，也是连接企业与消费者的桥梁。

海尔集团于2012年开始探索并研发了一项工业互联网平台卡奥斯，该平台旨在实现用户与企业之间更紧密的互动与合作，满足用户多样化的需求，提供个性化的解决方案，增强品牌影响力。

2. 主要内容

海尔中德冰箱互联工厂在智能制造方面开创了一种新模式，以用户为中心，实现了从大规模制造向大规模个性化定制的转型。在这个新模式中，工厂充分利用卡奥斯COSMOPlat工业互联网平台的强大功能，围绕特种制冷冰箱的定制、研发、采购、生产、物流和服务全流程，建设了信息化和数字化集成系统。这个新模式使得用户的定制需求可以直达工厂，并实现了订单自动匹配和准时交付。同时，工厂实现了生产全流程的可视化追溯，能够实时监控产品质量和性能，从而大幅提高了生产效率、产品质量和客户体验。

通过信息大数据的分析，工厂可以对产品进行更好的升级和迭代，从而不断满足用户的需求。此外，在工厂内部，用户社群交互的需求信息可以直接传达到设计、制造、物流和供应商等环节，让每个环节都与用户零距离互动。这一新模式打破了企业原来封闭的界限，使企业的上下游及所有资源都与用户连在一起，实现了与用户的零距离交互。这种创新模式让用户和全流程实现了互联，为企业提供了更全面、更精准的用户需求信息，进而实现了更加个性化的产品制造，并提升了用户体验和产品质量。

3. 实施成效

海尔中德冰箱互联工厂共拥有一条智能总装线、五个智能模块加工区、九套智慧物流系统，可以实现 10 类场景 5G 技术应用、36 类 AI 装配及检测场景应用；柔性化生产可以快速满足 11 类个性模块 1000 多种用户定制方案；可以实现 500 个关键工序参数数字化采集全覆盖。在模块化制造、智能化制造及数字化质量管控等方面，处于行业领先地位。

卡奥斯 COSMOPlat 已探索出“青岛能突破，山东能推广，全国能借鉴”的城市数字经济新范式。通过将青岛经验因地制宜地复制到其他城市，卡奥斯 COSMOPlat 已在济南、淄博、潍坊、东营、芜湖、德阳等城市成功落地，持续推动城市数字经济高质量发展。

4. 经验总结

第一，广泛涵盖关键环节的用户参与。从产品设计的初期阶段开始，海尔就鼓励用户参与其中，使得用户的影响力逐步渗透至研发、生产、物流配送和产品迭代等关键环节。用户通过平台，参与定制需求的提出、产品特性的评估以及改进意见的反馈，使得企业能够更敏捷地捕捉市场变化，提供更贴合用户期待的产品。

第二，“用户驱动”创新模式和解决方案。海尔的用户驱动模式成为企业创新和提供解决方案的强大动力。用户参与的扩展和深入，推动企业不断地改进产品设计，针对多元化的需求提供更多元化的解决方案。企业从被动的产品制造者转变为与用户共同创造者，激发了创新思维和灵活应变的能力。这种积极的互动也为海尔不断开拓新市场和满足用户的深层次需求提供了依据。

第三，提供贴近用户的个性化产品与服务。借助 COSMOPlat 平台，海尔能够实现更精准的定制需求匹配。这种个性化的生产模式使企业能够真正贴近用户，满足不同用户群体的多样需求。用户参与的广泛性使得海尔能够更好地理解用户的喜好和痛点，从而创造更具创新性和差异化的产品和服务，提升用户体验和忠诚度。

（案例来源：工信部. 智能工厂案例集[R]. 2022.；海尔集团网站）

第二节　数字经济时代产业创新的典型案例

数字经济是当前我国经济发展的重要推动力之一，数字产业化、产业数字化对经济增长的主引擎作用持续凸显。中国信通院《中国数字经济发展报告(2023)》显示，2022 年，我国数字经济取得了显著进展，数字产业化规模达到 9.2 万亿元，显示了数字经济的强劲增长态势；产业数字化规模达到 41 万亿元，占据了数字经济总规模的 81.7%，居主导地位。这表明我国数字经济的产业转型正在逐渐成为经济增长的主要引擎。

数字经济的发展并不仅仅体现在产业数字化规模的不断扩大，更重要的是其结构优化。目前，数字经济在我国呈现出相对稳定的“二八”比例结构，即产业数字化规模占据了数字经济总规模的 81.7%，而数字产业化规模则占 18.3%，形成了数字经济发展的均衡态势，有助于提高经济的韧性和抗风险能力。

其中，第三、二、一产业数字经济渗透率分别为 44.7%、24.0% 和 10.5%，同比分别提升 1.6、1.2 和 0.4 个百分点，第一产业渗透率平稳发展，具有很大的提升潜力，第二产业渗透率增幅与第三产业渗透率增幅差距进一步缩小，形成服务业和工业数字化共同驱动发展格局。本节将从农业、工业和服务业三个产业类别出发，遴选了多个具有特色、成效显著、可复制、可推广的国内数字经济时代产业创新典型案例，为构建新发展格局、促进数字经济和实体经济融合发展提供重要的参考借鉴。

一、农业数字技术赋能成效显著

（一）生产数字化案例：百色杧果产业数字运营服务平台

1. 案例背景

百色杧果作为广西壮族自治区百色市的代表性特产，栽培历史悠久，具有优良的品质和独特的口感，自古以来就备受当地居民和游客的喜爱，获得了中国国家地理标志产品认证。2019 年 11 月，百色杧果入选中国农业品牌目录。

百色杧果其种植规模庞大、基础雄厚、独具特色，在市场上拥有广泛的认可和需求，并且在脱贫致富中发挥重要作用，但其产业发展仍然面临一些挑战。例如，由于种植面积庞大且分散，缺乏准确的产量统计和信息管理，导致了供应链的不稳定。此外，百色杧果产品品控手段相对薄弱，这在一定程度上影响了百色杧果的市场竞争力和议价能力。

2. 主要内容

为了实现产业的高质量发展，中新云农通过实地调查了解产业现状，并结合田阳杧果产业的先进经验，提出了百色杧果优势特色产业集群杧果产业数字化基地建设总体规划，主要结构为“一个中心，三个版块，N个应用系统”，即科技园展示中心，杧果产业大数据资源版块，杧果产业链大数据应用版块，标准化种植示范基地版块，以及N个大数据应用系统和物联网、智能化系统设备，旨在利用现代科技手段对百色杧果产业进行全面数字化升级，提高百色杧果产业的生产质量和效率。

遥感探测与自动作业：通过在无人机等农业机械上加载相关信息化设备，利用遥感技术进行果园的遥感探测和精准导航，包括果园面积、株数、产量等信息的智能测量，从而实现果园规模的全覆盖普查。同时，结合北斗导航系统功能，进行智能农机的高精度自动作业，如自动浇水、施肥、剪枝等，提高生产效率和减轻劳动强度。

全程数字化管理：利用物联网、互联网和无人机等技术，对果园的生长周期进行实时监测。包括对气象环境、土壤墒情、果树生理等数据的动态识别和分析，通过大数据处理技术，生成针对果树生长周期的合理施肥方案、剪枝方案等，实现果园的全程数字化管理。

全产业链大数据库：整合果园产前、产中、产后的全产业链大数据，结合大数据、计算机网络、AI技术，建立百色杧果全产业链大数据库。这为杧果智慧生产服务、智慧加工、交易等应用系统提供数据支持，实现更加智能化的产业运营和管理。

3. 实施成效

项目实施后，通过全覆盖普查和实时监测，可以更好地规划和调整果园资源，节约流通成本，提高产量和品质，从而增加农民的收益，显著提高百色杧果产业经济效益。通过建立数字化基础设施和智能化管理系统，推动农业产业与互联网融合，百色杧果产业实现传统农业到数字农业的升级转型，实现农业生产、产品流通、安全溯源、农业服务、信息分析的全方位智能化发展。

4. 经验总结

第一，数字化基地建设：赋能杧果产业全链条的现代化升级。通过杧果产业数字化基地建设，结合现代信息技术手段，实现对杧果产业全链条的数字化改造，是推动杧果产业高质量发展的重要举措。该项目利用大数据挖掘、人工智能、卫星遥感等现代信息技术，对产业链进行全面数字化升级，以实现更智能、高效的种植、管理和销售过程。

第二，数据驱动的病虫害预防和种植决策：降低风险，提升产量。通过大数据分析病虫害的发生规律和气候变化，预警系统能够及时预测潜在风险，使农民能够采取合适的措施，有效降低病虫害对产量的影响。此外，运用人工智能技术，结合历史数据和市场需求，可以精准地预测杧果的产量，帮助农民制定科学的种植策略，从而提高产量和质量。数字化的数据分析与决策支持不仅降低了风险，还为农民提供了更具竞争力的种植决策，进一步推动了杧果产业的发展。

第三，优化销售渠道与供应链：提高市场竞争力与销售收入。数字化技术的应用也在销售环节发挥着重要作用。通过建立全产业链大数据库，该项目能够对产前、产中、产后的数据进行整合和分析，为杧果智慧生产、智慧加工、交易等应用系统提供数据支持。这使得销售渠道的优化和供应链的精细化成为可能，减少库存和损耗，提高市场竞争力，从而增加销售收入，进一步加速了产业的发展步伐。

（案例来源：北京软件和信息服务业协会. 前沿数字技术创新应用案例集[R]. 2022.；易忠君，王振中. 民族地区优势产业振兴路径的三重维度——以广西百色芒果产业为例[J]. 资源开发与市场，2022，38(01)：93-98.）

（二）管理数字化案例：企联网-IAP智慧农业管理平台

1. 案例背景

数字农业已成为全球农业发展的重要趋势，受到了世界主要发达国家的高度重视。这些国家将数字农业视为战略重点，通过发布相关政策来促进农业的数字化转型，推动数字技术在农业农村领域发挥普惠效应，为农业农村的可持续发展提供了强大的动力。我国作为农业大国，农业正处于高质量发展新阶段，乡村振兴战略深入实施，农业农村加快转变发展方式和优化发展结构，为农业农村数字化提供广阔的空间。

然而，我国农业产业的整体数字化水平仍然滞后，农业产业本身的数据资源分散、庞大，且我国农业农村基础数据资源体系建设尚处于起步阶段，导致了数据资源整合共享不足，无法充分发挥数据的潜在价值，同时也制约了农业产业数字化创新能力的提升和应用的推广。这也使得我国在农业数字化研究与应用方面与发达国家相比明显滞后，成为数字中国建设中的一大短板。为了实现农业发展的整体提升，传统农业必须借助新一代信息技术，推动农业产业的数字化进程，提高农业生产效率和质量，为农村经济发展和乡村振兴战略的实施提供强有力的支持。

2. 主要内容

企联网-IAP智慧农业平台致力于为农业产业链中的经营主体提供全流程的数字化整体解决方案，目标是实现生产标准化、管理智能化、购销便利化，从而提高企业的生产效率和竞争力。平台的核心价值在于通过数字化手段将企业上中下游连接起来，促进信息共享和流动，使得各个环节的企业能够更好地协同合作；平台不仅简化了传统农牧企业的市场工具，还提供了产供销一体化的服务，使得农牧业生产能够实现全链条数字化和智能化。

企联网的平台架构分为市场前台、业务中台和服务后台。市场前台主要针对农牧企业的需求和特征，提供轻量化的应用，例如获客工具、订货系统、品牌商城、渠道管理和采购系统等，以提升农业产销效率。业务中台则采用 SaaS＋AIoT 工具，为农牧企业提供产供销一体化服务，实现农牧生产全链条数字化和智能化，从生产到销售全程可视化。服务后台提供业、财、管一体化的协同办公体系，形成企业大数据平台，进一步服务企业的业务和管理决策。企联网平台已经初步搭建成智慧管理 MaaS、智能物联 DaaS 和数字交易 TaaS 的 3S 产品矩阵，涵盖了从生产管理到交易的一站式服务。

企联网还以生猪产业为核心，基于企联网的底层平台，推出了核心产品猪联网。该产品包括“猪企网”“猪小智”“猪交易”“猪服务”，分别提供猪场企业数字化管理、猪场智能化管理、生猪产业链在线交易和全方位服务等功能。此外，农信数智还以生猪产业为起点，逐步向“田联网”“渔联网”“蛋联网”“羊联网”等农业 X 联网领域延伸，为不同领域的农业企业提供定制化的数字化解决方案和综合服务。

3. 实施成效

企联网 IAP 作为一个综合性的数字化农业服务平台，在全国范围内得到了广泛的应用。截至 2022 年 10 月，企联网平台已经吸引了超过 120 万家企业用户和 810 万名个人用户，平台累计交易金额高达 6400 亿元。平台在生猪产业链领域表现卓越，年服务的生猪数量超过 6000 万头，成为我国数智养猪服务平台中服务养猪户较多、覆盖猪头数规模较大的平台。

企联网平台对农业产业的发展起到了积极的推动作用，以生猪产业为例，通过 SaaS＋AIoT 技术的应用，实现了猪场管理的远程化、精准化和可视化，从而有效地降低了养猪成本，提高了养殖效率。使用了猪联网平台的生猪养殖企业，在人工成本方面降低了 30％～40％，饲料节约了 8％～10％，成活率提高了 3％～5％，提前 10～15 天出栏，使得企业整体效益提升了约 5％。

4. 经验总结

第一，数字化整体解决方案，助力农业升级。企联网-IAP 智慧农业平台在农业产业链中扮演着重要的角色，为经营主体提供了全流程的数字化整体解决方案。通过智慧管理、智能物联和数字采销等一系列服务，平台推动了农业生产的标准化、管理的智能化及购销的便利化。借助现代信息技术如互联网、物联网和云计算等，企联网平台成功地将农业企业上中下游连接起来，促进了信息的共享和流动。

第二，数据驱动，智能化决策引领农业革新。该平台在数字化农业中的应用不仅限于数据的收集与整合，更是将大数据分析与智能化决策相结合，为农业企业提供智能化管理支持。通过收集和分析海量数据，平台能够洞察产业的趋势和变化，为企业提供针对性的智能化决策建议。这使得农业企业能够更准确地预测市场需求、优化生产流程，从而在不断变化的市场环境中保持灵活性和竞争力。

第三，助推产业升级，农业迈向智能化、现代化。企联网-IAP智慧农业平台为农业产业的提质增效和转型升级作出了积极贡献。通过实现生产标准化、管理智能化和购销便利化，该平台不仅帮助农业企业提高了生产效率，降低了管理成本，还增强了企业的核心竞争力。与此同时，企联网平台也为农村振兴战略的实施提供了坚实的支持，为我国农业的未来发展注入了新的活力。

（案例来源：北京软件和信息服务业协会．前沿数字技术创新应用案例集[R]. 2022.；共创数智新生态，打造农牧产业高质量发展新引擎[EB/OL]. 澎湃新闻网，2022-11-23. https://baijiahao.baidu.com/s?id=1750270457549030965&wfr=spider&for=pc.）

二、工业数字转型升级持续深入

（一）制造业数字化案例：3D无人产线数字孪生解决方案

1. 案例背景

随着工业生产的不断发展，监测和管理工作变得愈发复杂。针对用友网络数据孤岛、信息统筹困难、运维监测管理复杂等痛点，艾迪普科技股份有限公司基于iArtist实时三维可视化创作工具和iVis信息三维可视化工具提出了3D无人产线数字孪生解决方案，旨在构建3D数字孪生无人产线，实现信息管理的集中化、监控内容的可视化和信息获取的及时化，从而提高管理效率。

2. 主要内容

为了解决现有问题，艾迪普针对用友网络提供了一套创新的3D无人产线数字孪生解决方案。这个解决方案依托于iArtist实时三维可视化创作工具和iVis信息三维可视化工具，为用友网络快速、低成本构建3D数字孪生无人产线提供了全面的技术支持。通过无代码、易学易用的创作和编辑工具，该解决方案能够集成设备运行和产线生产等业务系统的数据，并将其用于快速构建数字孪生无人产线。这个3D数字孪生产线模拟了离散制造业智能工厂的无人产线生产场景，涵盖了加工、装配、视觉检测、搬运等整个生产流程的数字化。

该方案的技术架构包括连接层、映射层和应用层。连接层用于获取物理对象的设备运行和生产运行数据;映射层利用创作和编辑工具在数字空间内构建物理对象的数字孪生模型,并实现逻辑关联和数据链接,通过实时 IoT 数据驱动模型运转;应用层则通过产线全流程三维可视化打破信息盲区,为管理者提供综合决策能力。

该解决方案采用国产自研的实时三维图形图像引擎,保障了底层技术和生产数据的安全性。通过三维可视化创作工具,用户可以快速构建虚实同步的柔性生产线数字孪生,并且缩短了制作周期,实现了 1∶1 高保真、高精度的三维可视化还原产线生产现场。此外,该方案实现了无代码可视化编程,降低了用户创造数字孪生应用的难度。通过多源异构数据的实时接入和可视化呈现,实现了数据驱动下的生产流程仿真,从而极大地支持了数字孪生应用的开发和制作。

3. 实施成效

艾迪普为用友网络提供的 3D 数字孪生无人产线解决方案取得了显著的成果。用友网络的制作人员和制作周期得到了缩减,大大降低了成本。通过艾迪普的方案,用友网络成功实现了无人产线的全要素数字化,生产过程全实时可视化和运行状态监测智能化。管理者可以在虚拟数字空间中进行数字化管理,可以进行产前模拟测试、可视化设备管理、产线状态监测、工艺流程改进等操作,极大地提高了生产管理的效率和准确性。同时,通过一系列业务决策模型,为业务决策提供科学依据,帮助用友网络更好地作出战略规划和决策。

由于方案的实施,成功实现了 15 种产线设备的数字孪生体仿真,1∶1 还原物理空间中的无人产线场景,完成了 43 个产线实体动作仿真,实现了实时数据驱动的数字孪生体运动。在数字孪生体与物理设备同步方面,同步延迟小于 1 秒。基于无代码、易学易用的 iArtist 实时三维可视化创作工具及 iVis 信息三维可视化工具,形成类似项目的规模化复制能力。

4. 经验总结

第一,数字孪生技术驱动智能生产。通过数字孪生技术的应用,企业不仅能够实现信息管理集中化、监控内容可视化、信息获取及时化,从而提高生产效率和管理效率,更是在推动工业生产向数字化和智能化的转型方面发挥了关键作用。该 3D 无人产线数字孪生解决方案正是通过数字化仿真将现实世界中的制造过程映射到虚拟空间,实现了设备、流程、数据的一体化呈现。

第二,数字孪生技术助力双碳目标实现。数字孪生技术的应用不仅仅停留在提高生产效率和降低管理成本的层面,它还能够在环境保护和可持续发展方面发挥积极作用,进而对双碳目标的实现起促进作用。通过数字孪生技术，企业能够更全面、准确地了解生产过程中的能源消耗、废弃物排放等环境影响因素。借助数字孪生模型的精确模拟，企业可以进行场景仿真，测试不同的生产策略和流程优化方案，从而找到最佳的环境友好型生产方式。这种精细化的生产管理和优化，有助于减少能源浪费、降低碳排放、减少废弃物产生，使企业在追求经济效益的同时，能够更好地履行社会责任，积极推动产业低碳环保发展。

第三，数字孪生技术促进可持续创新。数字孪生技术的应用不仅为企业带来短期内的生产效率提升和管理改善，更在长远中促进了可持续创新。通过数字孪生技术，企业可以深入挖掘生产过程中的数据，发现隐藏的优化空间。随着技术的发展，企业可以借助数字孪生技术进行预测分析，根据实际数据制定更精细的生产计划，减少资源浪费。同时，数字孪生技术也为企业提供了实验的平台，可以在虚拟环境中尝试创新的生产工艺、设备布局等，从而降低了实验风险和成本。

（案例来源：北京软件和信息服务业协会. 前沿数字技术创新应用案例集[R]. 2022.；艾迪普科技股份有限公司网站）

（二）建筑业数字化案例：城市地下管线综合管理平台

1. 案例背景

地下管线是现代化城市不可或缺的基础设施，是支撑城市蓬勃发展和运行的“生命线”。然而，地下管线设施的种类繁多、隐蔽性强、分布不均等特点使其管理面临巨大挑战。由于缺漏的管线资料、不及时的数据更新以及管线施工外力导致的破坏，时常出现突发管线问题，如泄漏、破裂等，具有很大的安全隐患，严重影响了城市的正常运行和市民的生命财产安全。

2. 主要内容

为了解决上述问题，提高精细化管理水平，基于 ARGIS 技术的城市地下管线综合管理平台应运而生。通过结合 GIS 在多源数据融合、大数据分析与可视化等方面的能力，平台建立了协调兼容的地下管线数据库，并形成了规划、建设、管理“一张图”，为地下管线的规划审批、工程许可、核查管理、运行维护提供了重要支持。平台不仅具备地下管线施工安全监管、数据查询服务、数据更新、应急响应等多种功能，而且实现了城市地下管线的“六位一体”管理：宏观微观一体化，即基于 GIS 的多场景切换管理，实现对整个管线网络的宏观管理和微观细节查看；地上地下一体化，即将地下管线规划与运营纳入城市地上整体规划；室内室外一体化，基于 BIM 技术实现管线的精细化管理；动态静态一体化，关联摄像头、传感器等设备，实现管线运行状态的实时监测；二维三维一体化，基于三维技术的多维管理，实现地下管线的立体展示；历史现状一体化，基于时空数据的管理，可查看历史数据和现状信息。城市地下管线综合管理平台天府新区智慧管廊项目规划模块界面如图 7-6 所示。

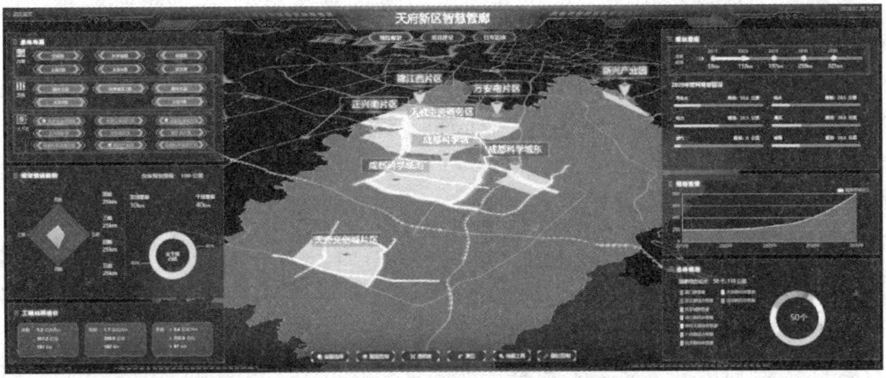

图 7-6　天府新区智慧管廊项目规划模块界面

资料来源：北京软协 2022 前沿数字技术创新应用案例集

此外，平台还采用 AR 增强现实技术与三维 GIS 技术相结合，将虚拟地下管线数据与真实环境实时叠加在同一画面，实现了“透视眼”，这使得地下管线与地面建筑的关系一目了然，解决了以往难以观测、查不清的问题。该技术应用于多个场景，如地下管线规划设计、市政施工会商决策、智能巡检与维修、地下管线故障报警与应急抢修等。通过这种可视化与实时性的管理手段，城市地下管线的综合管理水平得到显著提升。

3. 实施成效

在北京城市副中心“地下经络”项目中，应用 SuperMap、GIS 基础软件，实现了地上地下三维一体化管理，为城市地下管线的规划和运营提供了全方位支持。通过该系统，可以对地下管线的施工安全进行实时监管，有效降低了地下管线施工风险。此外，管线数据查询服务和数据更新功能使得管理者能够及时获得最新的管线信息，为管线的运维和维护提供了便利。

在天府新区智慧管廊项目中，采用 BIM＋GIS 技术，将管廊规划、建设和现状数据进行二、三维一体化叠加展示和辅助分析，使得城市规划者和决策者能够更清晰地了解管廊的建设情况和运行状态。通过展示建设进度、投资统计、承建单位统计和投资趋势等信息，项目进一步提升了智慧城市治理能力。

在南京市污水处理监管信息平台系统项目中，实现了对城市污水处理设施的综合监管，涵盖了污水厂、污水管网、泵站等设施以及污泥运输。通过整合各类设施的数据和信息，监管部门可以实时掌握污水处理厂的生产效率、水质排放情况和城市水环境状况。这使得城市的水环境得以改善，水质排放标准得到提高，有助于保护水资源和改善居民生活环境。

4. 经验总结

第一，创新技术引领：基于AR和GIS的地下管线综合管理平台。城市地下管线作为城市基础设施的重要组成部分，其管理一直面临着种类繁多、隐蔽性强等挑战。基于增强现实（AR）和地理信息系统（GIS）技术的城市地下管线综合管理平台为这一难题带来了前所未有的解决方案。平台利用AR技术将虚拟地下管线数据与真实环境叠加，为城市地下管网装上了一副“透视眼”，使得原本难以观测和查清的管线问题变得清晰可见。

第二，开创新视角：高效精准的巡检与维修。该创新性解决方案为城市管理者提供了全新的视角和工具，极大地促进了城市地下管线的巡检和维修工作。通过平台提供的虚拟“透视眼”，城市管理者能够实时观测管线的运行状态和潜在问题，及早采取措施，降低了管线运行风险。此外，利用平台实时数据更新和数据查询功能，管理者能够更快速地获取最新的管线信息，从而在维护过程中能够更加精准地定位和解决问题，提高了维修工作的精度和效率。

第三，智能数字化驱动：可持续发展的保障。通过将AR和GIS技术融入地下管线管理，城市管理者能够更好地预测和应对管线问题，降低了事故风险，提高了城市的安全性。此外，细化管线信息管理和运维，使得城市管理部门能够更加科学地规划发展，优化城市资源配置，促进了城市的高效运行和可持续发展。

（案例来源：北京软件和信息服务业协会. 前沿数字技术创新应用案例集[R]. 2022.；黄森. 城市地下管线智慧化管理平台建设路径分析[J]. 数字通信世界，2023(02)：100-102.）

（三）能源业数字化案例：压裂机组运行状态监测及预测维护解决方案

1. 案例背景

随着我国国内油气勘探开发力度不断提升，页岩气作为天然气产量增加的主要来源，其开发规模不断扩大，导致压裂作业量急剧增加。然而，我国油气开采面临着复杂的地质地层环境、配套设备设施缺陷或失效、人为操作和管理失误等问题。这些问题常常导致压裂施工过程中出现非正常工况，使得压裂设备停机时间超出预期，施工作业成本也大幅上升。尤其是深层页岩气的开发比例增加，更加凸显了压裂作业需求与压裂设备运维保障能力之间的矛盾。与此同时，在工业大数据及工业物联网技术飞速发展的浪潮中，数字化手段也成为实现设备服务价值增长的关键。

2. 主要内容

为了应对施工过程可能面临的风险，寄云科技与中油国家油气钻井装备工程技术研究中心联合共同推出了一个适用于石油化工行业的创新性解决方案。该方案的系统整体框架如图 7-7 所示。在压裂作业现场设备中，包括压裂单车和仪表车两个部分。数十台压裂单车和一台仪表车通常组成作业现场。压裂单车数据通过车载 PLC 经采集设备进行采集，其中包括设备运行状态数据、振动数据以及视频数据。随后，这些数据通过有线或无线方式汇总至仪表车内，并在边缘端系统进行部署。在现场作业人员的协助下，可通过边缘端系统查看相关运行数据和告警事件。同时，这些数据也通过 4G 方式传输至云平台，供远端人员同步查看设备的运行情况。在云平台侧，通过大数据分析工具训练的相关诊断模型可以下发至边缘端现场侧进行诊断预警，以提前发现潜在问题并进行相应处理。

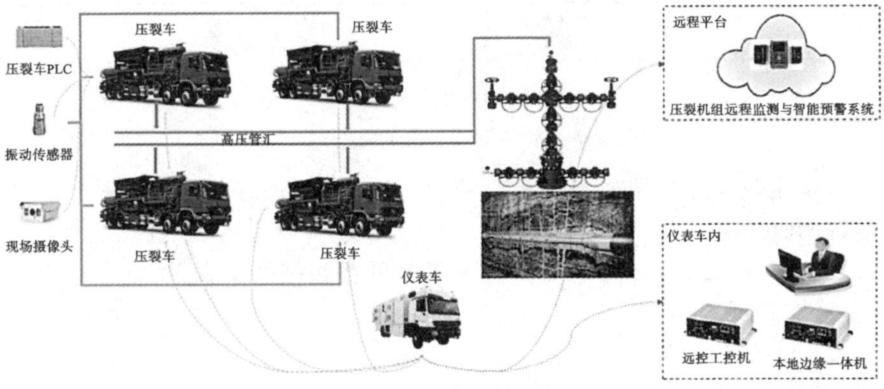

图 7-7　压裂车组系统框架图

资料来源：北京软协 2022 前沿数字技术创新应用案例集

技术架构方面，该系统自上而下分为系统展示层、系统应用层、工业互联网平台层、边缘采集计算一体化平台层以及数据采集层，如图 7-8 所示。系统展示层是整个系统的最前端，提供平台 PC 桌面门户、大屏终端门户和移动 APP 等，使信息化展示更加便捷。系统应用层则是实现实际业务需求的关键，通过业务功能的实现将所有业务接入工业互联网平台层，从而为上层应用提供运行支撑平台，并通过平台接入各类源端数据。边缘采集计算一体化平台层提供数据接入服务，能够适配不同来源、异构数据资源，既可以部署到源端前置机，也可部署到平台侧进行分布式集群部署。数据采集层作为整个系统的基础层，负责采集各类源数据，为后续数据处理和分析提供充足的数据基础。

3. 实施成效

该方案针对压裂泵等油气高值设备取得了显著的成果，通过应用物联网技术和大数据技术，设备运行状态得以实时监测并提前发现潜在的设备

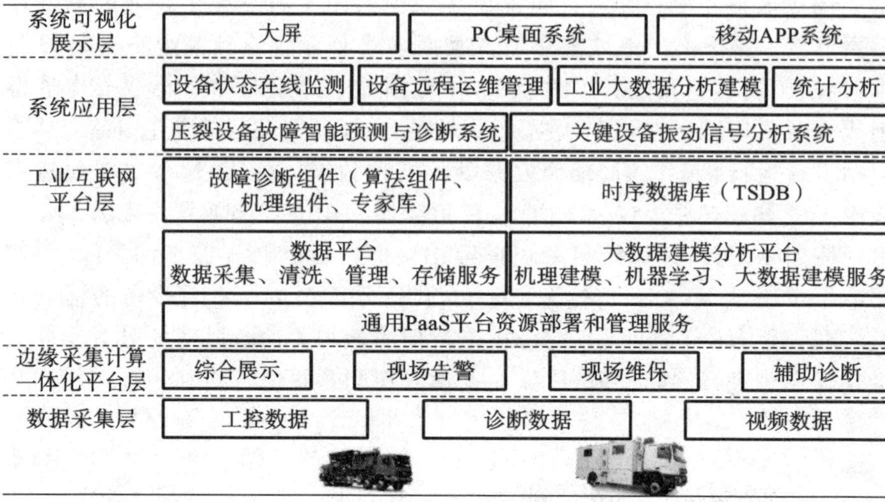

图 7-8　单车系统框架图

资料来源：北京软协 2022 前沿数字技术创新应用案例集

故障，作业现场边缘端拥有了及时的运行数据和预警信息，使得油气压裂设备的利用率得到了极大提升。由于及时发现并解决潜在问题，非计划停机时间明显缩短，从而为生产提供了更加可靠和高效的保障，在国内相关领域居于先进水平。

4. 经验总结

第一，先进性。在实施过程中，系统整体基于工业互联网架构设计，采用微服务架构，使得系统具备了良好的可伸缩性和计算性能。同时，系统支持分布式集群部署，保障了高可用性和可扩展性，避免了单点故障可能带来的影响。并且，随着数据的增长和平台应用建设的不断深化，可以通过增加集群节点来满足更高的性能负载需求。

第二，前瞻性。通过边云协同模式，充分考虑了油气田压裂作业现场数据不连续、网络不稳定等实际问题。数据在边缘端仪表车进行汇总后，根据网络情况传输至云平台，保证了现场施工作业方的实时监控及部分预警告警需求得到满足。同时，平台端也能满足非现场作业人员的监控、预警告警和故障诊断需求，还可以将诊断结果实时下发至现场边缘端，提供更加全面和高效的解决方案。

第三，创新性。通过物联网技术和大数据技术，设备运行状态得到了实时监测，并且相关诊断分析结果能够及时推送至作业现场边缘端，实现了对设备的预测性维护诊断，从而大大提升了设备利用率，降低了成本开支，为能源领域的生产运营带来了巨大的改进。

（案例来源：北京软件和信息服务业协会. 前沿数字技术创新应用案例

集[R].2022.;雷群,翁定为,罗健辉,等.中国石油油气开采工程技术进展与发展方向[J].石油勘探与开发,2019,46(01):139-145.寄云科技网站)

三、服务业数字化发展动力强劲

(一)金融数字化案例:科大讯飞金融全栈式AI中台

1. 案例背景

随着数字经济上升为国家战略,金融数字化转型正在从多点突破走向深入发展,人工智能、大数据和云计算三类能力作为重要的抓手,已经成为金融机构数字化转型过程中优先考虑建设的必备能力和基础设施。但在智能化能力建设过程中,金融机构仍面临着一系列的问题,对AI能力自行开发建设的技术储备有限,耗时费力且输出存在局限,影响快速转型。

2. 主要内容

科大讯飞AI中台是基于行业领先的人工智能技术及应用实践,面向客户提供"开箱即用"的AI原子能力、多厂商能力统一纳管、全能力开发优化闭环、业务场景落地赋能的一站式企业级解决方案。通过AI中台赋能场景,加速金融企业数字化升级,有效提升企业业务智能化、管理智能化水平,保持并提升企业的运营效率和创新能力。如图7-9所示。

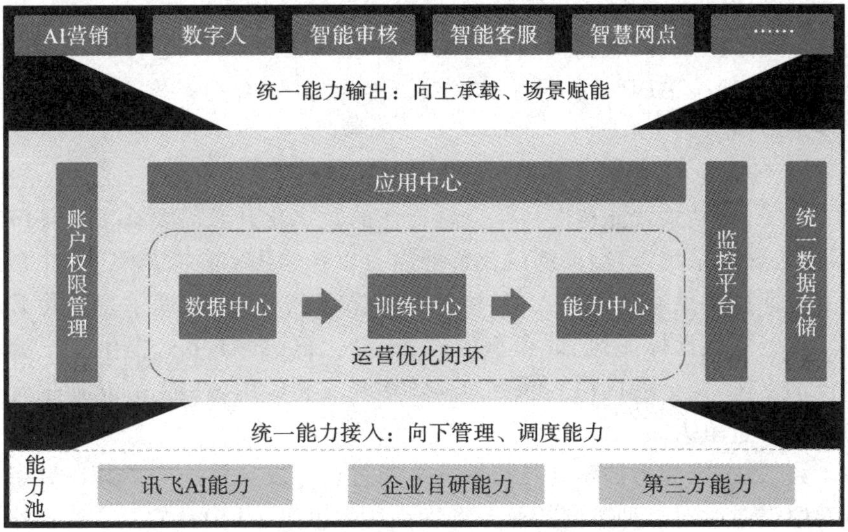

图7-9 AI中台解决方案

资料来源:北大创新评论产业研究案例库(2022)

科大讯飞AI中台作为全栈底座可持续扩充底层能力,既可以无缝接入自有的400余项AI能力、130多项金融领域场景能力,也可以接入生态厂商提供的成熟能力，解决智能化服务能力转型升级。智能化服务能力主要包含三个方面：在智能语音方面，具备金融领域 7 个细分场景共 50 余项语音预处理、语音识别、声纹识别、语音合成、多语种翻译等能力；在智能图像方面，票据 OCR 支持对 40 多种类型票据的识别、通用 OCR 支持表格识别与勾选框识别等功能、人脸识别支持人脸检测、活体检测、目标库管理等能力；在智能文本方面，除具备基础的面向字、词的基础 NLP 能力，中台内支持面向金融审核业务的要素抽取、文档比对等能力，支持面向客服场景的对话分类、对话摘要等功能。

3. 实施成效

科大讯飞 AI 中台集算力、数据、开发、智能算法、智能服务、智能应用于一体，并且具备丰富的智能化应用及场景建设经验，创新推出“平台＋场景”的解决方案，通过 AI 中台赋能场景，助力企业增强智能化运营力及业务响应力，目前已广泛应用于智能运营、智能营销、智能客服、智能风控、数字人等业务领域。

某股份制银行系统规划以需求为主导，以往采购的科技能力难以实现能力复用、知识沉淀和业务知识共享。上线科大讯飞 AI 中台后，该银行解决了资源分散、管理缺失和复杂业务支撑难的问题，实现了自有和第三方 AI 能力的统一输入输出及管控，银行内能力得以共享和集约化管理，并依托中台对客服系统、人脸识别、OCR 识别等多个 AI 版块进行了升级改造及创新，落地了 APP 语音导航、数字人、智能外呼、合同审核、AI 营销等数个场景应用。

4. 经验总结

第一，一站式智能化支持。金融行业的数字化升级需要从多个环节入手，包括数据采集、模型训练以及智能能力服务输出。科大讯飞 AI 中台解决方案通过提供一站式的支持，将这些环节紧密连接，加速了智能化升级的实现。从数据标注到 AI 模型的部署，科大讯飞 AI 中台提供了全流程的技术支持，使金融机构能够更加高效地开发和应用 AI 能力，从而提升业务水平和竞争力。

第二，多维能力的整合与拓展。金融行业的复杂性决定了其在数字化转型中需要应对多种不同的业务场景。科大讯飞 AI 中台的一个关键特点是整合了多维能力，涵盖了语音、图像、文本等多个领域。同时，该方案还支持金融机构接入来自不同厂商的成熟能力，使得这些机构能够灵活地应用外部的技术资源。这种多维能力的整合和拓展，为金融机构提供了定制化的 AI 解决方案，满足了不同业务场景的需求。

第三，协同创新的推动力。数字化转型不仅仅是技术的革新，更是业务和组织的变革。科大讯飞 AI 中台在金融机构中的实践表明，其不仅仅是一个技术支持平台，更是推动协同创新的推动力。通过统一的 AI 能力输入输出管控和资源管理，金融机构内部不同业务领域之间的协同合作得以增强。

（案例来源：北大创新评论学术委员会.北大创新评论产业研究案例库[R].2022.；科大讯飞网站）

（二）医疗数字化案例：Health AI 低代码开发平台

1. 案例背景

近年来，慢性疾病的发病率呈逐年上升的趋势，已成为当前危害人们健康和影响生活质量的重要社会问题。为实现“健康中国”的目标，我国政府在 2021 年全国基层卫生健康工作会上将“加强基本公共卫生服务内涵建设，推进信息技术与基层卫生健康服务深度融合”列为年度重点工作。在此背景下，推进信息技术在医疗领域的应用显得尤为重要。

人工智能在医疗领域有着广泛的应用前景，例如辅助诊断、智能健康监测、药物研发等。然而，由于人工智能应用门槛较高，开发流程烦琐，国内将人工智能应用到健康医疗领域的企业较少。为了解决这一问题，健康有益（北京健康有益科技有限公司）作为 AI＋健康医疗领域的代表性企业，积极响应国家号召，推出了 Health AI 低代码开发平台场景应用，旨在拉近 AI 与各行业的距离，降低 AI 入门门槛。通过 Health AI 低代码开发平台，不懂 AI 算法开发的需求者也能轻松上手，将 AI 应用于各行各业，并在计算机桌面实现智能化应用。

2. 主要内容

健康有益作为健康医疗领域的代表性企业，通过 Health AI 开发平台为客户提供了一套全面而高效的 AI 算法模型工具链和低代码开发平台应用，这一平台涵盖了数据管理、模型构建、模型部署与应用等三大阶段。

在低代码平台阶段，健康有益借助之前打造的 SaaS 层算法开发经验，积累并沉淀了适用于开发行业标准的算法模型流程，每个算法实现的环节都转化为工具，形成一套智能自动化的工具链。这些工具被集成于一站式低代码开发平台上，具有高组合与灵活度，易用且专业，降低了 AI 应用门槛。

Health AI 低代码开发平台目前已包含了完整的综合人群健康管理能力和三高人群健康管理能力。技术核心团队不断补充专业知识，以覆盖更多样的人群。每天平均 API 接口调用量稳定维持在 1500 万次以上，高峰期甚至可以达到 2000 万次以上。平台采用微服务加容器的架构模式，保障高并发和大流量访问。

该平台主要集中在PaaS层，提供AI模型工具链以及直接面向客户的应用，同时为SaaS层赋能。SaaS层是依托于各行业AI合作经验自研打造的Health AI开发平台，具备多租户数据隔离特性，并支持API/SDK/定制等接入形式，让客户无须专业能力，专注于业务应用。如图7-10所示。

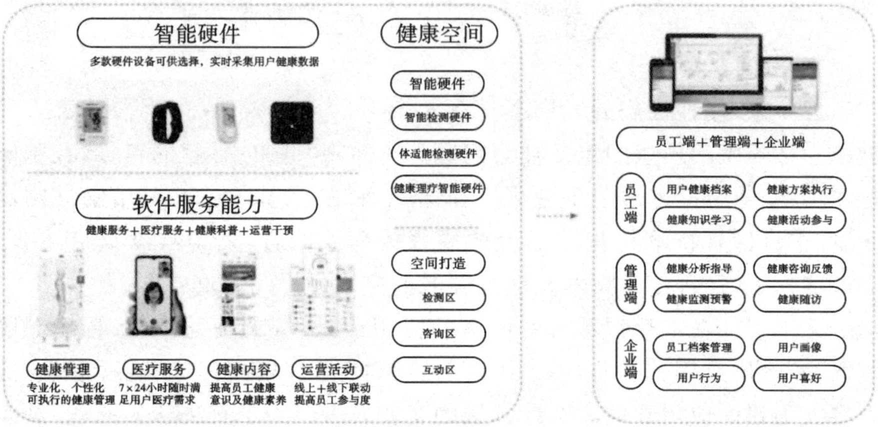

图 7-10　Health AI 低代码开发平台

资料来源：北京软协2022前沿数字技术创新应用案例集

Health AI低代码开发平台旨在将健康有益在各行业AI合作经验基础上，打造灵活通用的低代码平台架构，涵盖传统AI领域的各环节任务，并适配高可拓展的行业接口。通过持续迭代丰富不同接口，该平台致力于成为支撑各行业的通用AI一站式模型定制低代码开发平台。

根据市场环境，该平台已经进行了产品研发、测试，并成功投放市场，与各单位达成合作。未来，健康有益计划加速AI技术与健康医疗专业的结合，快速拓展市场，与40万家体检机构、健康机构达成合作，覆盖企业、政府机构、社区、养老等机构100万家，共服务人群60万人次，实现营业额1.5亿元。

3. 实施成效

Health AI低代码开发平台拥有健康产业上下游合作伙伴、各行业基础服务商和服务企业的强大合作网络，合作伙伴数量超过120家，并与50多家行业基础服务商合作，为300多家服务企业提供支持。在消费电子行业，该平台已覆盖市场70%以上的国产智能手机客户和80%以上的智能电视客户，成功吸引了众多标杆客户，其中包括腾讯、京东、阿里、华为等多家巨头企业。平台拥有健全的服务体系，技术月调用量超过4亿次，覆盖

27个省份，服务用户总数超过6亿户。

4. 经验总结

第一，创新AI赋能：健康管理的新起点。Health AI低代码开发平台，作为行业内首个健康管理开发平台，引领着数字化时代下健康医疗领域的创新浪潮。该平台以开箱即用的AI工具链为核心，将人工智能技术与低代码PaaS平台相融合，为企业提供了一站式的AI赋能解决方案。通过输出技能、方案以及综合健康管理系统，平台实现了AI的简单高效DIY化，推动健康医疗行业的数字化转型和创新发展。

第二，拓展应用领域：健康管理的多元化发展。随着技术的不断进步和知识的日益丰富，Health AI低代码开发平台将进一步扩展应用领域，其已覆盖的综合人群健康管理和三高人群健康管理能力仅是平台发展的起点。未来，该平台有望涵盖更广泛的人群健康管理需求，不仅面向企业和政府机构，还将服务于智慧家庭、智慧社区、智慧医疗、智慧健康、智慧养老等领域。通过智能化的解决方案，平台将有助于推动各个领域的发展，为人们提供更加智能、便捷的健康管理体验。

（案例来源：北京软件和信息服务业协会.前沿数字技术创新应用案例集[R].2022.；姚尧.健康有益Health AI正式上线全面赋能健康管理服务[J].中国经济信息，2019(1)：1-10.）

（三）教育数字化案例：元宇宙智慧教育云平台

1. 案例背景

自“双减”政策实施以来，全国1.56亿义务教育学生的教育生活亟须改变。疫情影响导致传统线下和线上视频教学效果不佳，缺乏互动和体验感。教育元宇宙利用虚拟数字人、VR/AR/XR和区块链技术，提供沉浸式学习，增强互动性，这种创新教学方式有望解决当前教育难题，激发学生学习的主动性和创造性。随着需求增加，教育元宇宙有广阔的市场前景，推动整个教育产业向前发展，培养更具创新思维和全球竞争力的未来人才。

2. 主要内容

教育元宇宙是一项基于Web 3.0技术的创新教育项目，旨在革新传统教育模式，提供多样化的学习体验。该项目涵盖了PC客户端、移动客户端、H5网页浏览器、VR/AR等多个版本，以确保学生和教师能在不同平台上无缝链接，实现内容资源共享和教学互动。

整个项目分为三个应用场景：角色应用、教学及管理应用、培训应用，并包含以下六大模块。

(1) 虚拟数字人应用模块。利用计算机视觉、语音识别等多种技术，为教师和学生创建虚拟数字人身份，使他们能够进入元宇宙并实现智能化的信息交流与互动。

（2）元宇宙多维度智能教学评价体系模块。通过构建学习者的个性化学习画像，为每位学生提供定制的教学解决方案，同时对教学效果进行智能评估。

（3）元宇宙场景群建设模块。通过数字孪生技术将学校的实体环境数字化，搭建多个元宇宙教育场景，包括教室、运动场、实验室等，使学习和其他教育活动可以在虚拟场景中进行。

（4）元宇宙虚拟仿真内容平台模块。该模块致力于打造多个学科领域的虚拟仿真平台内容，提供 SAAS 化工具服务，为教育对象提供内容共享系统和丰富的教育数字资产。

（5）元宇宙教育数字资产管理模块。该模块提供教育数字资产发布确权、流转共享管控、可信溯源查询呈现和评价奖励等服务，以确保教育数字资产的合理使用和管理。

（6）基于元宇宙教学系统的新型教师培训体系模块。基于元宇宙模拟教学系统，为教师提供虚拟教学环境，帮助他们提升教学能力和达成教学目标。图 7-11 是元宇宙智慧教育云平台界面。

图 7-11　元宇宙智慧教育云平台界面

资料来源：北京维周智能科技有限公司

3. 实施成效

维周智能与多所高校深度合作，在教育领域建立元宇宙虚拟教育平台、实验室和虚拟直播教室。通过将元宇宙技术融入教学过程，积极推进教育数字化和虚拟化，构建新型教育元宇宙生态圈，取得了显著成效，备受师生好评。

元宇宙智慧教育平台为培养人才发挥了积极作用。学生在元宇宙虚拟教育环境中激发学习乐趣和自主学习动力，培养了自主学习和创新思维的能力。教师也受益匪浅，通过情景化培训和个性化教学策略，提高了教学水平，更好地适应现代教育的要求。

4. 经验总结

第一，创新教育模式：元宇宙驱动下的教育变革。随着科技的不断进步，教育领域也在寻求创新，以适应日新月异的时代需求。基于 Web 3.0 的元宇宙智慧教育云平台，为整个教育行业带来了颠覆性的改变。借助虚拟现实（VR）、增强现实（AR）、人工智能（AI）数字人、5G、大数据以及云计算等前沿技术，平台构建了高度沉浸、充分互动的虚拟仿真环境，使教育从传统的线性、静态模式迈向了动态、沉浸式的学习体验。

第二，情景化教学：激发学习体验感与参与度。元宇宙虚拟教育平台的核心特点之一是创造情境化的教学场景。这一环境使学生能够身临其境地体验学习内容，从抽象的概念走向具体的实践。学生不再只是被动地接受知识，而是通过与虚拟世界的互动，更深入地理解和应用所学的知识。这种沉浸式的学习环境激发了学生的学习激情，提高了他们的参与度。教师也能在虚拟场景中灵活地设计教学活动，使教学更具趣味性和创新性。情境化教学的实现，为传统的课堂教学带来了全新的维度，促使学生在更自主、自发的状态下进行学习。

第三，个性化教育与教学资源创新：量身定制的学习体验。元宇宙智慧教育云平台通过多维度智能教学评价体系，为每个学生提供了量身定制的学习体验。个性化的学习画像使教育更加有针对性，满足不同学生的不同需求和兴趣。而丰富的虚拟仿真内容平台，则为教师创造了丰富多样的教学资源，使教学更具创意和创新。这种个性化的教育模式促使学生更加主动地参与学习，增强了他们的自主学习能力和创新思维。教师也能更好地适应不同学生的需求，更有针对性地指导学生学习，从而进一步提升教育效果。

（案例来源：北京软件和信息服务业协会. 前沿数字技术创新应用案例集[R]. 2022.；刘革平，高楠，胡翰林，等. 教育元宇宙：特征、机理及应用场景[J]. 开放教育研究，2022，28(01)：24-33.）

（四）文娱数字化案例：融媒体跨模态数字资产智能分析系统及应用

1. 案例背景

党的十八大以来，党中央高度重视媒体融合发展。2020 年 9 月，中共中央办公厅、国务院办公厅印发《关于加快推进媒体深度融合发展的意见》,明确提出“要以先进技术引领驱动融合发展”。2021 年 5 月 31 日,中央政治局就关于加强和改进国际传播工作举行第三十次集体学习时指出,全面推进新时代国际传播能力建设。可见,运用先进的大数据与人工智能技术,对于促进媒体深度融合和推进国际传播体系建设意义重大。

2. 主要内容

融媒体跨模态数字资产智能分析系统及应用是将机器学习、自然语言处理、深度语义分析等关键技术应用于跨模态、多语种的多源异构数据的领域模型与算法集。项目实施过程中,突破自然语言处理、多模态内容识别、跨渠道传播分析等多个大数据、人工智能方面的关键技术,其中部分原创性技术成果处于国际领先水平。面向跨领域中的文本、图片、视频、文件等数据资产,构建了一套面向媒体融合、智慧城市、数字经济等领域的多语种、跨模态和深度语义理解的数字资产智能分析中台。其基本概览如图 7-12 所示,具体分述如下。

图 7-12 TiLAKE · AIGC 概览

资料来源:北京软协 2022 前沿数字技术创新应用案例集

(1) 跨模态认知计算。

该项目针对复杂场景下跨模态数据,利用跨模态相关性分析,增强对全模态数据和信息的处理和理解能力,得到更加直观、准确的结果。通过对历史沉淀数据进行分析理解后提升资产使用效率,使多年积累的数据变成可用的高价值资产。

(2) 深度视频语义理解。

该项目针对复杂视频场景创新性进行目标检测与追踪技术理解视频内容,同时检测视频中的场景变换以便分场景进行处理,在每一个场景中,视频分析会先分析场景中的主体内容,然后通过选择不同的相机模式以及对这些主体内容在视频中连成的路径进行优化，从而达到场景的裁剪与重构。

(3) 领域知识图谱构建。

该项目以数据资产化、数据知识化、数据服务化为建设目标，引入领域知识图谱引擎，将海量行业内容语料数据和行业知识进行积累，为构建、管理和展示分析人物关系图谱、事件关系图谱等提供工具支撑，并针对多源异构数据建立联合索引机制，将图片与视频向量库、关系型数据库与非关系型数据库三者融合检索展示，提高数据使用效率。

(4) 多模态检索技术。

该项目针对数字资产中的文本、图像、视频和语音等多模态数据进行联合分析处理，针对多类数据信息之间的关联性建立跨模态模型，依据先进的特征提取、相似度检索、图文检索、图像拷贝检测和视频拷贝检测等技术，支撑多模态搜索服务，并应用到媒体融合、智慧城市、数字经济等多个领域的检索业务场景。

3. 实施成效

围绕融媒体应用，该项目为"管媒体""做媒体"机构提供了技术支撑和服务。案例已经应用到媒体、教育、企业等行业，包括郑州大学、上海国家电网、某监管部门融媒体中心等多家实际业务部门，实现了媒体融合发展中数字资产的深度分析、高效利用，全面提升数字资产的内容风控与安全管理，推动了媒体行业数字化转型，促进融媒体向智媒体发展。

该项目具有完全自主知识产权，已申请发明专利 66 项(其中已获授权发明专利 20 项)，已获得软件著作权 74 项，已发表论文 15 篇。整体技术及性能参数处于国内领先水平，部分原创性技术成果填补国内相关领域空白。项目已广泛应用于媒体融合、智慧城市、数字经济等多个领域，技术成果已推广应用至 21 个省、500 余个区县。

4. 经验总结

第一，多维度效果评估：精确分析国际传播影响。该项目的一个重要成果是构建了多维度的国际传播效果评估模型，这项创新性工作在媒体领域引发了积极变革。通过应用机器学习和深度语义分析等先进技术，该模型能够准确地评估跨媒体语义分析、多模态传播分析和数字资产传播影响力。这意味着媒体从传统的定性评估转向更加科学、精确的定量评估。不仅如此，该模型的应用也为国际传播的影响与效果提供了全新的衡量标准，使决策者能够更准确地了解传播结果，从而做出更有针对性的决策。

第二，跨模态智能识别：实现全媒体内容分析的新突破。该应用在融媒体领域实现了音视频等跨模态智能识别，通过深度视频语义理解等技术，能够从视频中提取关键信息，识别目标并进行跟踪，实现了对复杂视频场景的内容理解。此外，通过跨模态认知计算，突破了不同媒体类型数据之间的界限，使得全媒体内容分析成为可能。这一突破不仅增强了内容的深度处理和理解能力，也为媒体融合提供了更加灵活和创新的方式，进一步推动了全媒体时代的到来。

第三，统一融合、高效管理：数字资产管理的智能化革新。通过建立领域知识图谱和事理图谱，应用积累了大量行业内容语料数据和知识，从而为人物关系图谱、事件关系图谱等的构建提供了坚实基础。此外，多模态检索技术的应用也使得不同类型的数据资产可以更高效地被发现和利用。通过智能化的管理和分析，数字资产的价值得以充分挖掘，进一步推动了社会的数字化转型升级。

（案例来源：北京软件和信息服务业协会. 前沿数字技术创新应用案例集[R]. 2022.；曾祥敏，刘日亮. "生态构建"：媒体深度融合发展的纵深进路[J]. 现代出版，2022(01)：50-63.）

第三节　数字经济时代技术创新的典型案例

近年来，我国数字经济的发展环境较以往有了明显改善，物联网、5G、人工智能、大数据、区块链等新技术在很多行业和领域已有广泛的应用案例，并与新能源、新材料、高端制造等新兴领域相伴相生。通过运用数字技术，对数据进行深度挖掘，充分发挥数据价值，实现关键环节的智能化，快速响应市场需求，使企业和政府在生产效率、制造成本、产品质量、人员效益方面得到显著的提升。本节根据物联网、云计算、人工智能和5G等新兴数字技术，遴选了多个特色鲜明、成效显著、可复制、可推广的国内数字经济时代技术创新典型案例，为数字技术的落地应用、数字生产力的有效释放和数字经济的快速发展提供一定参考。

一、物联网

物联网（IoT）是指通过各种传感器、RFID技术、GPS、激光扫描、红外感应等技术和装置，实时收集需要监测、连接、交互的物体或过程，采集其相关信息，如声、光、热、电、机械、化学、生物、位置等，实现物品与物品、物品与人的普遍连接以及物品和过程的智能感知、识别和管理，构建互联互通的网络。

物联网是我国战略性新兴产业的重要组成部分，引领了继计算机、互联网和移动通信之后的新一轮信息技术革命，是未来科技竞争的制高点和产业升级的重要驱动力。物联网不仅和国民经济建设、社会发展息息相关，对提高人民生活质量和水平也密不可分，是我国创新驱动发展战略的重要体现。

物联网案例:基于物联网的农业有害生物智能监测防控预警系统

1. 案例背景

健全完善的农作物有害生物监测及防控预警系统是农业防灾减灾的重要基础,也是现代植保建设的重要内容。然而,我国农业一直是依靠人力的传统经营模式占主导地位,传统经营模式存在智能化、精细化不足等问题,农业中有害生物易引发严重灾害。

2. 主要内容

广州瑞丰生物科技有限公司基于物联网和理化诱控技术,建立农业有害生物监测、预警和绿色防控系统,通过物联网等信息技术完成农作物植株信息、生物环境信息,苗情、墒情、虫情信息的采集、存储和分析,使对果蔬和水稻等的有害生物监测、预测与预警研究标准化、信息化和规范化,推动绿色农业现代化。

首先,在代表性区域,建设智慧农业物联网预警监测站,该站集农业有害生物监测预报、病虫情报发布、应急防治于一体。通过智能识别虫情测报、农业生态全景监测、害虫性诱测报、农业小气候监测、物联网综合管理等田间多源综合采集端,自动采集田间虫情、苗情、小气候等影响因子,可实现对蔬菜、水稻等作物的虫害预警分析。其次,搭建智慧农业可视化数据信息管理平台,该平台的电脑网页端、微信小程序,植保人员可查看害虫发生和气象数据,评估确定疫情发生的程度、趋势和分布点。最后,集成绿色防控技术,并根据当地实际情况因地制宜地针对不同作物和害虫提出防治方案。

智慧农业物联网预警监测站点由田间多源综合采集端组成,可实现自动完成农作物植株信息采集、生物环境信息采集,苗情、墒情、虫情信息采集,并通过网络系统对信息进行储存、大数据分析,并达到各种功能的智能化控制和管理,为病虫害防控和农业生产提供数据信息支撑。此外,该站点还可以扩展与各级信息采集站之间的信息交互功能,包括进行无线传输、远程控制、信息数据共享和分级管理。

3. 实施成效

该项目的实施可实现对农作物生长的全程智能化监管,达到全面监测、及时预警、精准防控病虫害的效果,提升农业防灾减灾能力,改善和保障农业生产条件,补齐农田基础设施短板,促进农业持续增产,助力现代化高标准农田建设。目前已在佛山、深圳、昆明、桂林等我国南方多个地市建立了有害生物智能监控及预警示范点。

4. 经验总结

第一，物联网预警监测站的综合应用。物联网预警监测站的建设体现了现代光、电、数控技术在农业领域的融合应用。通过将这些先进技术与环境信息采集相结合，系统能够实现全天候、无人值守的农业害虫监测，为农业生产提供了前所未有的智能化支持。该系统的综合应用不仅体现在技术层面，还涉及害虫种群动态监控、科学防控策略的制定等方面。

第二，精准数据采集与实时分析。物联网预警监测站通过光、电、数控技术，能够高效地采集环境信息，包括气温、湿度、土壤墒情等。同时，系统结合性诱技术实现对害虫的专一性诱捕，从而获得精准的害虫数据。这些数据的采集不受时间和气候限制，确保了全天候监测。通过将采集的数据传输到中央数据库，系统能够进行实时的大数据分析，准确掌握害虫种群和类型的变化情况。

第三，科学防控策略的制定与实施。物联网预警监测站的核心价值之一在于为科学的防控策略提供可靠依据。通过实时分析害虫种群和类型的变化，农业专业人员可以制定更加精准、有针对性的防控方案。这些方案可以针对不同地区、作物和害虫类型进行个性化定制，从而最大限度地降低防控成本，减少农药的使用量，同时也降低对生态环境的影响，促进了农业精细化、高效化和绿色化发展。

（案例来源：工业和信息化部. 物联网示范项目优秀案例集[R]. 2022.；国栋，杨久涛，于玲雅，等. 农业重大病虫灾害智能化监测预警网络建设探析[J]. 现代农业科技，2020(07)：141-142，144.；广州瑞丰生物科技有限公司网站）

二、云计算

2021年3月以来，我国先后发布了《中华人民共和国国民经济和社会发展第十四个五年规划和2035年远景目标纲要》《“十四五”软件和信息技术服务业发展规划》《“十四五”数字经济发展规划》等一系列政策文件。这些文件都将云计算列为数字经济重点产业。作为数字技术发展和服务模式创新的代表，未来数年，云计算将持续蓬勃发展，为数字经济的进一步发展提供坚实的基础。

云计算案例：广东省数据资源一网共享平台

1. 案例背景

围绕互联网＋政务服务以及云计算等领域，党中央和国务院进行了重要的战略规划和顶层设计，为互联网与经济社会的深度融合发展制定了指导方针，为数字政府改革与建设指出了明确的发展方向。各地区、各部门以数字政府改革建设为突破口，推进政府数字化转型，创新优化推进机制，抓好顶层设计，为数字政府健康发展提供基础性和系统性支撑。

2. 主要内容

广东省政府以“数字政府”为目标，旨在构建全省共建共享的政务大数据中心和技术体系。一是实现政务部门线下数据需求逐步向线上迁移，进一步压缩共享时长；二是实现指尖数据，构建移动端数据应用，支持数据资源随时查看、需求申请秒级审批；三是实现从数据汇聚、质检、入库到共享服务全流程自动化；四是盘活政务数据资产，深化数据开发应用，赋能政府智能决策。

广东省数据资源一网共享平台按“省市两级部署，省市县三级管理”的模式布局，重点解决以下几大问题：一是统一维护数据资源，统一管理新增、变更、挂接数据资源目录；二是实时同步数源部门数据资源，使用共享交换的方式对接数源部门前置机数据；三是实现便捷共享，有需求的用数部门快速申请无条件共享数据，如有条件共享数据，需要按正常审核流程申请，平台全流程记录和处理，实施交付自动化；四是数据类型丰富，包含了库表、接口、电子证照、电子地图、视频等，提供多种数据提供方式；五是实现统一把控和监管政务数据，使各政务部门能够便捷使用共享数据，避免重复申请、无法申请等问题，打破不同部门间数据壁垒。通过搭建共享交换平台，政府有关部门可以实现数据的跨越传输和共享，有助于加强各级政府之间的信息沟通和合作，提高政务工作的效率和协同性。

按照“全省一盘棋”的工作思路，广东省数据资源一网共享平台根据“两级平台、三级管理”的模式布局，通过搭建共享交换平台，政府有关部门可以实现数据的跨越传输和共享，有助于加强各级政府之间的信息沟通和合作，提高政务工作的效率和协同性。同时，开创性地建立了“数据物流”运营管理模式，将互联网电商运营理念与政府管理制度相结合，实现“数据申请”“需求审批”“数据共享”“服务评价”等全流程闭环管理，并实现全流程可溯源、可监控、可查询。

3. 实施成效

社会效益方面，一是支撑广东省数据资源“一网共享”工作任务开展，健全数据共享工作机制；二是构建数据资源汇聚体系，支撑异构数据资源的共享交换，推进国家数据资源的申请使用；三是创新数据服务模式，构建数据资源汇聚和共享技术体系，提供面向场景的数据服务；四是深化数据资源应用，为构建协同高效的政府数字化履职能力体系提供应用和技术支撑。

应用和推广方面，一是推动广东省 3090 个政务部门全面汇聚业务数据库、电子证照、监控视频、物联感知等多类型政务数据，发布 5.03 万个数据资源目录，数据量达 648.39 亿条，形成高质量数据资源池；二是依托全国一体化在线政务服务平台和国家共享交换平台，打通国家层面和省内各级各部门数据共享通道，成功对接 30 个国家部委 205 项数据资源，赋能全省 115 个部门 189 个业务系统，实现 64 个国垂系统 3487 万条办件数据回流；三是目前已上线应用场景专栏，提供按场景检索数据的功能，梳理形成 5 大领域 34 类场景，并在应用场景专栏发布 126 个典型案例。

4. 经验总结

第一，在模式创新方面，平台方便不同部门选择数据并统一提交用数订单，同时通过场景化经典案例展示解决基层用数难题，实现案例、数据、用数系统的关联展示。此外，数据共享协调工作实现了线上化办理，支持在线供需对接和用数协调，并通过数据共享的自动化模式，让数据“秒享”，显著提高了数据共享服务能力。

第二，在技术创新方面，平台实现了全类型海量数据的快速共享交换。通过建立政务数据共享模型，跨部门、跨层级、跨地区、跨业务、跨系统的数据资源得以覆盖省、市两级管理和省、市、县三级运营。此外，采用自动化数据质检系统，能根据规则自动进行数据质量检测，并自动生成数据质量检测报告。这使得省、市两级政务数据得以分级管理和治理，形成全面的数据质检和管理体系。

第三，在运营创新方面，平台首创数据运营参阅材料的自动化输出。通过制定各级部门汇报和业务需求的参阅材料模板，全省各地（市）、各部门的参阅材料都能自动生成，满足不同场景的个性化用数需求，支撑了全省各级政务部门的个性化汇报和用数场景。此外，建立的数据运营指标体系实现了按天、周、半月、月、季度及累计统计全省、各地（市）、各部门的编目挂接和数据共享实施情况，并能自动输出运营指标数据。

（案例来源：中国信息通信研究院. 数字政府典型案例汇编[R]. 2022.；广东省人民政府网站）

三、人工智能

人工智能(AI)是一门新兴科学技术，旨在研究和开发用于模拟、延伸和增强人类智能的理论、方法、技术和应用系统。在新科技革命和产业变革的背景下，AI 与产业深度融合，成为释放数字化叠加效应、促进战略新兴产业发展、构筑全面竞争优势的必然选择。目前，AI 正在快速渗透各个产业领域，推动新兴产业之间、新兴产业与传统产业之间以及技术与社会之间的跨界融合发展。

人工智能案例：基于AI的交通视频融合感知及数字孪生公路系统

1. 案例背景

随着我国《数字交通"十四五"发展规划纲要》出台，以建设交通强国为目标的一大批智慧交通项目纷纷启动。该项目成功地构建了数字孪生收费站系统，利用视觉AI的检测及还原技术，实现对收费站参与主体进行精准和实时地感知和记录。

2. 主要内容

依托自由流门架的监控视频的AI分析，系统对即将进入收费站的车辆实时目标采集、车牌识别、定位和跟踪，通过对接ETC收费数据对自由流缴费车辆的结算状态实时跟踪、监控，对结算异常的车辆重点跟踪和预警，通过龙门架一级LED诱导显示屏，引导相关车辆到MTC收费车道完成补缴，对未完成补缴以及涉嫌逃费的车辆自动取证记录。

同时，基于GIS引擎或UE4游戏级微观引擎，实现收费站场景的高精度建模和视觉渲染，将现实交通实时动态运行信息在虚拟的数字空间中，从精度和效率两方面实现"1：1"动态映射，并在此基础上完成车辆轨迹全域跟踪、轨迹预测、事件检测、事故过程还原及交通仿真推演，最大限度保障该场景下自由流车辆通行效率，为高速公路及收费站运营管理和应急管控业务提供了一个超现实的交通智慧化监控、智能仿真、预测推演平台，提升收费系统的智能化、可视化运营管理水平。

3. 实施成效

机场高速收费站经自由流交易及数字孪生技术升级后，车辆缴费效率提升50%以上，车辆平均缴费等待时间降低60%，车辆高速通行过站时间由原来的平均10秒，减少到5秒以下；有效缓解了机场高速收费站交通拥堵风险，缩短了交通出行时间，提升了高速用户出行满意度。能够充分支撑未来10～20年的交通数字化发展的创新应用模式，具有重要的行业推广应用价值。

4. 经验总结

第一，数字孪生技术赋能高速自由流管理。在高速收费领域，数字孪生技术首次被成功应用于实际场景，为高速自由流管理带来了全新的突破。通过此系统，实现了收费站现实场景与数字虚拟空间的紧密结合，将现实车辆通行、结算等全业务流程与虚拟环境中的数据交互有机融合。这种创新性的数字孪生应用，打破了传统收费管理的瓶颈，为高速交通管理引入了智能化、可视化的管理方式。

第二，实现数据融合与全业务流程展示。该系统不仅在技术层面取得了突破，还在数据平台的打通上取得了显著成就。它成功实现了ETC交易系统、监控系统与数字孪生系统之间的数据融合与平衡，实现了全业务流程的展示。通过实时的视觉AI分析，系统能够准确采集车辆的信息，如车辆目标、车牌识别、定位和跟踪。同时，通过与ETC收费数据的对接，实现自由流车辆的实时结算状态监控，对结算异常车辆进行预警和跟踪。

第三，实时监测、记录和还原的全方位管理。数字孪生技术为高速自由流管理引入了实时监测、记录和还原的全方位管理能力。通过数字孪生技术在虚拟空间中建立的高精度场景模型，系统能够实时跟踪车辆的轨迹，进行预测，检测事件和事故，并将真实的交通情况与虚拟空间相映射，实现车辆轨迹的记录和还原。该系统不仅提升了交通管理的效率，还为应急管控提供了强有力的支持，能够在事故发生时快速还原现场过程，为决策提供数据支持。

（案例来源：中国信息通信研究院.数字孪生城市技术应用典型实践案例汇编[R].2022.；中国信息通信研究院.人工智能白皮书[R].2022.）

四、5G

5G作为引领性的新一代信息技术和新型基础设施的核心内容，已成为数字经济发展的重要增长引擎。据中国信息通信研究院《中国5G发展和经济社会影响白皮书》数据显示，截至2022年9月底，5G移动电话用户超过5亿户，5G用户渗透率突破30%。5G行业应用在行业融合上兼具广度和深度，已经广泛应用于国民经济的40个大类中，累计应用案例已逾5万个，尤其在港口、工业和矿山等先导行业已经成功实现规模化推广。推动5G网络规模建设、应用规模发展有利于推动数字产业高质量发展，加速传统产业转型升级，为建设现代化产业体系、推动经济量质齐升提供坚实基础和发展动力。

5G案例：基于国密算法和5G的电力配网安全防护系统

1. 案例背景

电力配网自动化系统是关系国计民生的重要控制系统，一旦遭到入侵破坏，将会造成重大经济损失，影响社会安定甚至危害国家安全。电力配电物联网为配网自动化系统提供信息通信基础设施，目前，接入电力配电物联网的配电终端数量已达亿级，大量户外无人值守的配电终端本身安全防护能力较弱，随着现场运维向远程运维的转变，信息的采集与设备的控制也由原有的“二遥（遥信、遥测）”升级转变为“五遥（遥信、遥测、遥控、遥调、遥视）”，通信实时性、安全性、可靠性面临更高的要求。

2. 主要内容

该项目基于自主可控的国密密码技术和5G通信技术，致力于实现电力配电物联网内配电终端设备多形式的网络安全接入。采用低功耗设计、防水防尘、电磁防护等工业设计，保障电力物联网终端恶劣工作环境下稳定通信，并提供设备自动检测、自动恢复、远程控制等功能。系统架构由采集层、传输层、处理层构成，如图 7-13 所示。

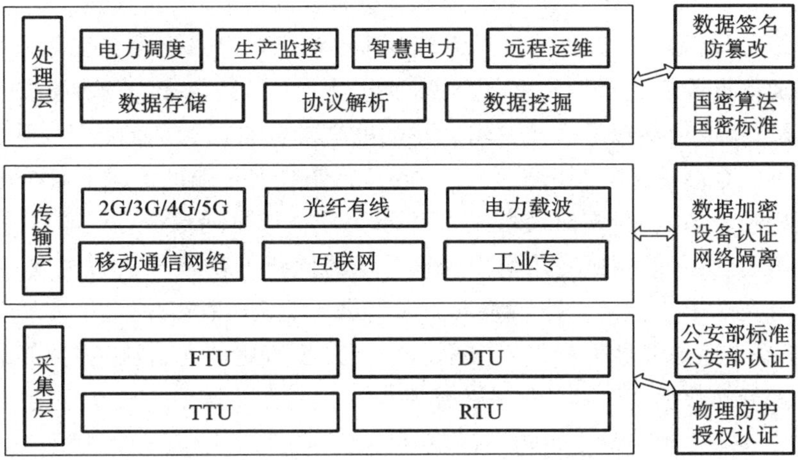

图 7-13 电力配网安全防护系统架构图

项目的支撑技术采用自主可控的工业级国产密码芯片，通过基于国密算法的移动数据隧道加密，可实现主站与基于移动通信的工业终端之间的双向设备可信接入认证和数据传输加密功能，能够保证工业设备相互之间通信的唯一性、机密性、完整性，实现低延迟、高吞吐、硬加密、低功耗、高可靠性等功能特性，适用于电力、水利等“点多面广”及复杂的工业环境。利用 5G 通信大带宽、低延迟等特性，融合国密安全算法，建立了可信安全电力通信信道，保障电力配网调度应用，实现远程安全遥控、快速复电、快速切断等功能，为电力安全生产运维提供了充分的安全保障。

3. 实施成效

项目方案可适配于送配电终端的多种类数据，极限吞吐量 210 Mbps，时延在 4～5 ms 之间，远低于 4G 网络 100 ms 的延迟且完全满足 3GPP R16 的 5G 技术标准规范、国家行业标准规范，成功完成配网自动化 5G 加密通信应用示范试点工作，推动国密和 5G 网络在电力行业中的大规模应用，为智能电网进一步建设提供更好的网络支撑。

4. 经验总结

第一，提供安全、高质量的通信能力。该系统通过基于自主可控的国密密码技术和 5G 通信技术，为电力配网自动化系统提供了安全、高质量的通信能力。这一系统设计不仅适用于电力领域，还可扩展到采用无线通信或光纤接入方式联网的各类工业控制系统。通过自主可控的国产密码芯片，采用国密算法建立的移动数据隧道加密，系统确保了通信的唯一性、机密性和完整性。这为不同工业控制系统之间的通信提供了可信的保护，有效防止了未授权访问、信息泄露和数据篡改的风险。

第二，满足电力配网自动化系统的多重需求。电力配网自动化系统对网络通信有着多重严格要求，包括高吞吐量、低时延、便捷入网和高安全性等，该系统成功实现了这些要求。在配电终端数量巨大的情况下，系统的极限吞吐量高达 210 Mbps，有效满足了大量数据传输的需求。低时延的实现（4～5 ms）使得实时通信成为可能，系统能够迅速响应各种操作需求。

第三，具备多领域应用潜力。该系统的优势不仅限于电力领域，还可以广泛应用于其他工业控制领域。水利水质监测、气象监测、平安城市建设、轨道交通等领域也都需要安全、稳定、高效的通信支持，以保障系统的正常运行和数据的可靠传输。系统在电力配网自动化中的成功应用，为其他行业领域提供了一个可借鉴的范例。

（案例来源：工业和信息化部. 物联网示范项目优秀案例集[R]. 2022.；中国信息通信研究院. 中国 5G 发展和经济社会影响白皮书[R]. 2022.）

第四节　数字经济时代政府创新的典型案例

加强数字政府建设是适应新一轮科技革命和产业变革趋势的基础性和先导性工程，对于加速政府职能转变，构建廉洁、法治和服务型政府具有重要意义。党的十九届四中全会首次明确提出了“推进数字政府建设”的战略目标。《中华人民共和国国民经济和社会发展第十四个五年规划和 2035 年远景目标纲要》更进一步要求“提高数字政府建设水平”。国务院于 2022 年 6 月 23 日正式印发了《关于加强数字政府建设的指导意见》，对数字政府建设的时间表、路线图和任务书进行了系统谋划，同时也针对政府数字化改革面临的主要矛盾、关键问题和战略要点作出了统一部署。

经过各方的共同努力，各级数字政府建设呈现出高效协同趋势，新型智慧城市建设不断深入推进，一体化政务服务水平显著提升，各种政府创新实践不断涌现。本节根据数字政府、智慧城市和智慧政务三个类别，遴选了多个具有特色、成效显著、可复制、可推广的国内数字经济时代政府创新典型案例，可为党和国家推动数字政府建设高质量发展提供重要的参考借鉴。

一、数字政府建设趋于高效协同

（一）数字机关案例：山西省协同办公集约化平台

1. 案例背景

在数字化信息时代，政务办公平台的建设对于政府机构的高效运作和服务改进至关重要。为了推进山西省政务信息化的发展，2019 年 12 月 6 日，山西省人民政府办公厅发布了《关于印发山西省加快数字政府建设实施方案的通知》，为协同办公平台的建设制定了明确的目标和计划。方案旨在打破信息壁垒，实现政务信息的高效共享，促进政府机构间的协同办公，提升政务服务质量和效率，真正打通了协同办公最后一公里。

2. 主要内容

为了实现协同办公平台的集约化，平台遵循“横向到边、纵向到底”的设计理念，构建了全系统的技术架构。该架构将统一用户、应用支撑、数据支撑和分域管理相融合，满足了各单位多种职能的垂直管控需求。通过规范办公业务流程，平台实现了高效的业务协同，为新时代开放型、创新型、服务型政务信息化提供了全方位的技术支撑。协同办公集约化平台充分考虑了当前主流的国产化数据库和中间件，确保了数据在国产化和非国产化平台上的正确展示。同时，协同办公集约化平台保证了对国产化环境的全面兼容性，同时支持原有 X86 架构的正常使用。该平台还可在信创环境下部署，选择适配国产化产品的操作系统、数据库、流式软件、版式软件和身份认证等软件。

协同办公集约化平台是融合了统一用户、应用支撑、数据支撑、分域管理为一体的政务办公平台，不仅满足机关单位职工信息化办公的需求，打破机关单位信息共享壁垒，而且为建设新时代开放型、创新型、服务型政府提供信息化技术保障。协同办公平台集约化平台实现了政府机构政务办公一体化，跨地区、跨层级、跨部门信息共享和协同办公。

3. 实施成效

协同办公集约化平台的实施取得了显著的经济效益和社会效益。该项目研发的自主知识产权协同办公平台产品已在山西省各地市得到广泛推广，形成了示范效应，有望在全国其他省份推广。平台数据汇聚和挖掘，提供了高效的数据服务能力，向外部提供了服务。在新形势下，政务信息化成为提升工作效率和保障工作信息安全的重要手段。协同办公集约化平台的成功建设，提高了信息的利用效率，减少了非必要劳动，推进了各项业务全面开展。此外，该平台推动了工作观念的更新和工作机制的创新，大幅提升了政府服务能力。通过实现信息的实时共享，消除了传统线下业务协同办公模式造成的政务资源和效率损耗，实现了各政务部门间的高效协同。

4. 经验总结

第一，核心算法自主可控，维护工作流引擎。平台在核心算法的自主可控性方面取得了显著进展。平台团队成功实现了核心算法的自主研发，这不仅增强了数据安全性，而且减少了对外部技术的依赖；平台积极维护工作流引擎，不依赖于开源组件的发布和适配，确保了系统的稳定性和可靠性。

第二，关键过程可追踪，日志明细记录。协同办公集约化平台在关键过程可追踪性方面取得了重要突破。通过精心设计，平台实现了关键过程的可追踪，详细记录了日志明细，使用户能够深入了解流程引擎的内部流转关键环节。

第三，丰富易扩展接口，促进系统集成。协同办公集约化平台的技术创新还体现在提供丰富易扩展的接口方面。平台积极开放接口，方便外部系统调用和集成。这种开放性有助于不同系统之间的数据互通和共享，促进了政府机构内部以及与外部合作伙伴的高效协同，从而提升了政务服务的质量和效率。

第四，以人为中心，简化流程设计器。协同办公集约化平台在用户体验方面表现出色，以人为中心的设计理念使得其在B/S架构的流程设计器方面做出了显著改进。平台创造了一个简单易用的流程设计器，降低了学习成本，让业务人员能够更加便捷地创建流程。

（案例来源：中国信息通信研究院. 数字政府典型案例汇编[R]. 2022.；山西省人民政府网站）

（二）市场监管案例：天津市“互联网＋监管”体系

1. 案例背景

天津市作为中国的重要经济中心和科技创新基地，紧紧围绕党中央和国务院的战略决策，积极响应号召，大力推进“互联网＋监管”工作，以实现监管模式的创新和数字化协同监管的突破。天津市委网信办与市大数据管理中心在“互联网＋监管”系统的构建过程中，注重发挥国家与地方联动合作的优势。通过国家平台汇聚的海量多源数据，天津市成功实现了监管信息的整合与共享，避免了信息孤岛和重复收集的局面。同时，与国家开展多级联动应用试点建设，更是为“互联网＋监管”赋予了新的内涵。

2. 主要内容

依托“党管数据、党统监管”的模式和方法，天津市委、市政府积极发挥领导作用，与国家共同组建试点工作组，共同推进“互联网＋监管”系统多级联动应用试点建设工作，以实现数字化协同监管的新突破。在政策发布方面，天津市将政府数字化发展转型作为契机，着力制定并实施了《天津市加快数字化发展三年行动方案(2021-2023年)》，对推进“互联网＋监管”系统多级联动应用试点建设工作进行了明确规划，强调高标准开展试点建设。

依托“党管数据、党统监管”的模式和方法，由天津市委、市政府牵头，天津市各部门会同国家相关部门共同组建试点工作组，统筹推进试点建设工作。在政策发布方面，天津市以政府数字化发展转型为契机，明确“以高标准开展国家‘互联网＋监管’系统多级联动应用试点建设工作”，将平台建设纳入数字政府建设框架，明确试点各项建设任务负责部门，全力保障高质量完成试点建设任务。

坚持系统建设为要，构建“11227”全流程监管体系。以城市大脑基础计算平台为支撑，形成“互联网＋监管”系统“11227”体系。编制一张覆盖市、区两级的监管事项目录清单；建立一个监管大数据中心，2个系统界面，2个支撑体系。打造7个应用系统：监管事项目录系统实现本地监管事项规范化管理；监管投诉举报处理系统接收国家系统投诉举报信息，并实现全流程管理；综合监管系统支持本地专项协同监管任务和跨省域联合监管任务；监管效能监督评价系统汇聚多方监管数据，构建全面评价指标体系；风险预警系统利用数据分析等技术，早发现防范全市苗头性风险；监管数据综合管理系统实现全市监管对象统一管理和监管检查数据汇聚；监管移动端APP核心功能包括监管对象查询、双随机抽查任务、风险核查任务、跨省联合任务等。

建设法律法规管理系统。天津市“互联网＋监管”系统政策法规管理系统根据法律法规的特性制定了编码规则，已经编码了超过1600部相关法律法规，实现了法规的自动赋予唯一编码标识和动态更新管理。该系统将法律法规作为核心数据，自动地与权责清单、监管清单、执法清单进行衔接，从而形成全面的监管体系，为各级政府部门提供了更高效、精准的监管工具。

建设重点领域风险预警模型。在重点领域，通过汇聚市场监管、公安、税务、互联网等数据，利用场景牵引和大数据赋能实战，在交通新业态、安全生产等13个领域建立了30余个风险预警模型。这些模型在推动“全民监管”“全时监管”“全域监管”的应用体系方面发挥了关键作用。通过天津市“互联网＋监管”系统和监管移动App等终端，实现线上与线下融合，标准化与个性化共进。

3. 实施成效

天津市“互联网＋监管”系统中的风险预警模型在非法营运车辆和危化品运输领域发挥了重要作用。通过“非法营运车辆”风险预警模型，系统结合共享信息和移动“互联网＋监管”APP，对网约车行业进行监管。通过精准查询车辆运营信息，包括订单编号、载客时间、订单金额等，成功打击非法运营网约车。全市网约车合规率持续提升，在全国36个中心城市订单合规率排名中稳步攀升，显示出天津在网约车合规率方面的显著进步。

除了风险预警模型，信用分级分类管理在优化营商环境方面也发挥着重要作用。天津市“互联网＋监管”系统共接收国家信用分级分类数据86.9万条，并完成了业务监管部门、社会信用建设牵头部门、系统建设部门的信用信息互联共享，为全市各行业监管部门提供了分级分类监管应用支撑，探索出守信激励和失信惩戒措施近60多项。

4. 经验总结

第一，数据牵引提升监管效能。天津市按国家“互联网＋监管”标准建立监管数据中心和动态数据更新机制，依托数据共享平台，积极归集政务、公安、执法、互联网等数据，实现协同监管、智慧监管和精准监管。

第二，提高监管事项标准化水平。天津市“互联网＋监管”系统全面梳理监管事项清单，利用编码化的法律法规数据库与权责清单自动关联，完成目录查漏补缺工作。数据赋能使监管事项数字化，确保明确、可查，并解决“监管真空”和“缺位”问题，提高监管的规范化和精准化水平，提升政府监管效能。

第三，完善跨省协同联合监管机制。天津市通过与国家“互联网＋监管”系统联动，解决省际运输监管中的异地执法问题。确定具体业务的抄告抄送、协查协办，加强任务流转跟踪功能，实现任务全流程跟踪。通过“互联网＋监管”平台实现跨省抄告抄送，充分体现协同化政府办公模式，降低监管对象的重复性检查频度。

（案例来源：中国信息通信研究院．数字政府典型案例汇编[R]．2022.；天津市人民政府网站；天津市人民政府关于印发天津市加快数字化发展三年行动方案（2021—2023年）的通知[J]．天津市人民政府公报，2021(16)：2-15.）

（三）民主法治案例：淄博市桓台县“守信快办失信制约”政务服务

1. 案例背景

近年来，政府部门对信用体系建设和诚信建设越来越重视，在国家、省域、地市各级政府的共同努力下，一系列政策文件相继出台，以推动诚信建设长效机制的建立和失信约束制度的完善。淄博市桓台县行政审批服务局在推进诚信建设方面走在了前列，为了更好地将信用体系与审批服务领域相结合，创新推出了“信用审批”制度，通过建立一个核心的信用评价体系，围绕着高效便民和风险可控的原则，提供了三条主线的服务，涵盖了多种多样的办事需求。这种“1＋3＋N”的工作法为信用政务的落实提供了有力支持。桓台县政府希望通过这种方式，打造诚信政务的新模式，让信用审批成为行政服务的一张金名片，使“诚信得便利，失信受制约”成为法治营商环境中的生动写照。

2. 主要内容

制度保障＋平台应用，打造极简审批模式。为了进一步推动政务服务领域的信用体系建设，桓台县制定了《桓台县建立政务服务“守信快办失信制约”制度打造信用极简审批新模式实施方案(试行)》。该方案旨在提供极简便捷的审批流程，促进守信激励，推广诚信行为，同时对失信行为进行制约，以营造良好的法治营商环境。在新模式下，对于无不良信用记录的申请主体，政府部门将提供绿色通道、容缺受理、承诺审批等多种便利服务。

守信激励＋积分认定，开展信用审批。通过将信用信息嵌入审批流程，实现信用越好，审批越快的机制。借助淄博市政务服务平台和桓台公共信用信息平台查询模块，对申请人信用状况进行全面查询，对信用状况良好的主体提供优先办理、简化手续、容缺受理、并联审批等便利服务措施。为了确保守信激励和积分认定有效推行，该方案推行行政审批的“绿色通道”“告知承诺”“容缺受理”“容缺办理”等服务。

失信制约＋信用公示，推广失信联合惩戒机制。通过“告知承诺”模式审批后，审批部门将许可信息推送至监管部门和县社会信用中心，对列入失信制约名单的公民、法人或其他组织实施制约措施，限制其在政务服务中享受优惠政策。同时，强调加大失信联合惩戒力度，并探索建立信用修复、异议处理机制，引导失信主体在规定期限内积极纠正失信行为，营造一个诚信为本的信用环境。

3. 实施成效

该改革措施显著地提升了政务服务的效率和便捷性，通过压减申请材料、办事环节和审批时间，申请人获得了实实在在的减负效果。据统计，全年减少了2万余份申请材料，免除了3000余次现场核验，大幅降低了群众的制度性交易成本。

政府进一步推进了“承诺即入”改革，将105项政务服务事项纳入改革范围，整合了7.9万多条市场主体和个人信用信息到桓台县公共信用信息平台，形成了多种“信用＋”模式，例如“信用＋秒批”“信用＋容缺”“信用＋

惠批”等。这些模式有效地简化了审批流程，让企业和群众不再受困于烦琐的材料提交流程。

此外，政府还着力构建了诚信建设制度化，建立了桓台特色的“守信快办失信制约”制度。通过广泛开展诚信宣传、解读政策文件、普及信用知识等活动，政府引导市民树立诚实守信的社会风尚，给企业创造了一个更加稳定可靠的市场环境。

政府实施了信用审批制度改革，将高效审批与诚信建设有机地联动在一起。市场主体和自然人信用积分在审批服务领域得到广泛应用，政府构建了事前信用应用、事中信用跟踪和事后制约修复的管理模式。这样的改革不仅让审批更快、效率更高，而且增强了企业和群众对政府工作的信任度和满意度。

4. 经验总结

桓台县建立“守信快办失信制约”制度，打造信用极简审批模式，营造“诚信得便利，失信受制约”的法治化营商环境。

第一，突出守信激励。建立极简审批模式，守信市场主体可享受“绿色通道”“容缺受理”“容缺办理”“告知承诺”“承诺即入”“办照即经营”“承诺即换证”等守信激励服务。

第二，聚焦失信制约。建立信用惩戒机制，纳入失信制约管理的市场主体，将无法享受信用审批服务。

第三，强化数据赋能。将申请人信用信息查询系统嵌入审批流程，申请人承诺信息实时上传到信用平台，监管部门对失信主体进行差异化监管，实现闭环管理。

第四，引导失信修复。建立公共信用信息纠错、修复机制，明确各类公共信用信息展示期限，探索通过事后主动履约、申请延期、自主解释等方式减少失信损失。

（案例来源：中国信息通信研究院. 数字政府典型案例汇编[R]. 2022.；桓台县人民政府网站；董兆云，王元楷. 桓台“信易批”点亮政务服务新体验[EB/OL]. [2022-08-03]. http://www.huantai.gov.cn/art/2022/8/3/art_18132_2570063.html.）

二、新型智慧城市建设深入推进

（一）城市大脑案例：智慧聊城“城市大脑”

1. 案例背景

聊城市是山东省首批新型智慧城市建设试点城市，秉持系统思维，不懈地推进城市核心大脑的构建，将城市大脑视为智慧城市的中枢，精心打造感知设施统筹、数据统管、平台统一、系统集成及应用多样的“城市大脑”，从而全面支持全市新型智慧城市的发展。聊城市在探索中不断创新城市管理手段、模式和理念，力图实现一个大脑感知、一个体系精细治理、一个平台协同指挥的愿景。

2. 主要内容

智慧聊城“城市大脑”，以城市大数据为核心，借助先进技术如大数据、人工智能、物联网等，建设智能系统，为智慧城市提供感知、思考、决策和温度的能力，为智慧化发展提供坚实支撑。平台优化了 SAAS 服务能力，打造了能力共享平台，提升城市治理能力，优化业务流程，全面监测城市体征指标，提高城市管理宏观决策能力。

在建设过程中，该项目充分分析城市大脑建设的基础现状和需求，采集城市运行信息资源，建设全市统一的城市大脑应用，实现城市运行态势感知、城市治理高效协同处置、发展规划智慧决策以及信息资源共享，提高城市建设综合管理水平。该平台围绕“12345＋N”框架建设，打造城市数字孪生底座，映射城市状态信息辅助科学规划、布局、分析和决策。夯实大数据综合接入和一体化综合指挥调度平台，形成统一的城市指挥调度体系。

在技术层面，该项目采用云架构，分为基础层、数据层、平台层和应用层。基础层虚拟化管理硬件和网络资源，支持上层软件系统动态需求。数据层汇聚政府和城市感知数据，实现横向传递和纵向打通，支撑城市大数据的汇聚、处理和分析。平台层提供智能能力支持，包括数据中台、智慧中台、业务中台等（见图 7-14）。应用层提供功能应用和信息服务，推动城市精细化管理。

聊城“城市大脑”还建设了占道经营治理、沿街晾挂治理、裸露垃圾治理等一系列城市治理应用，实现了各类城市治理事件从自动发现、上报、核查、归档的闭环处置。通过城市全景一张图、生态环境一张图、应急指挥一张图、水利态势一张图等多个应用支撑城市管理者在各个领域的分析决策。

3. 实施成效

数据汇聚方面，平台通过城市数据中台建设，已实现数据共享梯次支撑，聚集了来自 31 个委办局的 12000 余类数据资源。这使得聊城市公共服务的可视化管理成为现实，为民生服务、生态环境等领域的应用提供了 56 类、近 300 万人次数据共享服务，为各委办局业务提供高效的数据支撑。

城市治理方面，平台接入了全市各单位 63000 路可开放的视频感知设备，运用 AI 图像分析技术，自动发现并智能抓拍城市各个角落的治理问

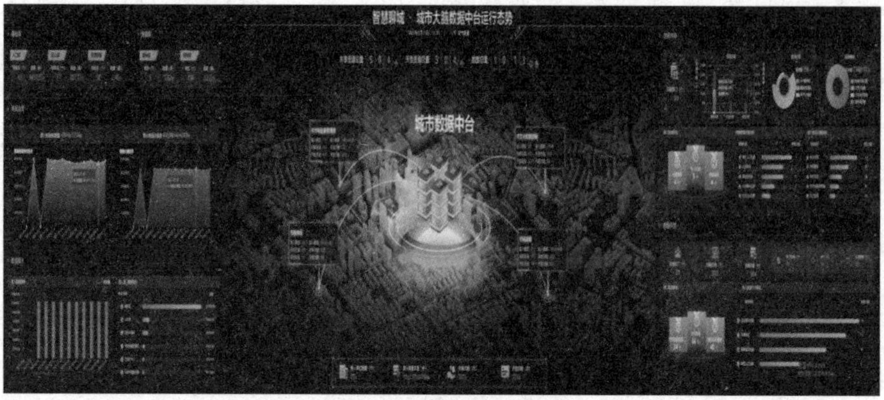

图 7-14 聊城市城市大脑数据中台

资料来源：齐鲁网

题，并及时推送给城管执法局处置。裸露垃圾治理、店外经营治理、沿街晾挂治理、消防通道占用等多类智慧应用场景已上线。

生态环境领域方面，平台汇聚了全市空气监测点、重点污染源监测点、机动车尾气遥感监测点、水环境监测点的实时监测数据，并接入了城市管理局、市水利局、市生态环境局等单位的多个监测设备。这些数据在地理信息模型中进行汇聚分析，全面掌握全市生态环境情况。

民生服务方面，通过对城市大数据的清洗和治理，形成了 7 个大类 73 个小类 10160 个公共服务场所和设施数据的公共服务主题库，并结合时空地理信息模型构建了全市公共服务一张图，实现了聊城市公共服务的可视化管理。

公共安全方面，智慧聊城利用市政府、火车站、校园门口等重点区域的高视角监控视频和人脸抓拍相机，通过 AI 图像分析和人脸识别，实时预警人群聚集现象。借助“城市大脑”数据能力，结合莘县新冠疫情防控指挥部工作需要，进行数据分析对比，为全员核酸检测、疫苗接种等疫情防控工作提供了精准高效的数据支撑，提升工作效率近百倍。

政务办公方面，通过无纸化会议系统建设，支撑整个聊城市无纸化办公需求，实现公文收发文流程的在线签批审核和交换，能在移动设备上使用，支持即时通信和全文检索，从而提升政务办公效率，减少碳排放。

基础设施方面，城市超脑创新中心的建设已经完成，包括数据会客厅、数据创新中心和城市大脑指挥中心。这一创新中心为城市发展提供了全方位支撑设施。

4. 经验总结

第一，感知模式创新。平台以城市大数据为基础，运用“场景化”解决方案,构建了事件识别算法模型,并将其结合到城市治理业务中。这一创新改变了原有的人工巡查各类城市事件、覆盖区域固定、巡查频率较低的工作模式,实现了监测区域事件的"7×24"实时监测。

第二,治理模式创新。改变了原有的"你来我收,你走我出"的人工巡查上报的躲猫猫式管理模式,实现了城市治理中多类事件的自动感知发现,并将其自动分派到责任部门。针对轻微的出店经营、占道广告牌等事件,城市大脑主动发现事件后通过短信柔性劝导店主自行恢复店面秩序和批量打包处置的新机制。这些创新让市民感受到了城市治理的温度,更有效地维护了城市的秩序与形象。

第三,共享模式创新。建设了城市共享能力开放平台,实现了对人工智能、大数据、物联网、区块链等核心业务和功能中沉淀出的核心模块、接口服务的共享。这种共享模式满足了项目集约化建设的需要,同时也实现了城市级能力资源的高度共享。这为聊城市智慧城市建设提供了更多的技术支持和资源支持,加快了智慧化发展的步伐。

(案例来源:中国信息通信研究院.数字政府典型案例汇编[R].2022;山东省人民政府网站;唐福晨,等.聊城"城市大脑"打造能感知、会思考、有决策、有温度的智慧城市[EB/OL].齐鲁网,[2022-8-10].http://news.iqilu.com/shandong/kejiaoshehui/20220810/5204193.shtml.)

(二)公共设施案例:惠州市"畅通工程"城市智慧交通建设

1. 案例背景

惠州市位于粤港澳大湾区东岸,是重要的战略腹地和枢纽门户。东向对接五个方向的人流、物流和产业流向,西向与深圳、广州、东莞进行紧密对接,实现过境交通与本地交通的深度融合。该市的交通流量和行为体现出鲜明的产业特征,因此统筹管理、综合研判和协调五个区域之间的交通交换,以及区域内的微观交通,是惠州市交警面临的挑战。

为满足惠州市"畅通工程"的应用需求,该项目着重构建静态和动态两大感知系统,以实现对路口、路段和部分整体区域的交通实况采集和路网数字化转换,并对主要区域进行细节的动态监视,为应用提供准确的数据来源。项目还计划建设交通数字底座和孪生平台,通过这些设施在高精度地图上动态展示交通数据,提供智能服务。除了辅助城市交通宏观决策和中微观应用外,平台还将成为C端出行服务平台的基础,为市民提供更加便捷的综合出行服务。

2. 主要内容

场景1:构建全要素、全时空交通数字孪生体。项目采用高精度道路三维场景生成算法,创新引入目标点云和图像数据,实现道路场景全要素自动生成技术突破。覆盖高速区域和部分城市区域，自动化生成率超过95％，三维重建相对误差不超过3 cm，达到国际领先水平。游戏引擎技术用于高保真渲染，实现高帧率渲染、碰撞预警和智能驾驶导航功能。

场景2：融合感知设备，精准复原行驶轨迹。利用先进拟合算法对多设备轨迹数据进行拟合，解决感知盲区和重叠区问题。采用时空识别和线性拟合算法实现单个车辆在感知盲区或重叠范围连贯、顺滑移动，精准复原每辆机动车的行驶轨迹。

场景3：仿真推演突发事故。启动中微观一体化的交通仿真，预测突发事故引发的交通运行情况，帮助交警判断交通态势，及时处置事故并疏导交通拥堵。采用高精地图、跟驰模型和变道模型，通过遗传算法进行参数校准，达到更真实的交通运行情况。

场景4：事件事故回溯。利用事件回溯功能存储历史事件的数据，并灵活提取和回放。依赖腾讯TBDS大数据底座，记录时间片内的动态事物状态和轨迹。采用车辆动力学算法对轨迹进行平滑和滤波，实时计算车辆位置。基于车辆动力学约束和驾驶员驾驶行为预测及控制技术，预测轨迹贴近真实轨迹，平滑效果优秀。

3. 实施成效

指挥调度更加科学。通过孪生平台的全要素、全时空特性，交通事件由过去的被动处理转变为主动预警，事故后车辆能够快速撤离，有效提高了指挥效率。通过孪生平台，多元情报感知技术结合全息路口雷视拟合、视频事件解析等技术，实现了警情的秒级预警和流程闭环，有效避免了拥堵蔓延和交通二次事故，使警情指挥效率大幅提升，事件处置效能提升40％，交通事故处置效率提升30％。

稽查布控更加高效。传统的稽查布控往往只能在路口进行监控，不能实时跟踪涉案车辆，导致车辆消失在路段中，抓捕效率降低。而在孪生场景下，通过雷达轨迹跟踪技术，可以实时跟踪定位具体车辆，准确识别车辆位置，掌握运行轨迹，从而科学制定布控策略，减少警力投放。这使得监控巡检效率提升了60％。

安全预警更全面。在孪生场景下，通过多元情报感知和大数据分析系统，实现了事前分析车辆危险驾驶行为及隐患冲突点，事中自动预警路网重大安全事件，事后车辆轨迹数据辅助事故处理，能够从事故发生前就预测和预防，大幅提升了安全预警能力。

拥堵治理更精细。孪生平台结合互联网大数据、卡口、雷达数据等多种信息，对区域内的堵点进行挖掘和分类，并进行综合画像分析和拥堵致因分析。在宏观层面，孪生平台结合路网拓扑结构，对路段流量进行统计和展示流量变化趋势，从而有针对性地制定多级拥堵治理策略，使得拥堵治理效果提高了30%以上。

个体出行更便捷。结合车流和人流大数据，孪生平台能够量化车流和人流特征，并识别出行走廊，科学指导工作、勤务部署和诱导分流。通过微信、交通诱导屏等多种路径，孪生平台打通人、车、路数字链路，实现城市交通场景下交通出行信息的精准推送，让出行者能够有感知、有获得感。

4. 经验总结

第一，数字孪生技术引领。交通数字孪生技术的应用在惠州市"畅通工程"中展现出巨大的潜力，为智慧城市交通建设开启了新的里程碑。通过高精度的感知系统和智能分析，该项目实现了交通实况的全面采集和路网数字化转换，从而为交通管理提供了坚实的数据支持。这一创新的应用不仅打破了传统交通管理的局限性，更实现了交通事件处理的高效转变。从被动应对转变为主动预警，大大提高了交通指挥效率，有效降低了拥堵、事故等问题的发生和蔓延。

第二，个性化出行体验。数字孪生技术的应用为城市居民带来了更为个性化和便捷的出行体验。惠州市"畅通工程"通过数据分析和智能预警，为市民提供了精准的交通信息推送和智能导航服务。这种个性化服务不仅能够缓解拥堵，还可以降低交通事故风险，提高出行的安全性，使城市居民的出行更加高效、便捷和舒适。

第三，推动可持续发展。惠州市"畅通工程"所展示的数字孪生技术的成功应用将推动智慧交通的可持续发展。这一技术的推广应用不仅有助于提升单个城市的交通管理和服务水平，更为其他城市提供了宝贵的经验借鉴。随着更多城市引入这项技术，交通网络将逐渐形成智能化的生态系统，为整个交通系统的高效运行和优化提供支持。

（案例来源：中国信息通信研究院. 数字孪生城市技术应用典型实践案例汇编[R]. 2022.；惠州市人民政府网站；中国信息通信研究院. 数字孪生城市白皮书[R]. 2022.）

（三）智慧社区案例：瓜沥七彩未来社区应用系统

1. 案例背景

未来社区是浙江省共同富裕现代化的基本单元之一，也是最具浙江特色的新使命。为推动城市治理体系和治理能力现代化，未来社区建设具有重要的意义和广阔的前景。

2019年，浙江省人民政府办公厅印发了《关于高质量加快推进未来社区试点建设工作的意见》，率先启动了未来社区建设试点项目。其中，瓜沥七彩未来社区作为浙江省首批24个试点之一，是唯一一个位于乡镇地区的试点项目。作为典型的"卫星镇老旧社区改造重建"类型未来社区项目，面临着总人口多、管理难度大、地域范围广、服务供给难等挑战。

瓜沥七彩未来社区的总体定位是“浙江四大都市圈 TOD 卫星镇未来社区”。它以人本化、生态化、数字化为价值导向，致力于构建未来邻里、教育、健康、创业、建筑、交通、低碳、服务和治理九大场景。目标是打造区域高质量发展的未来社区建设样板，同时解决中国传统社区运营管理中的痛点和难题。

2. 主要内容

未来社区建设以九大创新场景为引领，构建新型城市功能单元，建设数字化平台为社区智能应用提供计算和数据服务能力，激活城市功能单元数据价值，打造生态优美、邻里和谐、居民自治有序、智慧治理有方、多元文化共生的未来社区。该社区运维平台“之江七彩云”以未来社区的“三化九场景”为逻辑框架，以“MxDATA 数字孪生可视化平台”为展示载体，实现“一屏统管”，有效提升了社区运营管理效率。

场景 1:邻里模块。通过“人人贡献”积分机制、邻里积分兑换服务和一站式综合服务，构建未来邻里场景，营造交往、交融、交心的人文氛围。社区运维平台集中展示志愿者信息、积分获取兑换和社区活动等信息。

场景 2:教育模块。服务于社区全体居民教育需求，通过数字技术将居民的需求和高质量教育资源进行识别、整合和匹配，促进学习型社区的形成。通过三维可视化技术实时展示教育资源分布和图书资源信息。

场景 3:健康模块。构建“全民康养”未来健康场景，倡导健康风尚，实现便捷优质医疗。平台展示所有健康及养老设施布局，并记录社区居民健康状况，便于关怀管理。

场景 4:创业模块。该模块顺应未来生活与就业融合新趋势，构建“大众创新”未来创业场景。平台集中显示创新创业中心和人才服务型公寓分布，统计人才资源和产业结构，为优化服务商户布局提供视图支持。

场景 5:建筑模块。该模块将社区内建筑信息数据接入平台系统，自动对建筑质量进行分析测评，做出风险评估、隐患排查、质量评验，即时监测反馈建筑风险隐患，赋能建筑智慧化，以便工作人员提前排查，防患于未然。

场景 6:交通模块。该模块对应社区综合体配备的便捷立体化交通出行体系，实时反馈车流、人流、公交运行班次等状态，并标示菜鸟驿站、空中慢行线，构建“5、10、30 分钟出行圈”未来交通场景，提升社区交通效率和出行安全度。

场景 7:低碳模块。将集中供热供冷建筑、超低能耗建筑、光伏储能建筑等一体化空间进行三维色块标识，并展示建筑碳排放、垃圾分类、用电量等能耗数据，辅助低碳社区建设运营决策。

场景8:服务模块。围绕社区居民24小时生活需求,打造“优质生活零距离”未来服务场景。数字社区运维平台支持综合体空间运营把控,查看服务商入驻、缴费、客流量情况,实现社区内各项信息随时调用,提升生活服务效率。

场景9:治理模块。该模块设有BIM/CIM/3D可视化运营管理,从任意视角查看智慧治理中心、居民自治俱乐部和志愿者联络中心布局和服务情况。平台展示工单统计、服务结果分析信息,并具备应急事件一键报警功能,提升社区治理效率。

3. 实施成效

为了打造未来社区的智能化场景,该方案赋能了九大场景的数字集成服务,并提供多种运营支持。这些举措彰显了邻里亲睦、智能便捷的服务特征,同时实现了设施共享、空间集约,以及绿色低碳和治理有序等特点,有力地推动了多元化业态的智能化建设。该方案通过三化九场景的线上和线下互动,实现了数字化手段为群众需求提供应用场景,为百姓提供了更加智能、高效和全面的服务。

4. 经验总结

第一,创新模式引领未来社区建设。瓜沥七彩未来社区将“城市大脑+未来社区”架构融入建设,通过数字化平台提供智能化应用,将数据与社区需求相结合,构建九大创新场景。这种架构的应用使得社区管理更加高效,居民生活更加便捷,实现了数字化手段与实际社区需求的有机融合,推动了社区治理的现代化。

第二,政企合作塑造城市更新。瓜沥七彩未来社区在项目实施中采用了创新的政企合作模式,以企业的技术和创新能力为支撑,共同构建数字化平台和各个创新场景,从而实现城市更新的重塑。政府在政策引导和资源整合方面发挥了重要作用。通过提供政策支持和优惠政策,激励了企业积极参与社区建设。同时,政府还在项目中扮演了规划者和协调者的角色,确保各个创新场景之间的协同发展。

第三,领跑者角色助力数字经济发展。未来社区建设需要与整体发展战略紧密结合,确保定位和目标的一致性。同时,数字化技术和创新应用的融合,可以为社区管理和居民服务带来全新的可能性。政府在政策制定、资源整合和规划指导方面发挥关键作用,而企业的创新能力和技术支持是推动项目成功的关键因素。瓜沥镇七彩未来社区已成为浙江省内应用场景落地最丰富的领跑者,该经验总结为未来社区建设提供了有益借鉴,为其他地区的数字经济高质量发展提供了新思路和新模式。

(案例来源:中国信息通信研究院.数字孪生城市技术应用典型实践案例汇编[R].2022.;浙江省发展与改革委员会基综办.打造新型城市功能

单元助力“两个高水平”建设——关于浙江省未来社区建设试点工作的解读[J]. 浙江经济，2019(07)：17-18.；浙江省人民政府网站）

三、智慧政务推动服务水平提升

（一）服务平台案例：河南省“豫事办”政务服务平台

1. 案例背景

为了提升河南省政务服务能力，推动政务服务移动端建设，并实现高频便民事项的掌上办理，河南大数据管理局在 2018 年联合东软集团承建了政务服务移动端项目“豫事办”。该项目通过“互联网＋政务服务”，推动了政务服务的移动化趋势，为群众和企业提供便捷、快速、高效的政府办事服务，真正做到“遇事豫办，服务随行”。

2. 主要内容

“豫事办”是河南省政府推出的一项重要举措，旨在为老百姓提供便捷、高效的公共服务和政务服务。平台以“高频优先、热点优先”的原则为指导，紧紧围绕老百姓的“人生大小事”，涵盖了税务、人社、教育、公安、卫健、住建、民政等热点事项，为全省人民提供全生命周期的移动端便民服务。平台积极对接河南省厅级单位和地市单位的高频事项，并成功完成了国家政务服务平台的对接任务。在此基础上，借助省政务云等先进平台，构建了稳定、安全、先进的技术架构，使“豫事办”成为具有河南特色、统一管控、精准运营的政务服务移动端。

为提升用户体验，平台引入了人工智能、大数据等新技术手段。通过优化业务流程、完善系统功能，并围绕“套餐集成服务”“亮证扫码”“一证通办”“无感通办”等移动办事场景，不断提高企业和群众办事的便利程度和满意度。平台还实现了用户细分和个性化服务推送，针对不同群体的需求，提供精准便捷的服务。这一举措使政务服务更贴近民众、更符合实际需求，增强了老百姓的获得感、幸福感、安全感和认同感。“豫事办”APP界面如图 7-15 所示。

3. 实施成效

“豫事办”作为河南省推行“放管服”改革的重要举措，自系统上线以来，已成为政府为百姓提供服务的重要渠道之一。平台可以满足老百姓在各个生活阶段的需求，覆盖了生活、工作、教育等方方面面的热点事项，真正实现了让数据多跑路，群众少跑腿的便民服务。截至 2022 年 4 月，平台累计用户人数已达到 6059 万人，提供了超过 3788 个事项和 800 余项场景服务，为全省民众提供了近 32 亿次服务，每日平均访问达到 311 万人次。

助力疫情防控成效明显，2020 年新冠疫情暴发后，系统紧急开设疫情

图 7-15 “豫事办”APP 界面

服务专区，提供实时动态、同程查询、疫情上报等多项服务，为全省人民提供了疫情防控服务。据统计，通过“豫事办”预约接种疫苗的人数占总人数的 30%，累计为全省 6370 万名民众提供了超过 20 亿人次的健康码服务，并提供核酸检测查询服务，查询数量达到 1911 万人次。

做深做实政务服务，“豫事办”针对老百姓关心的事项进行设计和开发。例如，在公积金服务方面，系统对接全省 30 家公积金中心，上线了 612 个应用，覆盖了 17 个省辖市、济源示范区及新蔡、鹿邑等 10 个直管县。该服务月使用量峰值达到 290.4 万次，特别是省直公积金提取服务，已累计成功提取 1.68 万笔，占全省业务量的 89.9%。

全力保障高考服务，每年为全省考生提供稳定的高考查询服务。2022 年，平台累计查询人数达到 43.6 万人，查询次数达到 78.9 万次，峰值时每分钟查询次数达到 67 万次，约有 35%的河南考生通过“豫事办”查询了高考成绩。

体验官团队助力服务提升，特别组建了“豫事办”体验官团队，进一步提升河南省网上政务服务能力，打造独具特色的政务服务文化。团队成员通过开展多次线上调研问卷活动、多次线下座谈交流会以及优秀体验官评选活动，累计提出了1000余条宝贵意见和建议，为“豫事办”的建设和优化工作提供了重要支撑。

关爱弱势群体，“豫事办”还特别设立“老年人服务专区”，为不熟悉智能手机及互联网运用的老年人提供方便，汇聚了社保缴费、社保资格认证、预约挂号等服务。截至2021年11月，已有76万名河南老年人通过“豫事办”进行了社保资格认证，为他们节省出行时间152万小时。

4. 经验总结

第一，拓展移动端服务范围。全面落实国家要求，大幅增加移动端应用、事项服务数量和覆盖面。大力推进“一网通办”“一件事集成服务”“跨省通办”，拓展服务内容的广度和深度。在业务增长的同时，更要关注精细化，做深做透适合移动端的高频服务功能。

第二，应用新技术优化办事流程。引入人工智能、大数据等新的技术手段，围绕“套餐集成服务”“亮证扫码”“一证通办”“无感通办”等移动办公场景，优化业务流程，完善系统功能，充分发挥移动应用优势，不断提升企业和群众办事体验。实现用户细分、服务推送，面向不同群体提供精准便捷服务。

第三，提升服务效能与个性化。建立绩效管理平台，有效利用政务信息数据资源，提升服务效能。开展精准化分析和精细化运营，实现用户“千人千面”服务。有效利用政务信息数据资源，提升服务质量、降低服务成本、提高用户参与度、增强决策科学性，为简化政务服务流程、提升服务效能创造条件。

第四，建立安全运维保障体系。构建安全可靠、统一管控的移动端安全和运维保障体系。通过安全防护补充增强、关键业务防护加固、动态安全持续监测三个维度，构建紧密贴合平台安全需求的纵深防御技术体系，通过动态安全手段，提供全方位的安全保障。

（案例来源：中国信息通信研究院. 数字政府典型案例汇编[R]. 2022.；河南省人民政府网站；东软集团网站）

（二）灾情预警案例：淄博市博山区“智防山洪”信息化预报预警建设

1. 案例背景

博山区地处山东省淄博市中南部，区内地势复杂，东、南、西三面环山，地貌类型由南向北分别为中山、低山、台地和丘陵四种，形成了壮美的自然景观。然而，这种地理特点也导致了博山区在季风气候的影响下，容易遭受山洪灾害的侵袭。博山区属于暖温带季风区域大陆性气候，年平均降雨量高达707.0毫米，尤其在夏季，降雨频繁且强度较大。加之区内地势落差较大，短时间内就可以形成洪峰。泥石流、滑坡、崩塌、塌陷等地质灾害频发，不仅对房屋、道路、桥梁等基础设施造成毁灭性破坏，还可能导致人员伤亡和财产损失。

为了应对这一突出问题，博山区采取了积极措施，建设了现代化的山洪预警平台。该预警平台采用了"智慧化"的手段，将信息化技术充分应用于预警系统中。通过先进的气象监测设备、水文监测设施以及数据分析算法，及时收集、传输和处理降雨和水位等数据，预测潜在的山洪灾害风险。一旦预警系统探测到可能发生山洪的迹象，就会立即发布预警信息，提醒民众采取紧急避险措施，有效降低山洪灾害带来的损失，为博山区人民擎起生命的"安全屏障"。

2. 主要内容

建设了全面的"自动化"山洪灾害监测网络。在博山区的8个山洪灾害防治小流域中，新建了21处自动雨量站、4处自动水位（雨量）站，以及23处自动水位站、144处简易雨量站和219处简易水位站，同时还配备了27处视频监控站和5处图像监控站，实现了对暴雨、山洪等灾害的实时准确监测。

开展了长期的"智慧化"防御山洪灾害调查评价工作。在10个镇办、214个山洪灾害影响村开展了山洪灾害调查和自然灾害普查工作，全面评价防治区重点沿河村落的防洪现状，并划定山洪灾害危险区，明确了转移路线和临时避险点。

建成了完备的"信息化"基层预报预警系统。在山洪灾害防治镇、村配备了196处"信息化"山洪预警广播、220套应急手摇报警器以及230套应急铜锣、哨等报警设备。通过多途径的信息发布，博山区实现了及时有效地发布预报预警信息，解决了预警信息发布"最后一公里"的问题。

构建了便捷的"网络化"基层监测预警平台，实现了区、镇、村三级山洪灾害监测预警平台的全面建设。同时，开发了手机"山洪灾害防御客户端"APP，将雨情、水情、工情、气象、预案、卫星云图等信息集成在"一张图"中。通过实时入库和共享数据，平台实现了自动监测、实时监视、动态分析、统计查询、在线预警等功能，大大提高了对暴雨山洪的监测预报预警能力。

3. 实施成效

近年来，博山区在山洪灾害防御工作中取得的成效令人瞩目。从2012年建成山洪灾害防御预报预警平台以来，该系统累计发布了数万条转移预警短信，并启动了2000余次预警广播，成功转移了数千人次，避免了数百人次的人员伤亡。这些统计数据充分显示了该系统在防灾减灾方面的重要作用，为群众转移争取了宝贵的“黄金时间”，保障了人民群众的生命财产安全。

4. 经验总结

第一，实时监测自动预警。这些站点实现了对暴雨、洪水等重要数据的实时监测，包括全区规模以上水库、河道的实时在线监测。同时，通过整合全区雨量、水位、视频监控等设备，系统形成了山洪监测“一张图”，实现了平台预警的自动化。平台这些功能使得水雨情等基础信息能够实时入库、自动分析、动态监控和自动发布，使得山洪监测、预报和预警能够实现“一机掌控”，为防灾减灾提供了更精准、更及时的数据支持。

第二，综合信息驱动指挥。信息化视频监控系统通过整合气象、地质灾害、水利和水文管理等部门的信息资源，及时生成翔实准确的数据资料。这样的整合使得指挥决策在准确性、时效性和科学性方面得到了大幅提升，能够更有效地应对突发灾害事件。

第三，多层级防灾策略实施。区、镇、村三级及时编制、修订和完善各级防御预案，明确了各级责任人的职责，并对责任人进行培训，确保预案的有效实施。在易发区域设立警示牌、转移路线指示和特征水位标识等标识物，同时通过宣传栏、张贴挂图、发放卡片等方式向群众传授防灾、避灾基本知识。一旦收到山洪预警信息，及时组织受威胁区域的群众按照“预案”要求进行人员转移，灵活指挥并采取主动躲避措施，最大限度地降低了灾害造成的损失。

（案例来源：中国信息通信研究院. 数字政府典型案例汇编[R]. 2022.；淄博市人民政府网站）

（三）智慧环保案例：济宁市生态环境局5G+智慧环保项目

1. 案例背景

济宁市智慧环保平台一期的成功实施为济宁市的环境监管工作带来了显著提升，为推动环境改善作出了不可替代的贡献。然而，在实际应用中，一期项目也暴露出了一些业务应用方面的不足，尤其是在水、土壤、放射性、VOCs等监管方面，尚存在改进的空间。为此需要通过济宁市智慧环保二期项目，在“围绕监管需求，开展业务协同；扩展平台功能，保持应用先进性；大数据深度挖掘，提供管理支撑；优化系统功能，提升平台实用性”四个方面进行重点建设。

2. 主要内容

济宁市智慧环保二期项目是为了提升生态环境管理水平而实施的重要举措。该项目面向市县两级环保部门和环境保护委员会成员单位，旨在利用先进技术引领生态环境管理现代化，核心目标是建设一个扁平化的督导调度指挥中心，以污染源全生命周期监管和生态保护红线两项业务为主线。这将使监管工作更加全面、高效。为实现智能化管理，项目融合了工业互联网、人工智能和大数据分析等先进技术，搭建从智能感知、智能分析到智能决策的智能化系统架构和管控平台，形成具有济宁特色的智能化生态环保“大脑”。

济宁市智慧环保二期项目总体结构为“一个机制、两条主线、三个平台”。其中，智慧环保建设管理工作机制是整个项目的核心，为各环保部门提供了协同合作的框架。同时，属地纵向管理线和行业横向管理线则确保了监管的全面性和协调性。在技术层面，智慧环保平台、大数据管理平台和智慧环保应用平台相互融合，形成了强大的信息支持体系，实现从数据采集到决策支持的无缝连接。

在网络建设方面，项目采用千兆光网作为骨干承载，通过将整个网络划分为不同区域，如安全运维区、高性能计算集群支撑平台区、生态环境云平台区和视频监控服务区，实现了信息互通和数据共享。这使得各类视频终端可以通过 VPN 专线或者数据专线接入到业务平台，为监管工作提供更加便捷的条件。

3. 实施成效

自济宁市智慧环保监管平台运营 5 年多以来，取得了令人瞩目的成绩。通过大数据和云计算技术，实现智慧管控，提高执法检查的精准性，为企业提供生产发展空间。同时，建立“三级六长”指挥体系和“扁平化”指挥机制，全面提升了生态环境治理水平，减少违法排污行为，促进环境质量改善。污染物排放在线监控异常告警数量大幅下降，超标排污数量明显减少。自 2020 年 9 月指挥机制实施后，污染物排放在线监控异常告警数量从 2020 年 8 月的 4605 次下降到 2022 年月均 579 次，数量锐减 87.4%。降低了济宁市 $PM_{2.5}$ 污染程度，2022 年，全市 PM 2.5 浓度降至 43 微克每立方米，同比降低了 8.5%。南四湖水质稳中向好，全市 28 个国省控断面全部达标。

4. 经验总结

第一，智能化环境监管。在济宁市的环保智慧监管平台中，通过智能化系统架构和先进设备的普及落地，实现了各类在线数据的综合分析和科学处理。大气超级站、激光雷达、遥感监测等设备的使用，平台能够准确评估和预测区域环境质量和污染影响的范围，同时评判区域污染物的跨区域输送和不同城市对污染的贡献，实现了精准的溯源。

第二，科学决策支持。得益于智慧环保平台的高效运作，济宁市能够为生态环境预警决策和靶向治理提供全面的科学依据。平台不仅提供集中式、图形化、多层次、多角度的决策支持，还为开展区域联防联控工作提供了重要支持。

第三,全面信息能力建设。为了进一步推进生态环境保护工作,济宁市智慧环保二期项目从顶层设计、信息共享和业务协同等角度出发,全面开展了生态环境保护信息能力建设。该项目致力于加强各部门之间的信息共享和业务协同,通过优化信息资源配置,切实提升政务部门的信息能力,实现信息共享和业务协同,能够更好地整合资源,形成合力,使得环保工作更加高效、精准。

(案例来源:中国信息通信研究院.数字政府典型案例汇编[R].2022.;张永超.山东省济宁市:精耕数智,让城市发展更有质量[N].中国城市报,2023-01-16(013).;济宁市生态环境局网站)

本章小结

本章遴选、整理和归纳 31 个有特色、有成效、可复制、可推广的数字经济典型实践案例,每个案例均围绕案例背景、主要内容、实施成效和经验总结四个方面进行介绍,囊括企业创新、产业创新、技术创新和政府创新四个维度,旨在通过总结提炼典型案例的实践经验和创新成果,为中国数字经济的企业创新、产业升级、技术变革和政务建设等方面提供有价值的借鉴和参考。

参考文献

[1] Adner R Match. Your innovation strategy to your innovation ecosystem[J]. Harvard Business Review,2006,84(4):98-107.

[2] Aghion P, Howitt P. The Economics of Growth[M]. Cambridge: MIT Press,2009.

[3] Alavi M, Leidner E D. Review: Knowledge management and knowledge management systems: Conceptual found-ations and research issues[J]. MIS Quarterly,2001,25(1):107-136.

[4] Amit R, Han X. Value creation through novel resource configurations in a digitally enabled world [J]. Strategic Entrepreneurship Journal,2017,11(3):228-242.

[5] Ander R, Kapoor R. Value creation in innovationecosystems: How the structure of technological interdependence affects firm performance in new technology generations [J]. Strategic Management Journal,2010,31(3):306-333.

[6] Benner M J, Tushman M L. Exploitation, exploration, and process management: The productivity dilemma revisited[J]. Academy of

management review, 2003, 28(2): 238-256.

[7] Biswas T, Kennedy P L. Cross-border trade in the era of the internet [J]. Journal of International Agricultural Trade & Development, 2014, 10(01): 1-18.

[8] Boland R J, Yoo L Y. Wakes of innovation in project networks: The case of digital 3-D representations in architecture, engineering, and Construction[J]. Organization Science, 2007, 18(4): 631-647.

[9] Bukht R, Heeks R. Defining, conceptualising and measuring the digital economy[J]. International Organisations Research Journal, 2018, 13(2): 143-172.

[10] Carl Shapiro, Hal R Varian. Information Rules [M]. Boston: Harvard Business Press, 1999.

[11] Carpenter M A, Fredrickson J W. Top management teams, global strategic posture, and the moderating role of uncertainty [J]. Academy of Management Journal, 2001, 44(3): 533-545.

[12] Economics and Statistics Administration, Office of Policy Development. The Emerging Digital Economy[R]. Department of Commerce, U. S., July 1998.

[13] Chesbrough H. Open Innovation: The New Imperative for Creating and Profiting from Technology [M]. Boston: Harvard Business School Press, 2003.

[14] Child J, Faulkner D O. Strategies of Cooperation: Managing Alliances, Networks, and Joint Ventures [M]. Oxford: Oxford University Press, 1998.

[15] Christens B D. Toward relational enablement[J]. American Journal of Community Psychology, 2012, 50(1): 114-128.

[16] Christensen C M. The Innovator's Dilemma: When New Technologies Cause Great Firms to Fail [M]. Boston: Harvard Business Review Press, 2013.

[17] Christensen C M. The Innovator's Dilemma: When New Technologies Cause Great Firms to Fail [M]. Boston: Harvard Business Press, 1997.

[18] Christensen C M. The ongoing process of building a theory of disruption[J]. Journal of Product Innovation Management, 2006, 23(1): 39-55.

[19] Cusumano M A, Gawer A, Yoffie D B. The Business of Platforms:

Strategy in the Age of Digital Competition, In-novation, and Power [M]. New York: Harper Business, 2019.

[20] David G Sirmon, Michael A Hittr, Duane Ireland, et al. Resource orchestration to create competitive advantage: Breadth, depth, and life cycle effects [J]. Journal of management, 2011, 37 (5): 1390-1412.

[21] David P A. The dynamo and the computer: An historical perspective on the modern productivity paradox [J]. American Economic Review, 1990, 80(2): 355-361.

[22] De Reuver M, Sørensen C, Basole R C. The Digital platform: A research agenda [J]. Journal of Information Technology, 2018, 33 (02): 124-135.

[23] Dodgson M, Mathews J A, Kastelle T. The evolving nature of innovation ecosystems: Evidence from China [J]. Technovation, 2018, 74: 54-62.

[24] Don Tapscott. The Digital Economy: Promise and Peril in the Age of Networked Intelligence [M]. New York: McGraw-Hill, 1996.

[25] Eisenhardt K M, Martin J A. Dynamic capabilities: What are they? [J]. Strategic Management Journal, 2000, 21: 1105-1121.

[26] Ferreira J J, Fernandes C I, Ferreira F A. To be or not to be digita, that is the question: Firm innovation and performance [J]. Journal of Business Research, 2019, 101(01): 583-590.

[27] Frankenberger K, Weiblen T, Csik M, et al. The 4I-framework of business model innovation: A structured view on process phases and challenges [J]. International Journal of Product Development, 2013, 18(3-4): 249-273.

[28] Fu X, Pietrobelli C, Soete L. The role of foreign technology and indigenous innovation in the emerging economies: Technological change and catching-up [J]. World Development, 2011, 39 (7): 1204-1212.

[29] Garriga H, von Krogh G, Spaeth S. How constraints and knowledge impact open innovation [J]. Strategic Management Journal, 2013, 34(9): 1134-1144.

[30] Gawer A, Cusumano M A. Platform Leadership: How Intel, Microsoft, and Cisco Drive Industry Innovation [M]. Boston: Harvard Business School Press, 2002.

[31] George Y, Bruce M. China's Next Strategic Advantage: From Imitation to Innovation[M]. Massachusetts: MIT Press, 2016.

[32] Gibson J J. An ecological approach to visual perception[J]. Visual Theory of ecology, 1986, 42(1): 98-99.

[33] Gloor P A. Swarm Creativity: Competitive Advantage Through Collaborative Innovation Networks [M]. New York: Oxford University Press, 2016.

[34] Goldfarb A, Tucker C. Digital economics[J]. Journal of Economic Literature, 2019, 57(1): 3-43.

[35] Hambrick D C, Finkelstein S, Mooney A. Executive job demands: New insights for explaining strategic de cisions and leader behaviors[J]. Academy of Management Review, 2005, 30: 472-491.

[36] Hambrick D C, Mason P A. Upper echelons: The organization as a reflection of its top managers [J]. Academy of Management Review, 1984, 9(2): 193-206.

[37] Hamel G. Competition for competence and inter-partner learning with international strategic alliances [J]. Strategic Management Journal, 1991(12): 83-103.

[38] Hannen J, Antons D, Piller F, et al. Containing the not-invented-here syndrome in external knowledge absorption and open innovation: The role of indirect countermeasures [J]. Research Policy, 2019, 48(9): 103822.

[39] He Z L, Wong P K. Exploration vs. exploitation: An empirical test of the ambidexterity hypothesis[J]. Organization Science, 2004, 15 (4): 481-494.

[40] Hu J, Du C Z. Mechanism, path and countermeasures of artificial intelligence to promote industrial transformation and upgrading [J]. Economic Review, 2020(3): 94-101.

[41] International Monetary Fund. https://www. imf. org/zh/Home.

[42] Jahanmir S F, Cavadas J. Factors affecting late adoption of digital innovations[J]. Journal of Business Research, 2018, 88: 337-343.

[43] Jansen J P, van Den Bosch F A, Volberda H W. Exploratory innovation, exploitativeinnovation and performance: Effects of organizational antecedents and environmental moderators [J]. Management Science, 2006, 52(6): 1661-1674.

[44] Knickrehm M, Berthon B, Daugherty P. Digital disruption: The

growth multiplier[J]. Accenture Strategy,2016(1):1-12.

[45] Kotarba M. Measuring digitalization - key metrics [J]. Foundations of Management,2017,9(1).

[46] Krishnan T V, Kumar F M B. Impact of a late entrant on the diffusion of a new product/service [J]. Journal of Marketing Research,2000,37(2):269-278.

[47] Leong C M L,Pan S L,Ractham P,et al. ICT-enabled community empowerment in crisis response:Social media in Thailand flooding 2011 [J]. Journal of the Association for Information Systems, 2015,16(3):1.

[48] Lepak D P, Smith K G, Taylor M S. Value Creation and Value capture: A multilevel perspective[J]. Academy of Management Review,2007,32(1):180-194.

[49] Lewin A Y, Kenney M, Murmann J P. China's Innovation Challenge:Overcoming the Middle-Income Trap[M]. Cambridge: Cambridge University Press,2016.

[50] Li S, Xu L D, Zhao S. The internet of things: A survey[J]. Information Systems Frontiers,2015,17(2):243-259.

[51] Li Y, Liu X. Cultural values and innovation in China: The mediating role of social capital[J]. Journal of Business Research, 2022,140:381-390.

[52] Limnios E A M, Mazzarol T, Ghadouani A, et al. The resilience architecture framework: Four organizational archetypes [J]. European Management Journal,2014,32(01):104-116.

[53] Lippman S A, Rumelt R P. The payments perspective: Microfoundations of resource analysis [J]. Strategic Management Journal,2003,24(10):903-927.

[54] Litvinenko V S. Digital economy as a factor in the technological development of the mineral sector [J]. Natural Resources Research,2020,29(3):1521-1541.

[55] Maine E,Garnsey E. Commercializing generic technology:The case of advanced materials ventures[J]. Research Policy,2006,35(3): 375-393.

[56] Markus M L,Silver M S. A foundation for the study of IT effects: A new look at deSanctis and poole's concepts of structural features and spirit[J]. Journal of the Association for Information

Systems,2008,9(10):609-632.

[57] McKinsey. Achieving business impact with data:A comprehensive perspective on the insights value chain[R]. Digital /McKinsey, 2018-04.

[58] Michael Porter. Competitive Advantage[M]. New York: Free Press,1985.

[59] Miller P, Wilsdon J. Digital futures: An agenda for a sustainable digital economy[J]. Corporate Environmental Strategy, 2001, 8 (3):275-280.

[60] Moore J F. Predators and prey:A new ecology of competition[J]. Harvard Business Review,1993,71(3):75-86.

[61] Mowery D C,Oxley J E,Silverman B S. Strategic alliances and inter-firm knowledge transfer[J]. Strategic Management Journal, 1996(17):77-91.

[62] Mushin L,Joon K. Is enablement really a new concept? [J]. The International Journal of Human Resource Management, 2001, 12 (4):684-695.

[63] Nambisan S, Lyytinen K, Majchrzak A, et al. Digital innovation management: Reinventing innovation management research in a digital world[J]. Mis Quarterly,2017,41(1):223-238.

[64] Nambisan S,Wright M,Feldman M. The digital transformation of innovation and entrepreneurship: Progress, challenges and key themes[J]. Research Policy,2019,48(8):103773.

[65] Norman D A. Affordance, conventions, and design [J]. Interactions,1999,6(3):38-42.

[66] Perkins D D, Zimerman. A empowermen thory research and application[J]. American Journal of Community Psychology,1995, 23(5):569-579.

[67] Peterson N A, Lowe J B, Aquilino M L, et al. Linking social cohesion and interactional empowerment: Support and new implications for theory[J]. Journal of Community Psychology, 2005,33(2):233-244.

[68] Prahalad C K,Ramaswamy V. Co-opting customer competence[J]. Harvard Business Review,2000,78(1):79-90.

[69] Rankenberger K, Weiblen T, Csik M, et al. The 4I-framework of business model innovation: A struc-tured view on process phases

and challenges[J]. International Journal of Product Development, 2013,18(3-4):249-273.

[70] Rob Kling,Roberta Lamb. IT and organizational change in digital economies[J]. Acm Sigcas Computers and Society,1999,29(3):17-25.

[71] Rogers E M. Diffusion of Innovations 5th Edition[M]. New York: Free Press,2003.

[72] Rohlfs J. A theory of interdependent demand for a communications service[J]. The Bell Journal of Economics and Management Science,1974,5(1):16-37.

[73] Sandberg J, HolmstrÖm J, Lyytinen K. Digitization and phase transitions in platform organizing log-ics: Evidence from the process automation industry[J]. MIS Quarterly, 2020, 44(1): 129-153.

[74] Schults T W. Investment in Human Capital[M]. Beijing: The Commercial Press,1990.

[75] Schumpeter J A. Theory of Economic Development[M]. Beijing: The Commercial Press,1990.

[76] Scuotto V, Arrigo E, Candelo E, et al. Ambidextrous innovation orientation effected by the digital transformation: A quantitative research on fashion SMEs[J]. Business Process Management Journal,2019,26(05):1121-1140.

[77] Sebastian I M, Ross J W, Beath C, et al. How big old companies navigate digital transformation[J]. MIS Quarterly Executive, 2017,16(3):197-213.

[78] Siachou E, Vrontis D, Trichina E. Can traditional organizations be digitally transformed by them-Selves? The moderating role of absorptive capacity and strategic interdependence[J]. Journal of Business Research,2021,124(C):408-421.

[79] Solow R M. We'd better watch out[J]. The New York Review of Books,1987,36(1):1-2.

[80] Stoneman P. The Economic Analysis of Technological Change [M]. USA:Oxford University Press,1983.

[81] Teece D J, Pisano G, Shuen A. Dynamic capabilities and strategic management[J]. Strategic Management Journal, 1998, 18(7): 509-533.

[82] Teece J, David. Profiting from innovation in the digital economy: Enabling technologies, standards, and licensing models in the wireless world[J]. Research Policy, 2018, 47(8): 1367-1387.

[83] Thomas K, Velthouse B. Cognitive elements of empowerment: An interpretive model intrinsic task motivation [J]. Academyof Management Review, 1990, 15(4): 666-681.

[84] Tiwana A. Evolutionary competition in platform eco-systems[J]. Information Systems Research, 2015, 26(2): 266-281.

[85] Vial G. Understanding digital transformation: A review and a research agenda [J]. Journal of Strategic Information Systems, 2019, 28(2): 118-144.

[86] Viktor Mayer-Schonberger, Kenneth Cukier. Big Data: A Revolution that Will Transform how We Live, Work, and Think [M]. Houghton Mifflin Harcourt, 2013.

[87] von Krogh G. Care in knowledge creation [J]. California Management Review, 1998, 40(3): 133-153.

[88] Wang H, Feng J, Zhang H, et al. The effect of digital transformation strategy on performance: The moderat-ing role of cognitive conflict [J]. International Journal of Conflict Management, 2020, 31(03): 441-462.

[89] Wang C L, Hong J. Open innovation in China: Policies, practices, and performance [J]. Journal of Business Research, 2020, 118: 159-169.

[90] West J, Vanhaverbeke H. Does Appropriability Enable or Retard Open Innovation[M]. Oxford: Oxford University Press, 2006.

[91] Wilkinsen A. Empowerment: Theory and practice [J]. Personnel Review, 1998, 27(1): 40-56.

[92] Xie K, Liao X H, Xiao J H. Efficiency and fairness is not completely contrary: Perspective of infor-matization and industrialization fusion[J]. Journal of Economic Studies, 2021, 56 (2): 190-205.

[93] Zhang X Z, Liu J J, Xu Z W. Tencent and Facebook Data Validate Metcalfe's Law[J]. Journal of Computer Science and Technology, 2015, 30(2): 246-251.

[94] Yoo Y, Boland R J, Lyytinen K, et al. Organizing for innovation in the digitized world [J]. Organization Science, 2012, 23 (5):

1398-1408.

[95] Yoo Y, Henfridsson O, Lyytinen K. Research commentary——the new organizing logic of digital innovation: An agenda for information systems research[J]. Information Systems Research, 2010,21(4):724-735.

[96] Zollo M, Winter S G. Deliberate learning and the evolution of dynamic capabilities [J]. Organization Science, 2002, 13 (3): 339-351.

[97] 尼古拉·尼葛洛庞帝.数字化生存[M].胡泳,范海燕,译.海口:海南出版社,1997.

[98] 2012 年腾讯政务微博报告[EB/OL]. https://wenku.baidu.com/view/.

[99] 人力资源和社会保障部.2022 年度人力资源和社会保障事业发展统计公报[R].2023-06-20.

[100] 安孟,张诚.数字经济发展能否提升中国区域创新效率[J].西南民族大学学报(人文社会科学版),2021,42(12):99-108.

[101] 曹玉娟.数字化驱动下区域科技创新的框架变化与范式重构[J].学术论坛,2019,42(1):110-116.

[102] 曾鸣.智能商业[M].北京:中信出版集团,2018.

[103] 陈劲.创新管理新思考:从开放到整合[J].北京石油管理干部学院学报,2022,29(04):75.

[104] 陈金丹,王晶晶.产业数字化、本土市场规模与技术创新[J].现代经济探讨,2021(04):97-107.

[105] 陈晓东,杨晓霞.数字化转型是否提升了产业链自主可控能力?[J].经济管理,2022,44(08):23-39.

[106] 陈晓红,李杨扬,宋丽洁,等.数字经济理论体系与研究展望[J].管理世界,2022,38(02):208-224.

[107] 陈晓红.数字经济理论体系与研究展望[J].管理世界,2022,38(02):208-224.

[108] 陈一华,张振刚,黄璐.制造企业数字赋能商业模式创新的机制与路径[J].管理学报,2021,18(05):731-740.

[109] 陈玉佳.红色文化融入新时代大学生民族精神培育路径研究[D].南昌:南昌航空大学,2021.

[110] 电子部关于计算机信息网络国际联网管理的有关决定[J].电子标准化与质量,1996(4):7.

[111] 法格博格·詹,莫利·戴维,纳尔逊·理查德.牛津创新手册[M]

柳卸林，郑刚，蔺雷，等译. 北京：知识产权出版社，2009.
[112] 范合君，吴婷. 中国数字化程度测度与指标体系构建[J]. 首都经济贸易大学学报，2020，22(4)：3-12.
[113] 方兴东，王俊秀. IT 史记 3：电脑英雄篇、芯片英雄篇及通讯英雄篇[M]. 北京：中信出版社，2004.
[114] 付坤龙. 新时代大学生民族精神培育研究[D]. 昆明：昆明理工大学，2020.
[115] 高志前. 中国式创新发展 40 年——纪念改革开放 40 周年[J]. 领导科学论坛，2018(18)：3-21.
[116] 工业和信息化部. 工业和信息化部关于加快推进工业强基的指导意见[R]. 2014-02-14.
[117] 公安部. 计算机信息网络国际联网安全保护管理办法[J]. 中华人民共和国国务院公报，1998(1)：14-18.
[118] 郭炳南，王宇，张浩. 数字经济发展水平的区域差异、分布动态及收敛性——基于中国十大城市群的实证研究[J]. 金融与经济，2022(01)：35-44.
[119] 马晓君，李艺婵，傅治，等. 空间效应视角下数字经济对产业结构升级的影响[J]. 统计与信息论坛，2022，37(11)：14-25.
[120] 国家保密局. 计算机信息系统国际联网保密管理规定[J]. 黑龙江政报，2000(3)：20-21.
[121] 国家互联网信息办公室. 数字中国发展报告(2022 年)[R]. 2023-05-23.
[122] 国务院. 中华人民共和国电信条例[J]. 中华人民共和国国务院公报，2000(33)：11-21.
[123] 国务院. 中华人民共和国计算机信息网络国际联网管理暂行规定[J]. 中华人民共和国国务院公报，1996(4)：102-104.
[124] 国务院. 关于印发促进大数据发展行动纲要的通知[J]. 中华人民共和国国务院公报，2015(26)：26-35.
[125] 国务院. 关于印发政务信息资源共享管理暂行办法的通知[EB/OL]. [2016-09-05]. https://www.gov.cn/gongbao/content/2016/content_5115838.htm.
[126] 国务院新闻办公室. 信息产业部发布互联网站从事登载新闻业务管理暂行规定[J]. 中华人民共和国国务院公报，2001(2)：46-48.
[127] 韩兆安，吴海珍，赵景峰. 数字经济与高质量发展的耦合协调测度与评价研究[J]. 统计与信息论坛，2022，37(06)：22-34.
[128] 郝政，何刚，朱文忠，等. 数字化平台经济的创新激励与垄断规

制——基于技术生态系统共演的视角[J]. 现代管理科学,2021,330(7):94-107.

[129] 何德旭,李扬,沈建光. 数字经济蓝皮书:中国数字经济高质量发展报告(2022)[M]. 北京:社会科学文献出版社,2022.

[130] 何琦,艾蔚,潘宁利. 数字转型背景下的创新扩散:理论演化、研究热点、创新方法研究——基于知识图谱视角[J]. 科学学与科学技术管理,2022,43(06):17-50.

[131] 何伟,孙克,汪明珠,郑安琪. 全球数字经济发展形势与展望[M]. 北京:社会科学文献出版社,2022.

[132] 胡浩. 国家智慧教育公共服务平台上线启动[EB/OL]. 新华网. 2022-03-28, http://education. news. cn/2022-03/28/c_1128510999. htm.

[133] 胡雯. 中国数字经济发展回顾与展望[J]. 网信军民融合,2018(06):18-22.

[134] 黄奇帆,朱岩,邵平. 数字经济——内涵与路径[M]. 北京:中信出版集团,2022.

[135] 焦若水. 全面看待"中国式创新"[N]. 中国社会科学报,2017-02-07(008).

[136] 解学梅,吴永慧,赵杨. 协同创新影响因素与协同模式对创新绩效的影响——基于长三角316家中小企业的实证研究[J]. 管理评论,2015,27(08):77-89.

[137] 金晶,孙启贵,汪琛. 技术范式的演进脉络研究[J]. 科技传播,2022,14(06):1-5,11.

[138] 荆文君,孙宝文. 数字经济促进经济高质量发展:一个理论分析框架[J]. 经济学家,2019(2):66-73.

[139] 雷巧玲. 授权赋能研究综述[J]. 科技进步与对策,2006(8):196-199.

[140] 李碧珍,吴芃梅. 数字经济对社会生产与再生产过程的影响与重塑[J]. 当代经济研究,2021,315(11):14-19.

[141] 李华. 中国和式创新引领未来[M]. 北京:企业管理出版社,2017.

[142] 李雷,赵先德,简兆权. 网络环境下平台企业的运营策略研究[J]. 管理科学学报,2016,19(3):15-33.

[143] 李万. 加快提升我国产业基础能力和产业链现代化水平[J]. 中国党政干部论坛,2020(01):26-30.

[144] 李晓钟,毛芳婷. 数字经济对"一带一路"沿线国家创新绩效的影响研究[J]. 中国软科学,2023,385(01):40-50.

[145] 李晓钟，王欢. 互联网对我国经济发展影响的区域差异比较研究[J]. 中国软科学，2020(12):22-32.

[146] 李雪，吴福象，竺李乐. 数字经济与区域创新绩效[J]. 山西财经大学学报，2021，43(5):17-30.

[147] 李颖. 数字经济趋势下产业组织变革及对策[J]. 商业经济研究，2021，824(13):181-184.

[148] 李政，王思霓. 国有企业提升产业链现代化水平的理论逻辑与实现路径[J]. 学习与探索，2021(08):112-120.

[149] 李直，吴越. 数据要素市场培育与数字经济发展——基于政治经济学的视角[J]. 学术研究，2021(07):114-120.

[150] 李宗显，杨千帆. 数字经济如何影响中国经济高质量发展？[J]. 现代经济探讨，2021，475(07):10-19.

[151] 刘世锦. 产业集聚及其对经济发展的意义[J]. 改革，2003(03):64-68.

[152] 刘向东，刘雨诗，陈成漳. 数字经济时代连锁零售商的空间扩张与竞争机制创新[J]. 中国工业经济，2019(05):80-98.

[153] 刘洋，董久钰，魏江. 数字创新管理：理论框架与未来研究[J]. 管理世界，2020，36(7):198-217，219.

[154] 刘祎，王玮. 工业大数据时代技术示能性研究综述与未来展望[J]. 科技进步与对策，2019，36(20):154-60.

[155] 柳卸林，董彩婷，丁雪辰. 数字创新时代：中国的机遇与挑战[J]. 科学学与科学技术管理，2020，41(6):3-15.

[156] 吕铁，李载驰. 数字技术赋能制造业高质量发展——基于价值创造和价值获取的视角[J]. 学术月刊，2021，53(04):56-65，80.

[157] 闵路路，许正中. 数字经济、创新绩效与经济高质量发展——基于中国城市的经验证据[J]. 统计与决策，2022，38(03):11-15.

[158] 潘善琳，崔丽丽. SPS 案例研究方法[M]. 北京：北京大学出版社，2016.

[159] 戚聿东，肖旭. 数字经济时代的企业管理变革[J]. 管理世界，2020，36(06):135-152，250.

[160] 漆苏，刘立春. 新创企业专利对于风险投资决策的影响研究——基于中国创业板企业的实证分析[J]. 科研管理，2020，41(10):227-237.

[161] 祁怀锦，曹修琴，刘艳霞. 数字经济对公司治理的影响——基于信息不对称和管理者非理性行为视角[J]. 改革，2020(4):50-64.

[162] 北京软件和信息服务业协会. 前沿数字技术创新应用案例集

[R]. 2022.
[163] 全国人大常委会办公厅. 中华人民共和国网络安全法[M]. 北京：中国民主法制出版社，2016.
[164] 全国人民代表大会常务委员会. 关于维护互联网安全的决定[J]. 中华人民共和国全国人民代表大会常务委员会公报，2001(1)：18-19.
[165] 任保平. 数字经济引领高质量发展的逻辑、机制与路径[J]. 西安财经大学学报，2020，33(02)：5-9.
[166] 阿里云研究中心. 数字化转型与智能创新 100 个案例[R]. 2022.
[167] 数字经济规模快速增长 2019 年全国各省市发展数字经济相关政策汇总[EB/OL]. 中商情报网. https://www.askci.com/news/chanye/20190425/1452091145384.shtml.
[168] 中国信息通信研究院. 数字孪生城市技术应用典型实践案例汇编[R]. 2022.
[169] 中国信息通信研究院. 数字政府典型案例汇编[R]. 2022.
[170] 苏楠，陈志. "中国式创新"的特点、影响因素与趋势研究[J]. 机电产品开发与创新，2017，30(01)：1-3.
[171] 苏中海. 数字赋能：数字时代的企业创新逻辑[M]. 杭州：浙江大学出版社，2022.
[172] 史丹，孙光林. 数字经济、金融效率与我国经济高质量发展[J]. 企业经济，2022，41(01)：5-16.
[173] 孙莉莉，李锋. 我国数字营商环境建设论略：突出问题与优化措施[J]. 东北师大学报(哲学社会科学版)，2023(02)：116-124.
[174] 孙琳. 逐浪蓝海 数字中国建设风头正劲[N]. 人民政协报，2023-05-05(005).
[175] 孙蓉. 我国数字经济产业发展的现状、挑战与机遇探析[J]. 营销界，2022(16)：23-25.
[176] 汤潇. 数字经济：影响未来的新技术、新模式、新产业[M]. 北京：人民邮电出版社，2019.
[177] 陶卓，黄卫东，闻超群. 数据要素市场化配置典型模式的经验启示与未来展望[J]. 经济体制改革，2021(04)：37-42.
[178] 田立法，王淞，刘丛珊，等. 差异化战略、二元创新与企业绩效：资源整合能力的调节或中介作用[J]. 科技进步与对策，2015，32(09)：93-99.
[179] 头豹研究所. 2020 年中国数字经济发展现状及应用精品报告[R]. 2020.

[180] 王如玉，梁琦，李广乾. 虚拟集聚：新一代信息技术与实体经济深度融合的空间组织新形态[J]. 管理世界，2018，34(02)：13-21.
[181] 王晰巍，郭宇，魏骏巍，等. 国内外新媒体在信息与知识管理领域的应用与比较分析[J]. 图书情报工作，2015，59(07)：6-13.
[182] 王宗军，蒋振宇. 中国式创新导论[M]. 武汉：华中科技大学出版社，2020.
[183] 王宗军. 第三次合力效应[M]. 武汉：华中科技大学出版社，2023.
[184] 吴晓波. 全球化制造与二次创新—赢得后发优势[M]. 北京：机械工业出版社，2006.
[185] 王海艳，林云舟，滕忠铭. 数字经济对城乡融合发展的影响因素研究[J]. 中共福建省委党校（福建行政学院）学报，2022(03)：123-132.
[186] 网络交易监督管理办法[J]. 中华人民共和国国务院公报，2021，(12)：35-41.
[187] 网络信息内容生态治理规定[J]. 中华人民共和国国务院公报，2020(08)：46-50.
[188] 魏江. 非对称创新战略：中国企业的跨越(理论辑)[M]. 北京：科学出版社，2017.
[189] 魏江. 数字经济学：内涵、理论基础与重要研究议题[J]. 科技进步与对策，2021，38(21)：1-7.
[190] 吴登楼. 析互联网域名与商标名称冲突之解决——兼评《中国互联网络域名注册暂行管理办法》的有关规定[J]. 知识产权，1999(3)：31-33.
[191] 吴晓波，张好雨. 从二次创新到超越追赶：中国高技术企业创新能力的跃迁[J]. 社会科学线，2018(10)：85-90.
[192] 吴义爽，张传根. 平台市场的产业组织研究：一个跨学科文献述评[J]. 科技进步与对策，2015，32(6)：155-160.
[193] 工业和信息化部科技司. 物联网示范项目优秀案例集[R]. 2022.
[194] 习近平关于发展我国数字经济的战略思考[EB/OL]. [2023-11-11]. https://www. dswxyjy. org. cn/n1/2022/0802/c427152-3249196 1. html.
[195] 习近平. 中华人民共和国个人信息保护法[J]. 中华人民共和国全国人民代表大会常务委员会公报，2021(6)：1117-1125.
[196] 夏显力，陈哲，张慧利，等. 农业高质量发展：数字赋能与实现路径[J]. 中国农村经济，2019(12)：2-15.
[197] 熊彼特. 经济发展理论[M]. 何畏，等译. 北京：商务印书馆，1990.

[198] 许庆瑞.全面创新管理—理论与实践[M].北京:科学出版社,2007

[199] 许宪春.中国数字经济规模测算研究——基于国际比较的视角[J].中国工业经济,2020(05):23-41.

[200] 闫俊周,姬婉莹,熊壮.数字创新研究综述与展望[J].科研管理,2021,42(04):11-20.

[201] 严若森,钱向阳.数字经济时代下中国运营商数字化转型的战略分析[J].中国软科学,2018(04):172-182.

[202] 阎世平,武可栋,韦庄禹.数字经济发展与中国劳动力结构演化[J].经济纵横,2020(10):96-105.

[203] 2019中国城市营商环境报告发布[EB/OL].[2023-11-13].http://news.cctv.com/2020/06/18/ARTIo4uVpQwkauqSU6vpAO2h200618.shtml.

[204] 杨东.以理论突破推动区块链核心技术自主创新[J].红旗文稿,2019(21):25-26.

[205] 杨新臣.数字经济:重塑经济动力[M].北京:电子工业出版社,2021.

[206] 杨志波,董雅松,杨兰桥.制造企业数字化、服务化与企业绩效——基于调节中介模型的研究[J].企业经济,2021,40(2):35-43.

[207] 易高峰.数字经济与创新管理实务[M].北京:中国经济出版社,2018.

[208] 余东华,李云汉.数字经济时代的产业组织创新——以数字技术驱动的产业链群生态体系为例[J].改革,2021(7):24-43.

[209] 余光胜.企业竞争优势根源的理论演进[J].经济管理,2002(20):10-15.

[210] 余江,孟庆时,张越,等.数字创新:创新研究新视角的探索及启示[J].科学学研究,2017,35(7):1103-1111.

[211] 詹晶,卢春桃.数字经济对我国农村电商发展的影响效应研究[J].调研世界,2022(09):3-11.

[212] 张超,陈凯华,穆荣平.数字创新生态系统:理论构建与未来研究[J].科研管理,2021,42(03):1-11.

[213] 张光宇,欧春尧,刘贻新,等.人工智能企业何以实现颠覆性创新?——基于扎根理论的探索[J].科学学研究,2021,39(04):738-748.

[214] 张国胜,杜鹏飞,陈明明.数字赋能与企业技术创新——来自中国制造业的经验证据[J].当代经济科学,2021,43(06):65-76.

[215] 张鸿,刘中,王舒萱.数字经济背景下我国经济高质量发展路径探

析[J].商业经济研究,2019(23):183-186.

[216] 张宽,黄凌云.贸易开放、人力资本与自主创新能力[J].财贸经济,2019,40(12):112-127.

[217] 张腾,蒋伏心,韦朕韬.数字经济能否成为促进我国经济高质量发展的新动能?[J].经济问题探索,2021(1):25-39.

[218] 张蕴萍,董超,栾菁.数字经济推动经济高质量发展的作用机制研究——基于省级面板数据的证据[J].济南大学学报(社会科学版),2021,31(05):99-115,175.

[219] 张正平,卢欢.数字鸿沟对家庭金融投资的影响——基于CFPS数据的实证研究[J].福建论坛(人文社会科学版),2021(03):57-70.

[220] 张敬伟,王迎军.基于价值三角形逻辑的商业模式概念模型研究[J].外国经济与管理,2010,32(06):1-8.

[221] 赵涛,张智,梁上坤.数字经济、创业活跃度与高质量发展——来自中国城市的经验证据[J].管理世界,2020,36(10):65-76.

[222] 郑国强,张馨元,赵新宇.数据要素市场化如何驱动企业数字化转型?[J].产业经济研究,2023(02):56-68.

[223] 中国国际贸易促进委员会.2022中国城市营商环境报告[R].2023.

[224] 中国互联网络信息中心(CNNIC).第51次《中国互联网络发展状况统计报告》[R].2023.

[225] 中国互联网发展大事记[EB/OL].[2024-01-11].http://news.xinhuanet.com/hlw/2007-01/11/content 5593864.htm.

[226] 中国互联网络信息中心.第35次中国互联网络发展状况统计报告[R].2015.

[227] 中华人民共和国数据安全法[M].北京:中国民主法制出版社,2021.

[228] 中国人民银行.网上银行业务管理暂行办法[J].中华人民共和国国务院公报,2002(11):45-45.

[229] 中国信息通信研究院.2022年全球数字治理白皮书[R].2023.

[230] 中国信通院和中央广播电视总台上海总站.中国区域与城市数字经济发展报告(2020年)[R].2020.

[231] 中国证券监督管理委员会.关于发布《网上证券委托暂行管理办法》的通知[J].中华人民共和国国务院公报,2000(30):35-38.

[232] 中华人民共和国人力资源和社会保障部.关于对《中华人民共和国职业分类大典(2022年版)》(公示稿)进行公示的公告[EB/OL].[2023-11-12].http://www.mohrss.gov.cn/xxgk2020/

fdzdgknr/jcgk/zqyj/202207/t20220712_457477.html.

[233] 中华人民共和国信息产业部.关于互联网中文域名管理的通告[J].信息安全与通信保密,2001(1):43.

[234] 中华人民共和国信息产业部.互联网电子公告服务管理规定[J].中华人民共和国国务院公报,2001(2):45-46.

[235] 中华人民共和国邮电部.关于发布《中国公用计算机互联网国际联网管理办法》的通知[J].中华人民共和国国务院公报,1996(14):539-541.

[236] 周晟佳.中国数字产业发展的现状、特征及其溢出效应[J].数量经济技术经济研究,2021,38(03):103-119.

[237] 周应堂,贾馥蔚,吕鸿江.基于递进时段灰色关联度分析的中国全球创新指数影响因素比较研究[J].科技管理研究,2019,39(02):1-7.

[238] 朱建良,王廷才,李成,等.数字经济:中国经济创新增长"新蓝图"[M].北京:人民邮电出版社,2017.

内容提要

本书从不同角度深入研究了数字经济与中国式创新的内涵、特征、发展态势、机遇以及实现过程，介绍了数字经济的概念与本质，阐述了数字技术与经济发展的融合，以及数字经济对传统产业和商业模式的革新。其着眼于数字经济的发展趋势，剖析了数字经济带来的巨大机遇；提出了数字经济时代中国式创新的七个关键要素，这些要素构成了中国式创新生态系统的核心，为数字经济赋能创新提供了基础；重点探讨了数字化、智能化和全球化的特征，数字技术在推动创新过程中的作用，创新驱动发展战略对于数字经济时代的意义，以及数字经济与创新之间的相互促进关系等。总之，本从政策、科技、市场等多个角度，分析了如何为中国式创新提供更广阔的发展道路，通过典型案例展示了数字经济时代中国式创新的成功实践。

图书在版编目(CIP)数据

数字赋能 ：中国式创新的新引擎 / 王宗军著. -- 武汉 ：华中科技大学出版社，2024. 6. --（中国式创新理论与实践研究丛书）. -- ISBN 978-7-5772-0955-5

Ⅰ. F124.3

中国国家版本馆 CIP 数据核字第 2024NZ3986 号

数字赋能：中国式创新的新引擎

Shuzi Funeng：Zhongguoshi Chuangxin de Xin Yinqing　　王宗军　著

策划编辑：周晓方　陈培斌　宋　焱
责任编辑：肖唐华
封面设计：原色设计
责任校对：张汇娟
责任监印：周治超

出版发行：华中科技大学出版社（中国・武汉）　电话：(027)81321913
武汉市东湖新技术开发区华工科技园　邮编：430223

录　排：华中科技大学惠友文印中心
印　刷：武汉科源印刷设计有限公司
开　本：710mm×1000mm　1/16
印　张：17　插页：2
字　数：317 千字
版　次：2024 年 6 月第 1 版第 1 次印刷
定　价：98.00 元

华中出版

本书若有印装质量问题，请向出版社营销中心调换
全国免费服务热线：400-6679-118　竭诚为您服务